STUDIEN
ZUR DEUTSCHEN
LITERATUR

Herausgegeben von
Richard Brinkmann, Friedrich Sengle
und Klaus Ziegler

Band 34

HELMUTH WIDHAMMER

Realismus und klassizistische Tradition

Zur Theorie der Literatur in Deutschland
1848–1860

Max Niemeyer Verlag Tübingen 1972

FÜR MARIETTA

ISBN 3 - 484 - 18 029 - 3

INHALT

VORBEMERKUNG

Die Arbeit wurde im Winter 1971 von der Philosophischen Fakultät der Universität München als Dissertation angenommen. Für Anregung und Förderung habe ich Herrn Prof. Friedrich Sengle zu danken; dem Verlag für die Aufnahme des Manuskripts in sein Programm. Herrn Dr. Rolf Schröder danke ich für seine so oft bewiesene Anteilnahme. Ohne die Unterstützung und Geduld meiner Frau wäre das Buch, das ich ihr nun widme, nicht zustandegekommen.

H. W.

EINLEITUNG

Die wissenschaftliche Erforschung des deutschen Realismus beschränkte sich bisher im wesentlichen auf die Dichtung. Dagegen wurde die realistische Theorie mehr als billig vernachlässigt, ihr programmatischer Charakter meist gar nicht erkannt.[1] Otto Ludwig mußte da als fast einsamer Theoretiker erscheinen, der er nun gerade nicht ist. So sind z. B. seine persönlichen und sachlichen Beziehungen zu den „Grenzboten" sehr eng. Die literarischen Journale in der Mitte des 19. Jahrhunderts, vor allem aber die einflußreichen „Grenzboten" Julian Schmidts und Gustav Freytags, blieben ein bisher fast unbekanntes Gebiet. Dabei hätte eine angemessene Berücksichtigung der „Grenzboten", die das realistische Organ schlechthin sind (wenn sie auch keineswegs allein stehen), die permanente Diskussion um den Beginn des literarischen Realismus entscheidend fördern, d. h. auf den Boden der Literaturgeschichte zurückführen können. Seit 1847/48 setzte es sich diese Zeitschrift zur Aufgabe, die Literatur der Biedermeierzeit zu bekämpfen und einer neuen „realistischen" Dichtung die Wege zu bahnen. Von 1848 aus gesehen war 1830, das Jahr der Julirevolution, kein entschiedener Einschnitt; spätere Romantik, restaurative Biedermeierdichtung, „Weltschmerz" und Junges Deutschland werden als dialektische Einheit begriffen und als solche abgelehnt. Dieses Bewußtsein eines Neuansatzes um 1848, das die Begriffe „Realismus" und „realistisch" gezielt und programmatisch gebraucht, gilt es historisch zu respektieren.

Mit der Diskussion des Epocheneinschnitts hängt die andere um eine Definition des Realismusbegriffes zusammen. Man neigte hier gern zu Abstraktionen, die zudem oft auf nur schmalem Material beruhen; eine

---

[1] Vgl. René Wellek, Der Realismusbegriff in der Literaturwissenschaft. In: Begriffsbestimmung des literarischen Realismus, hg. von R. Brinkmann, Darmstadt 1969 (in der Folge zitiert als: Begriffsbestimmung), S. 408: es habe seines Wissens in Deutschland „keine bewußte realistische Bewegung gegeben". – Es ist bezeichnend, daß mehrere Sammlungen von wissenschaftlichen Aufsätzen zum Realismus existieren, aber keine Zusammenstellung der theoretischen Zeugnisse der Epoche unternommen wurde. Vgl. neben Brinkmanns „Begriffsbestimmung" den Band „Zur Poetik des Romans", hg. von Volker Klotz, Darmstadt 1969, und die Sammlung „Novelle", hg. von Josef Kunz, ebd. 1968, in die wenigstens einige Aufsätze von Vischer, Mundt und Hebbel aufgenommen wurden.

stärkere Berücksichtigung der literarischen Theorie wird die Basis verbreitern können, vor allem aber zu einer stärkeren geschichtlichen Konkretisierung der zuweilen recht subjektiven Argumentation zwingen.[2] Richard Brinkmann demonstriert seine Subjektivitätsthese nur an drei kleinen Dichtungen (Grillparzer, Der arme Spielmann; Otto Ludwig, Zwischen Himmel und Erde; Keyserling, Beate und Mareile). Die gängige Meinung, Realismus sei „Objektivität", „Gegenständlichkeit", soll von der Einsicht in die Problematik dieser Begriffe abgelöst werden, da das „Objektive" der realistischen Dichtung gerade das „Problem des Subjektiven, der Subjektivität", die Erfahrung einer problematisch gewordenen Wirklichkeit sei.[3] Für die drei zugrundegelegten Erzählungen ist diese These gewiß kaum widerlegbar. Ungewiß ist aber schon, wie weit sie bei anderen realistischen Dichtungen trägt und ganz ungeprüft bleibt die Frage, ob sie sich auch an der zeitgenössischen Theorie bewährt. Gerade wichtigste Prinzipien wie „Ganzheit", „Beziehung des Einzelnen auf eine übergeordnete Ordnung und höhere Einheit", die nach Brinkmann nicht das Charakteristische des Realismus darstellen,[4] werden von den Literaturprogrammen der Zeit stets und ohne Ausnahme gefordert und als einlösbar vorausgesetzt. Die von J. M. Ritchie erkannte „Ambivalenz" des deutschen Realismus, die sich im Verhältnis zur Tradition, zur erzählenden Prosa, zur zeitgenössischen Umwelt usw. äußere,[5] äußert sich auch als Spannung zwischen literarischer Theorie und dichterischer Praxis. So favorisieren etwa die Poetiken der Epoche das Drama, von Friedrich Theodor Vischer bis Rudolf Gottschall und Freytag, während die Praxis einen gegendramatischen Trend zur Erzählprosa aufweist. Die Dialektik von praktischem „Sein" und theoretischem „Sollen" läßt sich auch beim einzelnen Autor selbst auffinden, etwa wenn Gottfried Keller von Gotthelf eine Versbearbeitung der „Wassernot im Emmental" der Klassizität wegen fordert,[6] sich selbst aber nie zu dergleichen Versuchen überreden kann. Die Spannung, um nicht zu sagen Entfremdung von

---

[2] Allzu häufig kehren in der Forschung Formulierungen wieder wie: meine, seine „Realismuskonzeption" (Gerhard Kaiser, Um eine Neubegründung des Realismusbegriffes. In: Begriffsbestimmung, S. 244), die „von uns aufgestellten Bedingungen" für das Prädikat „Realismus" (R. Wellek, Der Realismusbegriff ..., ebd. S. 418), „abschließend will ich meinen eigenen Realismusbegriff darlegen" (Greenwood, Zu Wellek, ebd. S. 443).
[3] R. Brinkmann, Wirklichkeit und Illusion, Tübingen 1957, S. 312 f.
[4] Zum Begriff des Realismus für die erzählende Dichtung des 19. Jh.s. In: Begriffsbestimmung, S. 227.
[5] Die Ambivalenz des Realismus in der deutschen Literatur 1830–1880. In: Begriffsbestimmung, S. 376 ff.
[6] Vgl. u. S. 153.

Literaturtheorie und Dichtung ist ein überraschendes und schwieriges Problem der realistischen Epoche; es soll weiter unten im Detail dargestellt werden. Zwar ist auch bei Brinkmann von den realistischen „Theoretikern" die Rede, aber Fritz Martini vermißt in seinem „Forschungsbericht zur deutschen Literatur in der Zeit des Realismus" zurecht eine schärfere Analyse dieser „Theoretiker" dort, wo es, wie bei Brinkmann, nicht um isolierende Interpretation geht, sondern um eine Begriffsbestimmung des literarischen Realismus.[7] Martini selbst ist einer der wenigen Forscher, die sich mit dem theoretischen Realismus ausführlicher befassen. Gleichwohl erhellen auch seine einschlägigen Aufsätze und die große Epochendarstellung dieses Gebiet nicht genügend, da sie besonders die journalistische Literaturkritik der Zeit, wie sie die „Grenzboten", Prutz' „Deutsches Museum", die „Preußischen Jahrbücher" und andere Blätter bieten, doch eher nur zum Zweck der Illustration des literarischen Klimas erwähnen, als sie zu dessen essentieller Analyse aufarbeiten.[8] Erst Friedrich Sengle hat in seiner „Biedermeierzeit" die Bedeutung der realistischen Literaturkritik energisch herausgearbeitet, indem er sie mit dem Blick zurück von den literarischen Strömungen der Biedermeierzeit abgrenzte.[9] Das zentrale und noch immer aktuelle Thema der Realismusforschung ist das Problem des „realistischen Stils", das generell ein Problem des Begriffs „Realismus" selbst ist. Die Vielfalt der hier implizierten Schwierigkeiten kann und braucht hier nicht entfaltet werden, zumal Martini sie im erwähnten Forschungsbericht ausführlich diskutierte. Näher als ab-

[7] Forschungsbericht..., Stuttgart 1962, S. 7 (Sonderdruck aus DVjs. 34, 1960, H. 4).
[8] Vgl. F. Martini, Wilhelm Raabes ‚Prinzessin Fisch'. In: Begriffsbestimmung, S. 301 ff., wo auch auf die Bedeutung Fr. Th. Vischers hingewiesen wird. Ferner: Zur Theorie des Romans. In: Festgabe für Eduard Berend, Weimar 1959, S. 272 ff. – Enttäuschend wirkt vor allem Bruno Markwardt, Geschichte der deutschen Poetik, Bd. IV: Das 19. Jahrhundert, Berlin 1959. Das z. T. ungenügende Material wird mehr ausgebreitet als analysiert. Auch kommt die tatsächliche Bedeutung einzelner Theoretiker wie Julian Schmidts nicht angemessen heraus. Kritisch zu Markwardts Methode äußert sich auch R. Wellek, Der Realismusbegriff ... In: Begriffsbestimmung, S. 413 f. – Zu wenig Material bieten auch die Arbeiten von Heinrich Reinhardt, Die Dichtungstheorie der sog. Poetischen Realisten, Diss. Würzburg 1939, und Alex Köster, Julian Schmidt als literarischer Kritiker, Bochum 1933.
[9] Friedrich Sengle, Biedermeierzeit. Deutsche Literatur im Spannungsfeld zwischen Restauration und Revolution 1815 – 1848, Bd. I: Allgemeine Voraussetzungen, Richtungen, Darstellungsmittel, Stuttgart 1971. Vgl. darin bes. den Abschnitt „Zur näheren Bestimmung des programmatischen Realismus und zu seiner Abgrenzung von den Richtungen der Biedermeierzeit", S. 257 ff.

strakte kunstphilosophische Erörterungen liegt die Frage, wie sich in den Literaturprogrammen um 1850/60 das Realismus-Problem spiegelt. Eindeutig ist festzustellen, daß grundsätzliche ästhetische Diskussionen über das Verhältnis von Dichtung und Wirklichkeit nicht Sache der realistischen Theoretiker sind. Sie sind Literarhistoriker, und die Literaturgeschichte spielt eine kaum zu überschätzende Rolle in der aktuellen literarischen Auseinandersetzung der Zeit. Selbst Fr. Th. Vischer, der Philosoph, zieht sich im poetologischen Band seiner „Ästhetik" (1846/57) in wichtigen Fragen auf literaturgeschichtliche Positionen zurück. So wird die Theorie fast ohne Ausnahme unter dem Gesichtspunkt der literarischen Tradition entwickelt, und zwar mit bestimmten Vorentscheidungen, die im wesentlichen gegen die Biedermeierzeit und für die klassische Poetik fallen (mit Modifikationen). Man diskutiert nicht über „das" Kunstwerk schlechthin, sondern über Vorzug und Nachteil der überlieferten Formen, bestimmter Stilhaltungen und -ideale. Es ist dabei für das realistische Programm typisch, daß die adaptierten bis modifizierten Formen und Stile weitgehend auch den Inhalt bestimmen. Die abstrakte Frage nach dem Verhältnis von Dichtung und Realität muß angesichts der Programmatik konkreter formuliert werden als Frage nach der Spannung von Tradition und zeitgenössischer Wirklichkeit, wobei sich die literarische Tradition eben vor allem als Form, Stil, Gattung fassen läßt; denn diese Erscheinungen sind fester, beständiger als etwa geistesgeschichtliche Inhalte. Ist das genannte Spannungsverhältnis gegeben, wird sich die stil- und formengeschichtliche Betrachtung ausweiten müssen zur Analyse der konkreten, also besonders der politischen und gesellschaftlichen Motivationen für die Aktualisierung bestimmter formaler und stilistischer Prinzipien. Stärker als bisher gilt es die zeitgeschichtliche Situation zu berücksichtigen, die in Deutschland durch das Zusammentreffen von Spätidealismus, bürgerlichem Emanzipationsstreben und dem Aufkommen des Industrialismus grob gekennzeichnet ist. An allgemeinen Hinweisen auf diese typisch deutsche Konstellation in der Mitte des 19. Jh.s mangelt es nicht, wohl aber an genaueren Beschreibungen des Verhältnisses der literarischen, in unserem Zusammenhang vor allem der in der Theorie geforderten Formen und Stile zur politischen, sozialen und ideologischen Geschichte. Es kommt also nicht nur auf eine Beschreibung und literarhistorische Einordnung etwa auffindbarer klassizistischer Elemente an, sondern auch auf ihre Funktion im Spannungsverhältnis von zeitgenössischer Wirklichkeit und dichterischer Verformung, kurz auf die Flächen, wo sich Ästhetik und Ideologisches berühren oder wo Ästhetik geradezu Ideologie wird. Als Beispiel kann hier etwa die zeitübliche „Verklärungs"-Poetik genannt werden. Wolfgang Preisendanz versteht sie als Grundbedingung der realistischen Dichtung, ohne auch nur die Möglichkeit einer sozialen und ideologischen Motivation zu erwägen.[10] Hier könnte eine stärkere Berücksichtigung der literarischen Theorie zu einem heilsamen Abbau interpretatorischer Naivität beitragen, weil die Theorie solche Hintergründe naturgemäß leichter preisgibt.

Das Verhältnis des deutschen Realismus zur literarischen Tradition, besonders zur Klassik, wurde mehrfach behandelt. Clemens Heselhaus meint, der realistische Stil sei zu definieren als die geglückte Synthese aus einer neuen Hinwendung zur Wirklichkeit und aus klassischer Tradition. „Das Klassische ... muß sich eine realistische Uminterpretation zu einer Art popularisierter Klassik gefallen lassen; aber auch das realistische Wollen der Zeit muß eine gewisse Veredelung im Sinne der klassischen und allgemeingültigen Kunst annehmen." Ein anderer Weg sei auch kaum wünschenswert gewesen, „denn die Klassik stellte eine solche literarische Leistung dar, daß man sie getrost zum Ausgangspunkt einer literarischen Tradition machen konnte."[11] Diese nicht nur von Heselhaus konstatierte Weiterführung der klassisch-klassizistischen Tradition[12] wäre aber gerade einer jener Punkte, wo die Diskussion zu beginnen und nicht, wie bei Heselhaus, im Fazit zu enden hätte.

Demgegenüber kritisiert Erich Auerbach gerade den nicht vollzogenen Bruch mit der Tradition, wobei er allerdings nur die Dichtung, nicht die Theorie im Auge hat. Der „ernste Realismus", den er in der französischen Literatur des 19. Jh.s findet, ist auf der Höhe der Zeit durch den „Einbruch der realistischen Stilmischung",[13] wo jede „Hierarchie der Gegenstände" geleugnet[14] und darum die „ernste Darstellung der zeitgenössischen gesellschaftlichen Wirklichkeit" geleistet wird.[15] Damit war eine Abwertung des deutschen Realismus verbunden, der zu einer solchen Hierarchielosigkeit realistischer Widerspiegelung nicht kam, sondern, was

---

[10] Voraussetzungen des Poetischen Realismus in der Erzählkunst des 19. Jh.s. In: Begriffsbestimmung, S. 468 ff.
[11] Das Realismusproblem. In: Begriffsbestimmung, S. 362.
[12] Mehrfach wird auf sie verwiesen, so von R. Wellek, ebd. S. 431: der deutsche Realismus sei wohl von der Romantik, viel schwieriger jedoch vom Klassizismus abzugrenzen. Das trifft für die große realistische Dichtung kaum zu, wohl aber für die programmatische Theorie. Weiteres s. u. in dieser Einleitung. – Zum Klassizismus-Problem vgl. ferner Martin Sommerfeld, Hebbel und Goethe. Studien zur Geschichte des deutschen Klassizismus im 19. Jh., Bonn 1923, und die Hinweise bei Ritchie und Martini, Begriffsbestimmung, S. 381 f. und 324 ff.
[13] Mimesis. Dargestellte Wirklichkeit in der abendländischen Literatur, 3. Aufl., Bern-München 1964, S. 462.
[14] Ebd. S. 469.
[15] Ebd. S. 480.

von niemand geleugnet wird, sich ins Private, in die Innerlichkeit zurückzog.

Gegen diese Deutung hebt Martini den inneren Wert der deutschen Regression hervor, wofür besonders Wilhelm Raabe das oft beschworene Beispiel ist. Inmitten der sich mehr und mehr entziehenden „Welt" bewahrt der Dichter im Rückzug in eine nicht negativ zu wertende „Subjektivität" ein „Gleichgewicht" des Lebens, eine „Sinnfolge des Ganzen", eine „Ordnung". Die isolierende „Situation des Blicks aus dem Fenster", die Martini für Raabe zugibt, wird als solche fruchtbar gemacht und wirkt stilbildend bis in die erzählerische Komposition und Bildersprache hinein. Der Kritik Auerbachs am deutschen „provinziellen" Realismus ebenso wie Brinkmanns These der „Subjektivität" stellt Martini das legitime Bedürfnis nach einem „Gemeinsamen, Bindenden" gegenüber, dem wohl das „eigentliche aktive Handeln in der Wirklichkeit der zeitgenössischen Welt" versagt bleibt, das dafür aber den Wert des Humanen, wenn auch in der Vereinsamung, bewahrt:

> „Dem zunehmenden Bewußtsein der subjektiven Vereinzelung, das in den Erzählformen die Formen der verpersönlichten Bewußtseinsperspektive (Erinnerung, Rückschau etc.) überwiegen läßt, tritt, im Bemühen um ein Gleichgewicht, das um so dringlichere Bedürfnis gegenüber, sich eines Gemeinsamen, Bindenden zu vergewissern, das angesichts der fortschreitenden Relativierungen ein Gesetzliches als einen zugleich kausalen und irrationalen ‚Zusammenhang der Dinge' erscheinen läßt."[16]

Martinis überzeugende Argumentation muß sich, insofern sie neben einer Interpretation Raabes einen umfassenden Realismusbegriff erarbeiten will, die Konfrontierung mit der zeitgenössischen Literaturtheorie gefallen lassen. Diese zögert nun kaum die Frage zu bejahen, ob solche „Ganzheiten" und objektive Bezugspunkte nicht nur für die Dichtung unerläßlich, sondern auch verfügbar seien. Hier wird nicht um die von Martini gemeinten Sicherheiten des Erzählens g e r u n g e n, sie werden als „Ordnung", „Einheit", „Ganzheit" vielmehr v o r a u s g e s e t z t als programmatisches Fundament. Eine solche Driskrepanz muß mißtrauisch machen; man kann etwa die Frage aufwerfen, ob sich Raabes erzählerisches Niveau nicht bereits mühsam aus einer Gegenbewegung zur etablierten literarischen Meinung herstellt? Raabes skeptische Innerlichkeit läßt sich tatsächlich nicht mit dem optimistischen Aktivismus vergleichen, wie er bei Julian Schmidt und Gustav Freytag, um nur sie zu nennen, so handgreiflich vorhanden ist.[17] Sollten sich diese Thesen verifizieren lassen,

---

[16] Wilhelm Raabes ‚Prinzessin Fisch'. In: Begriffsbestimmung, S. 304. Aus demselben Aufsatz auch die vorhergehenden Zitate.
[17] S. u. S. 55 ff.

wäre zumindest der Begriff eines „bürgerlichen Realismus" erschüttert. Denn der Begriff des „Bürgerlichen" hat einen jeweils ganz verschiedenen Stellenwert: im programmatischen Realismus gewinnt gerade er eine Ersatzfunktion als Inbegriff der „Ordnung", des „Objektiven" und „Allgemeinen", was sich schon kaum für Keller, um so weniger für Raabe und Fontane behaupten ließe.

Wie sich realistische Theorie und große realistische Dichtung insgesamt zueinander verhalten, ist aus mehreren Gründen ein recht schwieriges Problem. Homogene Züge lassen sich vor allem in stilgeschichtlicher Hinsicht erkennen: Abbau der alten Rhetorik und des „Rhetorischen", Reduzierung von Symbol und Allegorie, Bekenntnis zum „reinen", d. h. nicht mehr didaktisch-zweckgebundenen Kunstwerk, Vermeidung von Pathos einerseits, drastisch-naturalistischer Komik andererseits, statt dieser Extreme Aufbau einer mittleren Stillage, der Begriff einer kompositionellen Einheit – das sind Elemente, welche die Theorie mit der Dichtung gemeinsam besitzt, so daß ihr zurecht der Titel einer programmatisch-realistischen Bewegung zukommt.[18]

Aber man findet hier keinen ähnlich genauen Zusammenhang von Theorie und dichterischer Ausformung vor wie etwa in der Romantik. Schon die wichtigsten Zeitschriften, dort das „Athenäum", hier die „Grenzboten", zeigen ein ganz verschiedenes Verhältnis zur Literatur. Die „Grenzboten" sind nicht, wie die romantische Zeitschrift, in erster Linie literarisch-ästhetisch ausgerichtet, denn Politik, Gesellschaft, Geschichte nehmen einen ebenso wichtigen Platz ein. In der Romantik gibt es die so charakteristische Personalunion des starken Theoretikers und des großen Künstlers (schon bei Schiller, dann bei Novalis, Jean Paul); die Theorie ist dichtungsunmittelbar. Im Realismus liegen die Dinge viel schwieriger. Die großen Epiker stehen dem Programm passiv bis kritisch gegenüber – und umgekehrt. Die poetae minores, die sich wie Freytag, Ludwig, später Spielhagen eingehender in der theoretischen Grundlegung ihrer Poesie versuchen, können demgegenüber nicht als Einwand gelten.

Zwischen 1848 und 1870, solange also Gustav Freytag die „Grenzboten" leitete (bis 1861 gemeinsam mit Julian Schmidt), hatte nur ein Dichter

---

[18] Vgl. F. Sengle, Biedermeierzeit I, S. 257: „Der Realismus hat ... den unschätzbaren Vorzug, eine programmatische Richtung zu sein." – Friedrich Sengles Epochendarstellung erschien erst nach Abschluß des Manuskripts, ebenso wie Werner Hahl, Reflexion und Erzählung. Ein Problem der Romantheorie von der Spätaufklärung bis zum programmatischen Realismus, Stuttgart 1971, wo sich S. 200 ff. ein Kapitel über „Das Objektivitätsideal des realistischen Programms" findet. Somit konnte der Verf. gerade die beiden wichtigsten Arbeiten zum Gegenstand nicht mehr angemessen berücksichtigen.

das Glück, den ästhetischen „Prinzipien" dieser Zeitschrift voll zu entsprechen: Otto Ludwig mit der Erzählung „Zwischen Himmel und Erde". Sie erschien im gleichen Jahr wie Kellers „Leute von Seldwyla" (1856). Die „Grenzboten" widmen ihr eine ausführliche Besprechung in einem groß herausgestellten Aufsatz Schmidts;[19] Kellers viel umfangreicherer Erzählband wird unter der Rubrik „Neue Romane" auf leidlich eineinhalb Seiten (neben mehreren anderen Autoren) schnell und recht oberflächlich abgehandelt.[20]

Ludwig gehört für Schmidt

> „zu der kleinen Zahl von Schriftstellern, welche in Methode und Tendenz ihres Schaffens dieselben Grundsätze darstellen, welche die Kritik d(es) Bl(attes) vertritt. Wenn man in der deutschen Poesie bereits von einer Schule der Realisten sprechen kann, so ist Otto Ludwig einer ihrer begabtesten Vertreter."

Während in den Keller-Rezensionen der „Grenzboten" kein einziges Mal von „Realismus" die Rede ist, repräsentiert Otto Ludwig zwar das realistische „Prinzip" nicht in reiner Form, wohl aber dem Grundsatz nach. Drei Momente sind es im wesentlichen, die das Prädikat „realistisch" implizieren:

1. „die Fähigkeit, menschliche Leidenschaft mit intensiver Kraft zu schildern und durch einen merkwürdigen Reichthum an Detail wirksam zu machen";

2. „mit derselben souveränen Kraft" auch „den verständigen Zusammenhang der Individuen und der Situationen untereinander" zu regieren, d. h. den „Bau" des Kunstwerks mit einer „innern Nothwendigkeit" aufzuführen;

3. die „Auffassung des Lebens" durch den Dichter, „welche wir überall als den Hintergrund seiner Formen und Bilder durchleuchten sehen". Dies wird man den „künstlerischen Charakter des Schaffenden" nennen, der abhängig ist „von dem Grad seiner menschlichen Bildung, von dem Adel und der Reinheit seiner idealen Empfindungen", von der „Freiheit seiner Seele während dem Processe des Schaffens". Diese Freiheit, im Verein mit anderen Vorzügen der „Bildung", wird allein zum „Temperieren und Verklären des Einzelnen durch die zusammengefaßte Kraft eines harmonisch gebildeten Geistes" führen.

Wenn Ludwigs Erzählung dem Poesie-Ideal Schmidts nicht ganz entspricht, so deshalb, weil sie jene Freiheit vor dem Stoff, den Helden, dem Detail nicht in ganzer Vollendung besitze. „Heitere Ruhe", „Heiterkeit"

[19] Grenzboten 1856, IV, S. 121–126.
[20] Grenzboten 1856, II, S. 101 f. – Näheres s. u. S. 12.

und „klaren Frieden" erwartet und vermißt der Kritiker, der sich besonders mit solchen Maximen von der biedermeierzeitlichen Dichtung abwendet und zur klassischen Poetik zurücklenkt.

Vergleicht man den Ludwig-Aufsatz mit der besonders wichtigen Rezension der „Grenzboten" zu Kellers „Der grüne Heinrich" (1. Teil),[21] muß ein Unterschied besonders hervorgehoben werden: umgekehrt zu Ludwig wird bei Keller gerade die „Richtung" getadelt. Es sei hier ein einziges Mal gestattet, einen einzelnen Zeitschriftenaufsatz vollständig teils zu zitieren, teils zu paraphrasieren. Die Rezension stammt wieder von Julian Schmidt und zunächst zollt sie dem Talent des Autors großes Lob: „Auf den ersten Blick sieht man, daß man es nicht mit einem gewöhnlichen Romanschriftsteller zu tun hat." Schmidt zeigte immer ein sicheres Gespür für die große Begabung; wie bei Heine, Büchner, Hebbel oder Dickens bewährt es sich auch bei Keller. Als Vorzug wird zunächst „eine feine, gebildete, zuweilen überraschend wahre Reflexion" genannt, schließlich eine „große Macht der Phantasie in der Schilderung einzelner auf das Gemüthsleben, namentlich aber auf die Sinnlichkeit bezüglicher Scenen."

Diese Vorzüge erscheinen aber „nicht in einer ganz reinen Form"; bei der Reflexion drängt sich der „lyrische Dichter noch zu sehr vor". Der Autor suche „die Empfindung und Betrachtung des einzelnen Moments zu fixieren".

Es geht hier um eine wichtige Forderung der Realisten; die „lyrische" wie jede andere „Reflexion" darf sich nicht verselbständigen, sie darf aus ihrer eingeschränkten und dienenden Rolle, nämlich „die Begebenheiten und Charactere deutlich zu machen", nicht herausfallen. Sonst entstehen, und Keller ist das Beispiel, „unbestimmte Nebelgebilde".

> „Wir wollen in der Kunst der ewigen Reflexion entfliehen und in das Reich der bestimmten Erscheinung eingeführt werden, wenn uns auch diese Erscheinung später wieder zum Gedanken zurückführt."

Jede Reflexion sei „eine Zersetzung des Lebens".

Noch einige weitere Bemerkungen gehen der nach Schmidt forcierten Reflexion Kellers nach; seine intellektuelle „Phantasie" bewege sich von der „wirklichen" immer in eine „symbolische Welt" hinüber. Aus einem bedeutenden Vorzug, der Fähigkeit zur „wahren Reflexion" ist unversehens ein großer Fehler geworden. Dieses plötzliche Umkippen der Beurteilung von Lob in scharfen Tadel ist typisch für Schmidts Rezensionen, je geradezu ihre Marotte.

---

[21] Grenzboten 1954, I, S. 401–405.

Ähnlich ist die Argumentation beim zweiten „Vorzug", Kellers beweglicher Phantasie in den „Schilderungen". Ihren „zuweilen ... ganz wunderbaren Zauber" anerkennt Schmidt.

> „Aber die Freude an diesen Bildern wird z u w e i l e n [22] dadurch gestört, daß sie ohne Vermittelung in uns aufgehen und ebenso schnell wieder verschwinden, als sie gekommen sind. Es fehlt die behagliche Ruhe der Erzählung, die allein den bleibenden Genuß vermittelt. Wir wollen im Roman von jedem Bilde den Eindruck haben, daß es ein wesentliches Moment in der Entwickelung der Geschichte sein wird. Aber hier begegnet es uns f a s t ü b e r a l l , daß die einzelnen Darstellungen uns als bloße Erscheinungen vorkommen, die keinen Sinn mehr haben, sobald sie vorüber sind. Die Kunst, wirkliche Charaktere zu bilden, und aus ihnen mit fester, sicherer Hand die einzelnen Erscheinungen herzuleiten, hat der Dichter noch nicht gelernt."

Schon methodisch ist dieser Passus aufschlußreich; die herausgehobenen Stellen zeigen, wie Schmidt von isolierten kritischen Beobachtungen zu vernichtenden Verallgemeinerungen kommt. Inhaltlich gibt er eine gute Vorstellung von Schmidts kritischem Rigorismus. Heute mutet der Vorwurf mangelnder Charaktergestaltung bei Keller unverständig an. Man muß diese Kritik aber aus dem Zusammenhang von Schmidts Romantheorie verstehen, aus der einiges auch hier im Kontext anklang. Es geht dabei um das fugenlose Ineinandergreifen, Einanderbedingen und -motivieren jedes erzählerischen Details. Dies eben nennt der Realist den „epischen Fluß"; er könnte ihn auch den dramatisch-motivierenden „Fluß" nennen, denn die frührealistische Romantheorie der „Grenzboten" ebenso wie Hermann Hettners stellt den Roman strukturell nahe ans Drama. Schmidt würde nicht von der Struktur sprechen, sondern von der „Composition". Komposition bedeutet unter anderem auch die reibungslose „Entwickelung der Geschichte", deren einzelne Details pragmatisch, d. h. zweckgebunden eingegliedert werden müssen. Für die Charaktergestaltung gilt dabei dasselbe wie für die „Entwickelung der Geschichte".
Die genannten Maximen und „Prinzipien" (ein Lieblingswort Schmidts) werden von der Theorie ganz streng angewandt, viel strenger als von der realistischen Dichtung selbst. Gerade in diesem Maximieren der Forderungen bei Begriffen wie „Einheit", „Composition" und dgl.[23] kommt wieder ein Stück klassizistischer Regelpoetik zum Vorschein, wie dies auch und noch stärker für andere Zusammenhänge belegt werden kann.

---

[22] Diese und die folgende Sperrung von mir.
[23] Näheres s. u. im Kap. „Das neue Formideal". – Der Analyse der „Composition" im Grünen Heinrich wendet sich besonders die schmale Rezension zum 2. Teil des Romans zu (Grenzb. 1855, III, S. 465 f.), die die Kritik der ersten Besprechung nur verschärft. Getadelt wird die Sprunghaftigkeit und daß keine „Nothwendigkeit in der Geschichte" sei.

Nach einem Blick auf die „vortrefflich" genannte Sprache des „Grünen Heinrich", die aber „öfters" durch ihre „parfümierten Wendungen" entstellt werde, kommt der Rezensent zum schlechthin entscheidenden negativen Kriterium, das im ganzen zweiten Teil des Aufsatzes (quantitativ dem ersten entsprechend) entwickelt wird. Dieses Kriterium liegt

> „in einer ganz merkwürdigen Auffassung vom Leben überhaupt, die uns leider mehr als es wünschenswerth wäre, an die jungdeutsche Literatur erinnert."

Dabei bezieht sich dieser abwertende Vergleich nicht auf die stilistische Schicht, sondern auf die Haltung dem „Leben" gegenüber. Hier also fällt das unheilschwangere Wort; denn „jungdeutsch" zu dichten heißt für die „Grenzboten" gerade soviel wie nichtrealistisch zu dichten. Was empfindet Schmidt bei Keller als „jungdeutsch" oder doch zumindest den Jungdeutschen vergleichbar? Er expliziert es an einigen Episoden aus Heinrichs „Knabenleben", an seiner „Neigung zum Lügen". Heinrich denunziert einige ältere Mitschüler, von denen er „unziemliche Ausdrücke", die er selbst gebrauchte, gehört haben will. Als diese Schüler bestraft werden, fühlt er sich keineswegs schuldig, sondern empfindet im Gegenteil Befriedigung über die fast „poetische" (Keller) Abrundung seiner Lügengeschichte. Schmidts Urteil hierzu: „Das ist nicht nur abscheulich, sondern auch durch und durch unwahr." Noch andere Fälle dieser Art erwähnt der strenge Moralist und spricht von einem „modernen Raffinement",

> „welches ganz ohne ersichtlichen Zweck das Leben ... durch schändliche Züge befleckt und es dann beschönigt. So etwas kommt in der Welt zwar vielfach vor, aber niemals bei einer guten Natur, und daß unsere jungdeutschen Dichter das vergessen haben, das macht eben, daß sie keine wirkliche lebendige Gestalt zeichnen können."

In typischer Verallgemeinerung erscheint hier Keller fast als Jungdeutscher (im Sinne Schmidts), was auch der letzte Satz der Rezension bestätigt:

> „Soviel steht für uns fest, daß in dem Dichter eine ganz außerordentliche Begabung ist, die eine glückliche Wendung nehmen kann, wenn er sich entschließt, ein seinem bisherigen Schaffen g a n z   e n t g e g e n g e s e t z t e s   P r i n z i p zu verfolgen, die sich aber an unfruchtbaren Spielereien verbrauchen wird, wenn er sich jener Romantik des träumerischen Doppellebens nicht entreißt."[24]

Immerhin scheint es, vom Ganzen der Rezension her gesehen, doch so, daß sie Keller nicht schlechthin als Jungdeutschen verurteilt. Schmidt sieht nur manche schwerwiegende Parallelen und solche viel weniger im

---

[24] Sperrung von mir.

Stilistischen als in der Lebensauffassung. Daran ist wohl objektiv einiges richtig; denn Keller ist der einzige der großen Realisten, der ideell entschieden vom demokratischen Vormärz geprägt ist, gleichzeitig aber den typologisch wichtigen realistischen Stilausgleich in sein Werk mitaufnehmen konnte. Zwar überwiegt bei Schmidt weitaus der Tadel, aber am Ende wie am Anfang steht abmildernd der Hinweis auf das entwicklungsfähige Talent.

Wichtiger noch für die Beurteilung dieses kritischen Zwiespalts scheint ein argumentum e silentio. Nirgends ist die Rede von einem k r a n k - h a f t e n Zwiespalt zwischen Leben und Dichtung bei Keller, im Gegenteil wird seine kräftige Sinnlichkeit gelobt. Nicht ist die Rede ferner von „Pessimismus", „Weltschmerz", „Zerrissenheit", von einem Interesse am „Pathologischen". Diese Vorwürfe fehlen sonst in keinem Ausfall der „Grenzboten" gegen die Restaurationszeit. In dieser Aussparung zeigt sich, daß es immerhin auch „weltanschauliche" Brücken zwischen Keller und den „Grenzboten", die eine positive Haltung zum Leben fordern, gab. Ein Kronzeuge ist der Schweizer für das Programm aber keineswegs; weder der zweite Teil des „Grünen Heinrich" noch die „Leute von Seldwyla" ändern daran etwas. In der „Grenzboten"-Rezension zum letzteren Werk wird Keller in eine Reihe mit Gotthelf und Berthold Auerbach gestellt, seine „Frau Regel Amrain" ist „eine der besten Dorfgeschichten, die wir kennen". Tadel verdiene seine „Neigung zum Bizarren, Übertriebenen". Einen „trüben Eindruck hinterlasse die Novelle „Romeo und Julia auf dem Dorfe", die gleichwohl „von einer hinreißenden Naturwahrheit" sei – das sind die dürftigen Erkenntnisse dieser „Kritik".

Erst 1874 hat Fr. Th. Vischer Keller als großen Erzähler, als Realisten gefeiert;[25] bis dahin hatte, wie Vischer selbst sagt, der Schweizer nur ein relativ kleines Publikum von eingeweihten Kennern.

Hat die „Grenzboten"-Kritik Keller wenigstens kurz, wenn auch nicht angemessen rezensiert, so fehlt Wilhelm Raabe bis 1870 in dieser Zeitschrift völlig, da man von der belanglosen Notiz zur „Chronik der Sperlingsgasse" absehen darf: „Der Verfasser hat sich davor zu hüten, daß seine zuweilen ganz glücklichen humoristischen Einfälle nicht zur Manier verknöchern."[26] Um so bemerkenswerter ist, daß Zeitschriften wie die „Blätter für literarische Unterhaltung" (bis 1864 unter Herm. Marggraff, von da unter Rud. Gottschall), die man bisher mit dem literarischen Realismus noch nicht in Verbindung brachte, Raabe von Anfang an häufig

---

[25] Vgl. Vischer, Kritische Gänge, 2. verm. Aufl., hg. von Robert Vischer, Bd. VI, München 1922, S. 240 ff.
[26] Grenzboten 1856, IV, S. 399.

und günstig, wenn auch nicht immer sehr verständnisvoll rezensieren.[27] Dagegen können weder Schmidt noch insbesondere Gustav Freytag davon freigesprochen werden, Raabe bewußt übergangen zu haben. Noch in später Zeit führt Raabe berechtigte Klage darüber; in einem Brief an K. Geiger vom 29. 6. 1909 heißt es:

> „Ich bin ja völlig todtgeschwiegen worden ... Nehmen Sie zum Exempel die ‚Grenzboten‘, das Leib- und Herzblatt der gebildeten deutschen liberalen Bourgeoisie. Die redigierte bis 1870 Herr Gustav Freytag. Für alles hat er ein Wort und seine Schreiber gehabt. Doch von der Chronik bis zum Schüdderump, von 1856 bis 1870, ist mein Name nicht ein einziges Mal in dem Blatt genannt worden. Ebenso war es mit den Preußischen Jahrbüchern usw. Nur der brave Rudolf Gottschall hat unter Belletristik in seinen Blättern für literarische Unterhaltung manchmal ein Wort, ein Taufwort für ein todtgeborenes Schriftkind von mir übriggehabt. Ich paßte den Herren eben nicht in ihren Kram: es war nicht allein die Menge, die nichts von mir wissen wollte."[28]

Über die Gründe der „Grenzboten" für ihre Ablehnung Raabes gibt es keine Textzeugnisse; um sie zu beschreiben, kann man sich nur auf einen allgemeinen Vergleich von Raabes Werk mit den Grundsätzen der „Grenzboten" zurückziehen. Raabes Entwicklung, soviel darf als sicher gelten, kann in wichtigen Fragen nicht mehr von den Voraussetzungen der realistischen Theorie in den 5oer Jahren begriffen werden. So ist etwa der Typ des Sonderlings bei Raabe, wie ihn Herman Meyer beschrieben hat,[29] seine Skepsis Leben und Gesellschaft gegenüber, den Bestrebungen der „Grenzboten" gerade entgegengesetzt, wo Anteilnahme, Mittun, Integration gefordert werden, besonders auch vom Künstler. Skepsis und „Resignation", dieses „scharfe, aber gesunde Wort" (Raabe, Alte Nester, 8. Kap.), sind heimliche oder ausgesprochene Leitbegriffe bei Raabe wie Fontane. Der frühe theoretische Realismus setzt dem Arbeit, Leistung, „Energie" entgegen, „Optimismus".[30] Im mittleren und späten Werk der beiden großen Erzähler ist von den pantheistisch-monistischen Illusionen des frühen Realismus (in der Theorie ausgeprägt bei Theodor Mundt, Vischer, aber auch in den „Grenzboten") kaum mehr etwas zu spüren. Man darf auf diesen Differenzen insistieren, weil es ja Schmidt immer wieder auf die „Auffassung vom Leben" ankam.

---

[27] S. die Zeugnisse in den Anhängen zu: Wilhelm Raabe, Sämtliche Werke, Braunschweiger Ausgabe, hg. von Karl Hoppe, Freiburg und Braunschweig 1951 ff.
[28] Zitiert ebd. Bd. VIII, bearb. von K. Hoppe, 1952, S. 406 f.
[29] Der Typus des Sonderlings in der deutschen Literatur, Amsterdam 1943.
[30] Näheres s. u. im 2. Kap.

Bei all dem geht es darum, der schematischen Korrelation: hier vorbereitende realistische Theorie, dort die das Programm einlösende Dichtung des Realismus, das etwas feiner gezeichnete Bild verschiedener Ausformungen der realistischen Bestrebungen entgegenzustellen. Am späteren Realismus der großen Werke gemessen, mutet das Programm ängstlich an, sowohl im Formalen (s. o.) wie im Inhaltlichen, was besonders in der stark reduzierenden Auswahl der poetisch zugestandenen Stoffe und Probleme zutagetritt. Man wird manchmal sogar an die alte Vorbilddichtung erinnert, wie etwa in Schmidts Aufsatz „Neue Dramen" von 1856.[31] Der Kritiker weist zunächst auf die Abkehr von der „idealistischen Schule" gegen 1840 hin: „Es wurde ... der Realismus als das Princip der Dichtung aufgestellt." Realismus heißt hier vorerst nichts anderes als Gestalten, Milieu, Probleme zu „individualisieren", d. h. national, geschichtlich, gesellschaftlich und darstellerisch zu konkretisieren, und Schmidt nennt dies eine „an sich ganz richtige(n) Erkenntniß". Aber dieser Fortschritt sei im Vormärz nicht richtig genützt worden:

> „Seitdem man (aber) ängstlich zu individualisieren anfing, entstand ein solches Raffinement in den Motiven, daß die Dichtung anstatt uns einen idealen Weg zu zeigen, uns vielmehr die Krankhaftigkeit und Unstetigkeit als den echten Gehalt des Lebens nachzuweisen suchte."

Der neue Realismus soll demgegenüber die Forderung nach „Individualisierung" ebenso einlösen wie die andere nach dem „idealen Weg":

> „In Bezug auf die echte Kunstform kommen wir immer auf den bekannten Ausspruch des Sophokles zurück, daß Euripides die Menschen schildere, wie sie sind, er dagegen, wie sie sein sollen (besser: wie sie sein müssen)."

Mit diesem scharf formulierten Postulat idealtypischer Darstellung bleibt die frührealistische Theorie ohne Zweifel hinter der großen realistischen Dichtung zurück;[32] sie steht hier in der Tradition des europäischen Klassizismus, wie ja nicht zufällig gerade Sophokles genannt wird. Die Entfremdung zwischen Theorie und dichterischer Praxis darf man wohl in eine Beziehung setzen zur Restauration klassizistischer Stilideale.

---

[31] Grenzboten 1856, I, S. 448–461.
[32] Vgl. Fritz Martini, Deutsche Literatur im bürgerlichen Realismus, 1848–1898, 2. Aufl., Stuttgart 1964, S. 685: „‚Realismus' hieß für Raabe, eine spannungsreiche subjektive Welterfahrung so im Erzählwerk zu gestalten, daß nichts verdeckt, geglättet, verharmlost oder in das Erbauliche verfälscht wurde. ‚Realismus' bedeutete den Widerspruch gegen einen Optimismus in der Literatur wie im Leben, der sich der ‚Wirklichkeit' entzog."

I.

LIBERALISMUS UND THEORIE DER LITERATUR NACH 1848

Nimmt man es mit den Zahlen nicht allzu genau, so dürfen die Jahre zwischen 1848 und 1860 als die eigentliche Zeit der realistischen, wie man vorwegnehmend sagen darf: der realistisch-klassizistischen Literaturtheorie gelten. Ihre Vorbereitungsphase geht jedoch bis in die dreißiger Jahre zurück, wo vor allem Theodor Mundts „Kunst der deutschen Prosa" (1837) und die gegenromantischen Manifeste der „Hallischen Jahrbücher für deutsche Wissenschaft und Kunst" von 1839/40 markante Akzente setzen im Sinne einer Abgrenzung nach rückwärts. Seit etwa 1848 verdichtet sich die zersplitterte vormärzliche Diskussion; eine annähernd stetige und programmatische „Richtung" wird faßbar – worin sich übrigens eine allgemeine Differenz der vor- und nachmärzlichen Periode ausdrückt, indem letztere zur Harmonisierung und Totalisierung unter Ausschluß der „Extreme" drängt, während jene, wie die Restaurationszeit überhaupt, durch Vielfalt gekennzeichnet ist.

Die programmatische Bewegung endet in unbestimmten Spuren anfangs der sechziger Jahre. Um einen fixen Punkt wenigstens anzudeuten, sei an das Ausscheiden Julian Schmidts aus der „Grenzboten"-Redaktion erinnert (1861). Seit etwa 1860 werden die in den zurückliegenden Jahren gewonnenen Positionen nur mehr geringfügig variiert. Friedrich Spielhagens Romantheorie, die 1883 erscheint, ist nur eine späte Zusammenfassung der programmatischen Poetik des Romans.[1]

Schwierig ist die personelle Eingrenzung der frührealistischen Theorie; es läßt sich nur mit Vereinfachungen ein „rein" realistischer Kern, sowohl sachlich wie personell, herausarbeiten. Im folgenden werden nicht nur die „Grenzboten" behandelt, sondern auch Hermann Hettner, Rudolf Gottschall, Fr. Th. Vischer, als Zeitschriften mehr am Rande die „Blätter für literarische Unterhaltung" und die „Preußischen Jahrbücher". Diese Zusammenstellung, die wiederum keine falsche absolute Einheitlichkeit behaupten will, muß sich im einzelnen aus der Darstellung rechtfertigen.

---

[1] Beiträge zur Theorie und Technik des Romans, Göttingen 1967 (Faksimiledruck der 1. Aufl.).

Entscheidende Kriterien waren die Ablehnung der Biedermeierzeit, die Übereinstimmung in elementaren Stilforderungen, schließlich die relative ideologische Zusammengehörigkeit, die sich auch im Ästhetischen auswirkt. Zwar zeigen Gottschall und die „Preußischen Jahrbücher" reinere Klassizismen als Julian Schmidt; aber statt hier einen Gegensatz zu sehen, ist es aufgrund der Quellen richtiger, von einer Intensivierung oder Forcierung klassizistischer Elemente zu sprechen, die sich als solche auch bei Schmidt finden. Wichtig ist in diesem Zusammenhang, daß die „Grenzboten" selbst keine feste ästhetische Theorie bieten, sondern sich im Laufe der 5oer Jahre immer stärker zur klassizistischen Poetik zurückwenden. So lehnt Schmidt 1850 den Vers Schillers als Vorbild ab; 1857 heißt es beim selben Kritiker zur selben Frage, man müsse hier „conservativ" sein und „streng an der Tradition festhalten".[2] Das ist nur ein Beispiel, das im übrigen die Theorie nicht auf „Klassizismus" schlechthin festlegen will, sondern ihre klassizistischen Elemente oder Züge herausstreichen soll.

Ähnlich wie bei Gottschall liegen die Dinge bei Hettner und Vischer. Beide bekennen sich explizit zum klassischen Poesie-Ideal mit realistischer Modifizierung (vgl. etwa Vischers vorsichtiges Plädoyer für den Roman), wobei in Einzelfragen das Engagement für die klassische Form ungenierter formuliert werden kann als in den „Grenzboten". Besonders bei Vischer, dem bedeutendsten aller Ästhetiker in der Mitte des 19. Jh.s, muß man Eigenständigkeit und Zugehörigkeit zugleich erfassen. Eine Sonderstellung beansprucht er dabei weniger sachlich, als im Methodischen und Biographischen. Seine Theorie will System sein mit explizit hegelisch-idealistischem Unterbau, während sich die unbestreitbar spätidealistische Grundlage der übrigen Literaturkritiker[3] nicht mehr ins System entfaltet. Auch liegt Vischers entscheidender Einsatz nicht bei 1847/48, sondern viel früher. Immerhin fällt jedoch sein Hauptwerk, die sechsbändige „Ästhetik", gerade in die wichtigsten Jahre der realistischen Theorie (entstanden 1846/57).

Die sich in den 5oer Jahren zu einer Art Programm verfestigende Literaturtheorie wird also durch eine nicht annähernd so geschlossene Gruppe von Literaten vertreten wie etwa die spätere naturalistische Programmatik. Es gibt auch keine Manifeste. Diese äußerlich sehr lose Form einer Bewegung, die ästhetisch doch in vielfacher Hinsicht eine Einheit bildet, ist soziologisch vor allem daraus zu erklären, daß man keine oppositionelle Richtung vertritt, die in einer gleichsam konspirativen Weise gegen die gewaltige Macht der bestehenden Meinungen vorgeht. Vielmehr fühlt

[2] Vgl. Grenzboten 1850, III, S. 506 und ebd. 1857, I, S. 287 f.
[3] Der frühe Hettner ist hier auszunehmen; um 1850 neigt er zu materialistischen Gedankengängen. Näheres s. u. S. 130.

sich der Journalist oder Literarhistoriker, der für eine neue Literatur eintritt, als Anwalt und Repräsentant einer breiten bürgerlichen Mehrheit. Für eine Gruppenbildung fehlte nicht nur der Anlaß, sie wurde sogar scharf abgelehnt als exklusive „Coterie" (Schmidt), was z. B. das Junge Deutschland zu spüren bekam, das man als Verschwörer-Clique zur fiktiven Kontrastfigur aufbaute. Auch dem Münchner Dichterkreis war man als elitärer Erscheinung nicht sehr günstig gesonnen.

Was die frührealistische Theorie auch äußerlich zusammenschließt, ist einzig der Umstand, daß sie, den Schwaben Vischer ausgenommen, im Raum Leipzig-Dresden zuhause ist. Ihre bedeutendsten Vertreter, Julian Schmidt, Gustav Freytag, Otto Ludwig, Hermann Hettner, Rudolf Gottschall, auch ihnen nahestehende wie Berthold Auerbach, Hermann Marggraff, Theodor Wilhelm Danzel, die das realistisch-klassizistische Konzept z. T. übernehmen: sie alle leben und arbeiten nach der Revolution längere Jahre in Leipzig oder Dresden, wobei der Schwerpunkt in Leipzig liegt. Hier erscheinen die wichtigen literarischen Zeitschriften; auch das Ausland sieht die „besten Kräfte" der damaligen literarischen Kritik Deutschlands im sächsischen Raum konzentriert.[4]

Zeitschriften

Leipzig war eine Stadt mit vielfältiger aufgeklärt-bürgerlicher Tradition, was dem ausgeprägt „bürgerlichen" Charakter der frührealistischen Programmatik entgegenkommen mußte. In den 30er und 40er Jahren erlebt Leipzig einen bedeutenden kulturellen Aufschwung. „Am frühesten in Deutschland gab es hier eine nicht geringe Anzahl von Literaten, die durch ständige Verbindung mit den großen Verlegerfirmen in der Lage waren, von ihrer Feder zu leben. Schon 1840 hatten sie den Literaturverein gegründet, 1845 die erste Schriftstellerversammlung abgehalten. Hier entwickelte sich als etwas Neues der Gedanke der Standesehre und der wechselseitigen Hilfe."[5]

Im Vormärz war Leipzig ein Zentrum des linken Liberalismus, wozu die liberalen Verleger der Stadt Entscheidendes beitrugen. Otto Wigand nimmt sich der „Hallischen", später „Deutschen Jahrbücher" Arnold Ruges und Theodor Echtermeyers an und verlegt Ludwig Feuerbachs epochemachendes „Wesen des Christentums" (1841), das nach Bruno Bauer den

---

[4] So der Kritiker St.-René Taillandier, Paris. Vgl. Blätter für literarische Unterhaltung, Jg. 1856, S. 718.
[5] Veit Valentin, Geschichte der deutschen Revolution von 1848/49, 2 Bde, Berlin 1930 f., I, S. 225.

Abschluß der philosophischen Epoche Deutschlands darstellt. Bei Wigand erscheinen ferner Max Stirners „Der Einzige und sein Eigentum" (1844) und Friedrich Engels' „Die Lage der arbeitenden Klasse in England" (1845), neben manchen anderen linkshegelianischen Werken. Herauszuheben sind der Reclam-Verlag[6] und die Verlagsbuchhandlung von Brockhaus, die neben den traditionsreichen „Blättern für literarische Unterhaltung"[7] die erste „Leipziger Arbeiterzeitung" herausbringt. Brockhaus setzt seine liberale Tradition auch nach der Revolution fort, wenn er 1855/56 das Rotteck-Welckersche „Staatslexikon", dieses Hauptwerk des süddeutschen vormärzlichen Liberalismus, in dritter Auflage herausbringt. Bei F. W. Grunow, später bei Herbig, erscheinen seit 1842 die sozialkritischen „Grenzboten".

Mit der Revolution gehen die meisten vormärzlichen Oppositionsblätter ein. Nur wenige Zeitschriften können sich halten, wie die „Blätter für literarische Unterhaltung", Gustav Kühnes „Europa. Chronik der gebildeten Welt"[8] und die „Grenzboten". Besonders bei den „Grenzboten" ist deutlich, wie sich mit dem Übergang in die nachrevolutionäre Zeit der Ton mäßigt; der Liberalismus wird zahm, es kommt die Zeit der Familienblätter.

Die schlagkräftigste literarische Zeitschrift Leipzigs waren ohne Zweifel die „Grenzboten", die 1841 von dem Österreicher Ignaz Kuranda als „Blätter für Deutschland und Belgien" in Brüssel gegründet worden waren. Im Sommer 1842 siedelt die Wochenschrift nach Leipzig über und widmet sich jetzt vor allem österreichischen Interessen.[9] Als Kuranda

---

[6] Großen Erfolg hatte Reclam mit der Wochenschrift „Lokomotive. Volksblatt für tagesgeschichtliche Unterhaltung", hg. von F. W. A. Held, 1842–44; ihr scharfer satirischer Ton läßt die Auflagen auf 12 000 klettern. – Daten nach Ludwig Salomon, Geschichte des deutschen Zeitungswesens, 3 Bde, Leipzig 1900/02/06, III, S. 480–482.

[7] Seit 1826 unter diesem Titel bei F. A. Brockhaus erscheinend, bis 1848 täglich, dann wöchentlich. Von 1853 bis 1864 leitet der Literarhistoriker Hermann Marggraff (1809–1864) das Blatt, von 1865 bis 1888 Rudolf Gottschall. Die Zs. äußert sich kaum je parteipolitisch (anders die „Grenzboten"), gehört ihrem Charakter nach aber dem gemäßigten Bildungsliberalismus zu.

[8] 1835 von August Lewald in Stuttgart gegründet, 1846 von G. Kühne erworben und nach Leipzig geführt. Kühne leitet das Blatt bis 1859, das bis 1883 ein wenig beachtetes Dasein fristet. Anders als in den „Grenzboten" wird die literarische Meinung sehr vorsichtig, sehr vermittelnd geäußert.

[9] Da die Zs. großdeutsch orientiert ist und in manchen Beiträgen (keineswegs durchgehend!) auch scharfe soziale Kritik nicht scheut, wird sie in Österreich bald verboten. Anfang 1848 liegt die Abonnentenzahl bei 4000, was vergleichsweise viel ist (vgl. L. Salomon, Geschichte des deutschen Zeitungswesens, a.a.O., III, S. 487).

Mitte 1848 nach Wien geht als Redakteur der „Ostdeutschen Post", übernehmen Gustav Freytag und Julian Schmidt das Blatt. Es erhält in der Folge einen gemäßigt liberalen bis rechtsliberalen Charakter und wird zunehmend „preußisch". 1866 nennt Freytag die „Grenzboten" die „anspruchsvollste Wochenschrift Deutschlands"[10] und durfte dabei auf Zustimmung rechnen. So schreibt Fr. Th. Vischer schon 1857 an seinen Freund David Fr. Strauß über die „Grenzboten", sie seien „ethisch gesund" und „die einzige jetzt respektierte Zeitschrift".[11]

Zusammen mit Gustav Freytag (1816–1895), der ein nicht ebenbürtiges kritisch-analytisches Talent besaß und mehr als beschreibender Vermittler und etwas väterlicher Ratgeber wirkte, hatte vor allem Julian Schmidt die „Grenzboten" an die Spitze der frührealistischen Literaturtheorie und -kritik gebracht. Schmidt (1818–1886) war einer der einflußreichsten, ja maßstäbesetzenden Journalisten und Literarhistoriker der 50er und 60er Jahre. Seine kritische Tätigkeit war heftig umstritten; dabei lehnte man weniger sein literarisches Programm selbst ab, als die Form, in der es vorgetragen wurde. Für das Bild Julian Schmidts in der deutschen Geistes- und Literaturgeschichte, wenn man von einem solchen überhaupt sprechen darf, waren vor allem die Verrisse Friedrich Hebbels, Ferdinand Lassalles und Paul Lindaus entscheidend.[12] Schmidt, so heißt es, urteile absprechend und unkollegial, er sei amusisch und unfähig, den individuellen Wert und Charakter einer Dichtung zu würdigen. Denselben Vorwurf erhob auch Rudolf Gottschall in seiner Literaturgeschichte;[13] Franz Mehring nimmt ihn wieder auf[14] und Georg Lukács spricht von Schmidts

[10] Vgl. G. Freytag, Briefe an Albrecht v. Stosch, Stuttgart-Berlin 1913, Brief vom 20. 11. 1866.
[11] Vgl. Fr. Th. Vischer, Briefwechsel mit D. Fr. Strauß, hg. von Adolf Rapp, 2 Bde, Stuttgart 1952 f., Brief vom 27. 4. 1857.
[12] Fr. Hebbel, Abfertigung eines ästhetischen Kannegießers (1850). In: F. H., Werke, 5 Bde, hg. von Gerhard Fricke u. a., München 1963 ff., III, S. 651–69. – Ferd. Lassalle, Herr Julian Schmidt, der Literarhistoriker (1862). In: F. L., Reden und Schriften. Neue Gesamtausgabe, hg. von Eduard Bernstein, III, Berlin 1893, S. 599–724. – Paul Lindau, Deutsche Gründlichkeit und französische Windbeutelei. Offener Brief an den Literarhistoriker Herrn Dr. Julian Schmidt, wohlgeboren. In: P. L., Literarische Rücksichtslosigkeiten, Berlin 1871, S. 145–57.
[13] Vgl. R. Gottschall, Die deutsche Nationalliteratur in der ersten Hälfte des 19. Jahrhunderts; literarhistorisch und kritisch dargestellt, 3 Bde, 2. verm. Aufl. Breslau 1860, I, S. XVIII f.
[14] Schmidt habe kein Auge „für die geistige Struktur eines Kunstwerks", vgl. F. Mehring, Die Literatur im deutschen Reiche (1874), in: Meisterwerke deutscher Literaturkritik, hg. von Hans Mayer, Bd. II: Von Heine bis Mehring, Berlin 1956, S. 901.

„Unwissenheit und Geschmacklosigkeit", die Hebbel und Lassalle entlarvt hätten.[15]

Gewiß ist es leicht und selbst nicht ohne Berechtigung, über Schmidt den Stab zu brechen; hier soll auch keine Rettung versucht werden. Schmidt ist ein glanzloser Schriftsteller, das Banale liegt oft nur einen Schritt weiter, das intellektuelle und stilistische Niveau der romantischen Literaturkritik wird nur selten erreicht. Die Substanz von Schmidts kritischen Intentionen tangieren solche Feststellungen jedoch kaum. Durchaus im Besitz eines feinen und immer wieder durchbrechenden Gespürs für literarische Qualität und Eigenart, drängte Schmidt dieses um programmatischer Ziele willen bewußt zurück. Ihm geht es nicht um den großen Einzelnen, sondern um eine literarische Kultur der Vielen und notwendig Mittelmäßigen, die gleichwohl den quantitativ größten Einfluß auf das Publikum haben. Er urteilt ganz von einem Publikum her, das erzogen werden soll und, wie er optimistisch voraussetzt, erzogen werden will. Dies ist ein grundsätzlich anderer Standpunkt als jener der romantischen Ästhetik. Die pädagogischen Inhalte und Normen selbst müssen kritisch gesichtet werden – was die Aufsätze Hebbels und Lassalles gerade nicht leisten oder, wie im Falle Hebbels, gar nicht leisten wollen, weil Hebbel, wie er später gesteht, im großen und ganzen einverstanden ist mit Schmidts „Prinzipien".[16] Lassalle wiederum war in seinen ästhetischen Anschauungen ein klassizistischer Reaktionär, der kein Haar an Goethe und Schiller krümmen ließ, sogar nicht an Platen. Seine legitime Kritik an Schmidts unglaublicher Sicherheit im Absprechen und Verneinen der Klassik gegenüber schlägt um in eine nicht minder bornierte Tabuisierung der literarischen Tradition.

Schmidts journalistische Tätigkeit ist nicht unmittelbar literarisch, sondern kulturpolitisch motiviert. Die königlich-preußischen Patente vom 3. Februar 1847 über die Einberufung eines vereinigten Landtages und dessen Eröffnung im April veranlassen den Berliner Gymnasiallehrer, einige Schilderungen dieser Ereignisse an die „Grenzboten" zu senden. Kuranda schlägt daraufhin die ständige Mitarbeit vor, die Schmidt sogleich aufnimmt. Die Hauptarbeit am literarischen Teil der Zeitschrift leistet von jetzt ab Schmidt. Seine Literaturkritik war Freytag, wie dieser

---

[15] Vgl. Gg. Lukács, Die Grablegung des alten Deutschland. Essays zur deutschen Literatur des 19. Jh.s, Ausgewählte Schriften 1, rde 276, S. 13. Der Vorwurf, Schmidt sei unwissend gewesen, trifft nicht zu. – Negativ über Schmidt urteilt auch Bruno Markwardt, Geschichte der dt. Poetik, Bd. IV: Das 19. Jahrh., Berlin 1959, S. 663 ff.

[16] Vgl. Hebbel, Werke, a.a.O., II, S. 962 (Anmerkung des Hg.s).

später durchblicken läßt, zu radikal;[17] wohl infolge solcher Zwistigkeiten kam es 1861 zur Trennung.[18]

Seit 1858 bestehen neben den „Grenzboten" und diese bald überragend die „Preußischen Jahrbücher", denen sich ein weiter Kreis von Gelehrten wie Rudolf Haym, Heinrich v. Treitschke u. a. anschließt, überwiegend Historiker mit rechtsliberaler Gesinnung.[19] Die „Preußischen Jahrbücher" sind keineswegs ein Konkurrenzunternehmen zu den „Grenzboten"; wie Freytag berichtet, sprach Haym auch bei ihm wegen Mitarbeit an den „Jahrbüchern" vor.[20] Beide Zeitschriften sind „gothaisch" eingestellt, d. h. sie gehören jener politischen Richtung an, die sich aus dem rechten Zentrum des Frankfurter Parlaments herausbildete.[21]

Darf man im Politischen von einer nahezu vollständigen Interessengleichheit der beiden Blätter sprechen, so im Ästhetischen nur von einer immerhin deutlichen Konvergenz der Meinungen. Denn die „Preußischen Jahrbücher" beziehen von Anfang an einen klassizistisch-epigonalen Standpunkt, den realistische Elemente im Sinne der „Grenzboten" nur

[17] Vgl. die Briefe Freytags an Salomon Hirzel vom 26. 8. 1861: „Ich habe kein Glück mit meinen Grenzboten-Leuten" und vom 30. 4. 1864: „Schmidt wurde unmöglich." Gustav Freytag an Salomon Hirzel und die Seinen. Mit einer Einleitung hg. von Alfred Dove, o. O. 1903. – Hirzel (Leipzig) war der Verleger Freytags.

[18] Schmidt wird 1862 Chefredakteur der „Berliner Allgemeinen Zeitung", einem Organ der altliberalen Partei Vinckes im preußischen Parlament. Die Zeitung geht Ende 1863 ein. Schmidt widmet sich wieder literarhistorischen Arbeiten und schreibt Essays, die er seit 1870 in seinen „Bildern aus dem geistigen Leben unserer Zeit" sammelt. Seit 1878 erhält er ein Ehrengehalt von Wilhelm I. Zu seinem Tode veröffentlicht Freytag einen Nachruf in den „Preußischen Jahrbüchern" (Juni 1886): „Julian Schmidt bei den Grenzboten."

[19] Preußische Jahrbücher, begr. von Max Duncker, hg. von Rudolf Haym, 1858 ff. (bis 1935 weitergeführt). Es handelt sich um eine Monatsschrift; zitiert wird nach Jahrg., Band (1 Jg. = 2 Bde) und Seite, was auch für die „Grenzboten" gilt (jedoch 1 Jg. = 4 Bde). – Zur Entstehungsgeschichte der „Preuß. Jbb." vgl. Otto Westphal, Welt- und Staatsauffassung des deutschen Liberalismus, München-Berlin 1919, S. 13 ff. Zu ihrem Mitarbeiterkreis vgl. ebd. S. 95: „Es war eine Versammlung von Gelehrten, wie sie an keiner dem allgemeinen Leben dienenden deutschen Zeitschrift wieder zustandegekommen ist." – Westphals Darstellung ist völlig unkritisch, aber sehr materialreich. Später reiht sich Westphal in die nationalsozialistische Geschichtsschreibung ein.

[20] Vgl. Freytag, An Salomon Hirzel und die Seinen, a.a.O., Brief vom 27. 8. 1857.

[21] Die „Grenzboten" bezeichnen sich ausdrücklich als Parteiblatt. So heißt es in einem Aufsatz, der wohl von Freytag stammt, der Historiker Sybel (den „Preuß. Jbb." nahestehend) habe dieselben Überzeugungen wie jene „große Partei", „der zu dienen auch der Stolz dieses Blattes ist". Vgl. Grenzboten 1856, I, S. 245.

leicht modifizieren. Demgegenüber stellen sich derartige Tendenzen in den „Grenzboten" als thematische Forderungen und überwiegend erst gegen Ende der 50er Jahre ein. Herauszuheben ist allerdings, daß durch die persönliche Eigenart des literarischen Essayisten der „Jahrbücher", nämlich Treitschkes, ein gewisses bildungsaristokratisches Air ungenierter zutagetritt als in den „Grenzboten".[22]

Behält man den prononciert klassizistischen Charakter der „Jahrbücher", den neben Treitschke auch Haym und andere Mitarbeiter unterstreichen,[23] im Auge, so wird das familiäre Verhältnis der „Grenzboten" zu ihnen, das bei allen Differenzen[24] doch besteht, literarhistorisch sehr bedeutsam. Deutlicher als jede immanente Analyse des poetologischen Programms der „Grenzboten" dies vermag, zeigt es den Weg einer Literaturtheorie, die zugleich mit der Revolution von 1848/49 den Beginn einer neuen realistischen Epoche der deutschen Literatur verkündete und sich unter dem Stichwort eines „Ideal-Realismus" nicht nur von der biedermeierzeitlichen Literatur abwandte, sondern auch von der idealistisch initiierten klassisch-romantischen Dichtung.[25]

Die wichtigsten der bisher genannten Zeitschriften waren „Grenzboten" und „Preußische Jahrbücher"; ihnen gehen chronologisch die nicht minder wirksamen „Hallischen Jahrbücher" voraus.[26] Alle drei Zeitschriften, die in unserer Darstellung einen Zeitraum von mehr als zwanzig Jahren umfassen, stellen nicht nur entscheidende Phasen der nachidealistischen Literaturtheorie dar, sondern in einem gleichen Maße solche des deut-

---

[22] Die „Grenzboten" wissen sich offener und „volksthümlich" zu geben und sind dies zumindest um 1848 wohl auch.

[23] Fritz Schlawes Bemerkung, daß die „Preuß. Jbb." keine „bestimmten literarischen Tendenzen" vertraten, gilt nur für die spätere Zeit dieses Blattes, seit etwa 1880, nicht aber für seine Anfänge. Vgl. F. S., Literarische Zeitschriften, T. 1, 1885–1910, 2. Aufl. Stuttgart 1965, S. 13 (= Slg Metzler 6).

[24] So haben die „Preuß. Jbb." einen betont wissenschaftlich-historischen Zuschnitt, während die „Grenzboten" journalistisch-aktuell ausgerichtet sind. Auch nehmen die literaturkritischen Artikel der „Jahrbücher" einen geringeren Raum ein als in den „Grenzboten" der 50er Jahre. Später ziehen sich diese, im Unterschied zu einem gegenläufigen Trend bei den „Preuß. Jbb.", weitgehend aus der aktuellen literarischen Diskussion zurück. Man muß aber festhalten, daß die „Preuß. Jbb." von Anfang an keineswegs eine nur fachwissenschaftliche Zs. sein wollten.

[25] Die Dogmatisierung der Klassik, zumindest die ersten Schritte hierzu sind ein Produkt bereits der Verengung des Programms. Während und nach der Revolution kritisieren gerade die „Grenzboten" die Weimarer Dichtung scharf.

[26] Hallische Jahrbücher für deutsche Wissenschaft und Kunst, hg. von Arnold Ruge und Theodor Echtermeyer, Leipzig 1838–1842. Seit Mitte 1841 unter dem Titel „Deutsche Jahrbücher".

schen Liberalismus. Sein Weg führt von der relativen, später absoluten Opposition der „Hallischen Jahrbücher" über die Auseinandersetzung der „Grenzboten" mit der Revolution und ihren linken Kräften endlich zum prinzipiellen Einverständnis der „Preußischen Jahrbücher" mit der preußischen Regierungspolitik seit 1866. Zurecht hat man die Gründung der „Hallischen Jahrbücher" und der „Preußischen Jahrbücher" eine „kulturpolitische Tat" genannt;[27] beide Zeitschriften bedeuten Wendemarken in der bürgerlichen Bewegung des 19. Jh.s. Die „Grenzboten" begleiten diese Wandlung und spiegeln sie in ihren einzelnen Schritten wohl am deutlichsten wider. Schon chronologisch ist die Revolution der Mittelpunkt des hier umrissenen Zeitraums. Sie ist immer präsent, sei es in vorwegnehmender Weise oder als Reaktion auf sie. Wie die Revolution selbst wurde auch die frührealistische Bewegung vom herrschenden Liberalismus initiiert, wobei sowohl das Verhältnis der drei Größen zueinander wie jede in sich selbst schwierig und vielschichtig angelegt ist. Was die Theorie der Literatur betrifft, impliziert sie nicht nur Geschichte und Problematik von Liberalismus und Revolution, sondern sie versteht sich selbst und ihr Objekt, die Literatur, als politisch-gesellschaftlichen Faktor. In diesem Sachverhalt liegt ihr besonderes Kennzeichen, was für die Periode vor wie nach 1848 gilt.

Wichtig innerhalb der hier angedeuteten Zusammenhänge ist besonders die Wandlung des deutschen Liberalismus im Übergang vom Vormärz zur nachrevolutionären Reaktion. Es ist im ganzen ein Verengungsprozeß, der seinen konsequenten Abschluß erhält in der Gründung der Nationalliberalen Partei (1866, offizielle Gründung 1867). Dieser Verengungsprozeß im Liberalismus wirkte sich ebenso stark auf die literarischästhetischen Konzeptionen der Zeit aus, wie die revolutionäre Stimmung des Vormärz die Theorie der Literatur beeinflußt hatte. Der literarische Journalismus der 50er Jahre ist nicht nur der unmittelbare Träger der Literaturprogramme, er ist in den meisten Fällen zugleich Parteipresse des gemäßigten bis rechten Liberalismus. Die nicht zu leugnende Eigengesetzlichkeit literarhistorischer Entwicklungen wird gerade auch nach 1848 von politischen, gesellschaftlichen und ideologischen Prozessen überlagert.

---

[27] Vgl. Hans Rosenberg, Rudolf Haym und die Anfänge des klassischen Liberalismus, München u. Berlin 1933, S. 19. – Über die „Hall. Jbb." vgl. ferner Karl Löwith, Von Hegel zu Nietzsche. Der revolutionäre Bruch im Denken des 19. Jh.s, Stuttgart 1950/64, S. 99: die dt. Philosophie habe dieser Zs. nichts an die Seite zu stellen, was ihr an Wirksamkeit gleichkäme.

Die Abkehr von der politisch-philosophischen „Idee" und die Hinwendung zur „Praxis" als „Realismus"

Der Linkshegelianer Arnold Ruge (1802–1880) hatte in den „Hallischen Jahrbüchern" einen „reaktionären" Idealismus von einem „progressistischen" unterschieden und diesen zu einem kulturpolitischen Schlagwort gemacht. Nach 1848 versteht man den schon länger gebräuchlichen Begriff des „Realismus" nicht mehr nur ästhetisch; die Zeitgenossen verwenden ihn zur Bezeichnung eines neuen politischen Verhaltens, das sich vom Vormärz, von eben jenem „progressistischen" Idealismus abgrenzen will durch engeren Anschluß an das Bestehende als an politische Ideale. In diesem politischen und gesellschaftlichen „Realismus" sahen die meisten Liberalen den entwicklungsfähigen Neuansatz, der sich aus dem Scheitern der Revolution zwingend ergab. Das literarische Programm wird im unmittelbaren Kontakt hierzu herausgearbeitet;[28] zwar ist jede engagierte Literatur streng zu verurteilen, aber stets wird nun der enge Zusammenhang von Kunst und Leben betont, wobei jener eine erzieherische Aufgabe zuteil wird.

Der Hinwendung zur „Praxis" und zum „Leben" entspricht ein rapider Rückgang des philosophischen Interesses. Bruno Bauer, Linkshegelianer und Religionskritiker, beschreibt 1853 die Situation so: „Die Katastrophe der Metaphysik ist unleugbar. Es sind jetzt zwölf Jahre her, daß die philosophische Literatur als für immer geschlossen und beendigt angesehen werden kann.[29] Die Universitäten, die früher jeden Gebildeten in die Kämpfe ihrer Entwicklung hineinzogen, reizen die Aufmerksamkeit nicht mehr und sind nur noch eine Vereinigung von Vorbereitungsseminaren für einen praktischen Lebensberuf. Sie haben noch ihre philosophischen Lehrer, aber auch nicht Einen, der auch nur einen einzigen neuen Gedanken hervorgebracht hätte." Die „Noth und die Arbeit für den Augenblick" zerstöre alle Neigungen für allgemeine Studien, wie Bauer, ohne dies zu bedauern, hinzufügt; die Hörerzahl der Universitäten nehme zusehends ab.[30] Das allgemeine philosophische Desinteresse drückt sich am deutlichsten in der Geschichte der Hegelrezeption aus.[31] Die linkshegelia-

---

[28] Das ist auch wörtlich zu verstehen. Die Vorreden und Vorworte zu den einzelnen Jahrgängen und „Semestern" der „Grenzboten" behandeln literarische und politisch-gesellschaftliche Fragen gleichsam im selben Satz. Ähnliches ist in den „Preuß. Jbb." zu beobachten.
[29] D. h. mit Feuerbachs „Wesen des Christentums" (Anm. d. Verf.).
[30] Bruno Bauer, Rußland und das Germanenthum, in: Löwith (Hg.), Die Hegelsche Linke, Stuttgart 1962, S. 100 f.
[31] Vgl. hierzu Hans Rosenberg, Zur Geschichte der Hegelauffassung, im Anhang zu: Rudolf Haym, Hegel und seine Zeit, 2. Aufl. Leipzig 1927, S. 510–550.

nische Hegel-Kritik ebenso wie die Marx-Engelssche war noch unmittelbar und produktiv an Hegel interessiert;[32] nun vollzieht sich ein Genera-
tionswechsel: nicht mehr die Philosophen dominieren, sondern die Historiker, die Duncker, Gregorovius, Haym, Sybel, Treitschke. 1857 erscheint
Hayms „Hegel und seine Zeit. Vorlesungen über Entstehung und Entwicklung, Wesen und Wert der Hegelschen Philosophie", eine weitläufige
Generalabrechnung mit Hegels Metaphysik und philosophischem Kon-
struktivismus.[33] In der Einleitung sagt Haym, das Reich der Philosophie
befinde sich „im Zustande der Auflösung und Zerrüttung": „Eine bei-
spiellose und schlechthin entscheidende Umwälzung hat Statt gefunden.
Das ist keine Zeit mehr der Systeme, keine Zeit mehr der Dichtung oder
der Philosophie. Eine Zeit statt dessen, in welcher, Dank den großen
technischen Erfindungen des Jahrhunderts, die Materie lebendig geworden zu sein scheint." Keineswegs jedoch möchte Haym „der materialistischen Denkweise" der Zeit Vorschub leisten; vielmehr gelte es vom
neugewonnenen Realismus aus eines Tages eine „Brücke" zu schlagen zur
verlorenen „idealistischen Denkweise". In der Geschichte glaubt Haym
die Mitte zwischen Materialismus und Idealismus finden zu können:
„Wenn die geschichtlichen Zustände, der Metaphysik gegenüber, ein
realistisches, so sind sie der empirisch-materialistischen Ansicht gegenüber
ein idealistisches Motiv." Ebenso wie die Poetik der Zeit, lehnt Haym
einen „idealitätslosen Realismus" ab; der Liberalismus habe seinen Weg
zu suchen zwischen dem „abstracten Freiheitspathos" der Revolution und
dem apolitisch materialistischen Wesen der Reaktion.[34] Die philosophische
Formel für diese Mitte sieht Haym bei Kant vorgebildet, den er später,
in einem spärlichen Artikel zu Hegels hundertstem Geburtstag (1870),
als den wahren „Deutschen Nationalphilosophen" feiert.[35]

[32] Lassalle schreibt noch 1861: „Es handelt sich darum, die Fahne unseres un-
sterblichen Meisters Hegel Schlag auf Schlag zu führen, es handelt sich darum, sie überall
zum entscheidenden Siege zu führen." Zit. bei Rosenberg, Hegelauffassung,
a.a.O., S. 525.
[33] Über die Wirkung des Buches heißt es bei Rosenberg, Hegelauffassung,
a.a.O., S. 545: „In höherem Maße als Hayms eigener Absicht entsprach, hat es
dazu beigetragen, daß Hegels Werke nicht mehr gelesen wurden und immer
mehr in Vergessenheit gerieten." – Julian Schmidt schreibt zu Hayms Werk eine
zustimmend-referierende Rezension, vgl. Grenzboten 1857, IV, S. 361–380.
[34] Hegel und seine Zeit, a.a.O., S. 464.
[35] Hegel und seine Zeit, a.a.O., S. 476 ff. – Aufs Ganze gesehen wendet sich
Haym vor allem gegen Hegels theologisch begründete Metaphysik, die durch die
empirischen Wissenschaften überwunden werden soll; die junghegelianische
Hegel-Kritik ist demgegenüber stärker durch den politischen Emanzipations-
anspruch der bürgerlichen Aufklärung motiviert.

Das weltanschauliche Bedürfnis, das der Generation blieb, stillte in der Tat mehr und mehr ein extrem subjektivistisch-moralistischer Rückgriff auf Kant.[36] Hegels objektive Idee und das Kantsche Ding an sich werden in die unverbindliche Gewißheit eines privatistischen Glaubens gezogen. Nicht als Gegenbewegung, sondern als die Grundlage dieser Unverbindlichkeiten des Spätidealismus, der nicht mehr der Erkenntnis, sondern dem Bedürfnis dient, erscheint der aufkommende wissenschaftliche Positivismus. Bedeutet doch die Rückkehr zur „kritischen Philosophie", wie sie Haym versteht, die Anerkennung und Erkenntnis des Bestehenden, der „unvertilgbaren Realität", wie sie vor aller philosophischen Arbeit sich darbietet. Die Verbindung des Positivismus speziell zum realistischen Programm, das ganz in spätidealistischen Bahnen geht, belegt Wilhelm Scherer, der bekennt, daß ihn Julian Schmidt mit wahrem Enthusiasmus erfüllt habe, wie andererseits dieser die positivistische Generation als Fortschritt begrüßt.[37]

Hatten die „Hallischen Jahrbücher" noch ihr Zentrum in der Analyse und Kritik der Hegelschen Philosophie wie in deren Applikation auf die aktuelle Geschichte, so bringen zwanzig Jahre später die „Preußischen Jahrbücher", die sich keineswegs als wissenschaftliche Fachzeitschrift verstehen, fast nur mehr historische und politische Aufsätze. Haym, der in seinen hallensischen Studienjahren ein glühender Bewunderer Ruges und der „Hallischen Jahrbücher" war,[38] verpflichtet nun seine Zeitschrift auf „jenen historischen Sinn, in dem wir ein Hauptcorrectiv gegen ausschweifende Deutungslust wie gegen abstract verständige Nüchternheit erblicken..."[39] An die Stelle spekulativer Abstraktionen und Vermittlungen soll die unmittelbare Realität des tätigen sittlichen Ichs treten, das in seiner sittlichen Tat die konkrete Einheit von Natur und Geist, Notwendigkeit und Freiheit erfährt.[40] Schon Mitte der vierziger Jahre entwickelte

---

[36] Vgl. Löwith, Von Hegel zu Nietzsche, a.a.O., S. 137. – Allerdings scheint dieser Rückgriff erst anfangs der sechziger Jahre manifest zu werden, besonders in den „Preuß. Jbb.", wo Dilthey um diese Zeit zu schreiben beginnt. Vorher kann, abgesehen von Haym, der schon sehr früh auf den späteren Neukantianismus vorausweist (bereits in den vierziger Jahren), ein Zurückgehen auf Kant wohl nur interpretierend eruiert werden.

[37] Vgl. Wilhelm Scherer, Gesch. der dt. Literatur, 6. Aufl. Berlin 1891, Anhang S. 723 und Julian Schmidt, Bilder aus dem geistigen Leben unserer Zeit, 4 Bde, Leipzig 1870 ff., I, S. 34.

[38] Vgl. Rosenberg, Rudolf Haym..., a.a.O., S. 21.

[39] Preußische Jahrbücher, Jg. 1858, I, S. 319.

[40] Vgl. Rosenberg, Rudolf Haym..., a.a.O., S. 61. – Wie Haym in „Hegel und seine Zeit" sagt, ist die renovierte Philosophie nicht mehr eine Angelegenheit der Erkenntnis, sie kann allein „im Gewissen und im Gemüth des Menschen" neu begründet werden (a.a.O., S. 13).

Haym diese „Philosophie" des „Ideal-Realismus", die auch für die realistische Ästhetik höchst bedeutsam werden sollte. Später hebt Haym ausdrücklich hervor, daß das Jahr 1848 die entscheidende Wende gebracht habe: weg von den „theologisch-philosophischen Scrupeln" hin zu einem Leben und einer Wissenschaft, wo nur dasjenige gelten soll, „was einen unmittelbaren Bezug auf den Staat und die politische Praxis" hat.[41] Bleibt hier manches, der Formulierung nach, noch in der Nähe zum Junghegelianismus, so deutet doch die Reduzierung Kants auf seine Kritik der Metaphysik und auf das Postulat des „sittlichen" Ichs auf die typisch nachrevolutionäre Trennung des Zusammenhangs von Theorie und Praxis hin. Politisch wirkte sich die ideal-realistische Verklärung des Wirklichen, das Vertrauen auf die Kraft des „Sittlichen" als naive Gutgläubigkeit des Bildungsliberalismus den alten Mächten gegenüber aus. Hier wurde der Machtcharakter der revolutionären Auseinandersetzung nicht eigentlich begriffen.

Aus der politischen Unreife des Bürgertums in der Revolution zog August Ludwig von Rochau in seinen „Grundsätzen der Realpolitik"[42] sehr bald die Konsequenzen; wohl zurecht nannte man dieses Buch neben Gervinus' „Einleitung in die Geschichte des 19. Jahrhunderts" und Gustav Diezels „Deutschland und die abendländische Zivilisation" die „geistreichste und aufsehenerregendste historisch-politische Schrift" der Reaktionsjahre.[43] Der Begriff einer „Realpolitik", wahrscheinlich von Rochau selbst geprägt, begegnet seit ihrem Erscheinen des öfteren in den „Grenzboten".[44] Er besagt zunächst, daß der unmittelbare Zusammenhang von „Macht

---

[41] Preuß. Jahrbücher, 1858, I, S. 489. – Der ohne Zweifel vorliegende Rückfall hinter die theoretischen Positionen Hegels und seiner Schüler wird hier schlicht als Gewinn gebucht; darüber hinaus handelt es sich aber auch um eine falsche Darstellung der Tatsachen: nicht nur der gemäßigte Liberalismus der Restaurationszeit, sondern auch die „Hall. Jbb." wandten sich von der konkreten Politik keineswegs ab und bestanden auf erreichbaren Nahzielen: innere Freiheit, Preßfreiheit, Konstitution. Vgl. hierzu auch Else v. Eck, Die Literaturkritik in den Hallischen Jahrbüchern 1838–1842, Berlin 1926, S. 14 f.
[42] Deren 1. Teil erschien 1853 anonym in Stuttgart, der 2. T. ebd. 1869, mit dem Namen des Autors. O. Westphal belegt an mehreren Stellen den Einfluß dieses Buches auf Treitschke und die „Preußischen Jahrbücher". Der Weg Rochaus ist überaus typisch für die Entwicklung des deutschen Liberalismus: zunächst Burschenschaftler (wie Julian Schmidt und viele andere Liberale) ist er 1848/49 Publizist der Liberalen links der Mitte, wandelt sich aber bald zum „Gemäßigten" und sitzt 1871 als Nationalliberaler im Reichstag.
[43] Vgl. Rosenberg, Rudolf Haym..., a.a.O., S. 205.
[44] Aber auch in den von H. Marggraff herausgegebenen „Blättern für lit. Unterhaltung" erscheint der Begriff, wobei ausdrücklich die Parallele zur Literatur gezogen wird. Vgl. Jg. 1856, S. 837 ff.

und Herrschaft" die Grundwahrheit aller Politik bilde.[45] Dadurch ist auch das Verhältnis von Macht und Recht geklärt: dieses verhält sich zu jener wie die „Idee zur Tatsache"; das Recht ist in seiner Geltung bedingt durch das Maß der Macht, welches ihm zu Gebote steht. Hier wird der linkshegelianische Satz des jungen David Fr. Strauß, daß nichts mehr gilt, „weil es ist, sondern nur soweit es sich als geltend ausweisen kann", gerade umgekehrt: „Nur als Macht ist das Recht zur Herrschaft berufen, das heißt der Herrschaft fähig."[46] In diesem Sinn übt Rochau scharfe Kritik an den Staatstheorien des vorrevolutionären Liberalismus, der dem Glauben huldigte, daß die politische Macht sich durch Rechtsvertrag binden lasse. Die Frage nach der guten oder besten Verfassung ist die allerletzte, welche die Politik aufzuwerfen hat: „Die beziehungsweise gute oder die richtige Verfassung ist diejenige welche alle gesellschaftlichen Kräfte nach ihrem vollen Werthe zur staatlichen Geltung kommen läßt."[47]

Diesen totalen Pragmatismus wendet Rochau nun auf alle Probleme von Politik und Gesellschaft an, bis hin zur Analyse der Revolution. Gleichgültig gegen ihre politisch-sozialen Ziele und deren moralische Legitimation hält Rochau sie für gerechtfertigt nach der Quantität der ihr „innewohnenden Kraft"; der Erfolg entscheidet demnach über Recht oder Unrecht jeder Revolution.[48] Da Rochau der Überzeugung ist, daß das Bürgertum, obgleich 1848 gescheitert, als immer stärker werdende gesellschaftliche Kraft auch zur politischen Herrschaft berufen ist, wird der Begriff des „Erfolges" sehr weit gefaßt und nicht auf den Augenblick, sondern auf die „dauernden Wirkungen" berechnet. Als widerlegt durch die Revolution und ihren Ausgang gilt jedoch die „Democratie".[49] In seiner Nüchternheit und der konsequenten Anwendung des pragmatischen Prinzips auch auf die sonst häufig so emotional diskutierten Phänomene der Revolution und der Demokratie unterscheidet sich Rochau vorteilhaft von den meisten anderen Liberalen. Das Fazit jedoch, die Entgegensetzung von Demokratie und „Realpolitik", bleibt dasselbe.

Nach anfänglichem Enthusiasmus gehörten insbesondere die „Grenzboten" zu den härtesten Kritikern einer sozialen Ausuferung der nur politisch gemeinten Revolution. Zutreffend sagt der Publizist und Literaturhistoriker Robert Prutz: „Die Grenzboten, die zu Kurandas Zeiten

[45] Rochau, a.a.O., I, S. 2.
[46] Rochau, a.a.O., I, S. 2 f.
[47] Rochau, a.a.O., I, S. 5.
[48] Rochau, a.a.O., I, S. 30 ff.
[49] Rochau, a.a.O., I, S. 151 ff.

eines der thätigsten und gefürchtetsten Oppositionsjournale gewesen waren, wurden, seit sie in Freytags Besitz übergegangen, eine Hauptstütze unserer damaligen parlamentarischen Rechten."[50]

Die Kritik der Revolution durch Julian Schmidt und Gustav Freytag

Hatten die Märzereignisse zunächst einen kräftigen Ruck nach links zur Folge, so verhärtete sich diese Aufgeschlossenheit, die etwa von einem Konstitutionalismus auf „demokratischer Basis" sprach, sehr bald. Die Zustimmung der nach rechts tendierenden Liberalen zur Wahlrechtsvorlage der Demokraten kam bereits nur mehr unter großen Widerständen und aus koalitionstaktischen Notwendigkeiten zustande. Schon Mitte 1848 vertritt Freytag die Unionspolitik der späteren Gothaer: die Paulskirche mit ihren zentralistischen Bestrebungen sei nur ein Umweg zur deutschen Einheit, die als „freie Vereinigung der deutschen Völker" unter Preußens Führung gedacht wird.[51] Freytag nimmt die Politik von 1866 vorweg, wenn er ausruft: „Ich nehme mir die Freiheit, zu erklären, daß ich ein guter Preuße bin, ich bin zuerst preußisch und hernach alles übrige, was ein vernünftiger Mensch sein darf, Deutscher und Weltbürger."[52]

Trotz aller parlamentarischen Differenzierungen des gemäßigten Liberalismus war doch schon in den Monaten des Vorparlaments die grundsätzliche Frontenbildung, nämlich die zwischen Liberalen und Demokraten klar geworden. In den Augen der meisten Liberalen scheiterte ihre politische Revolution an den „übertriebenen" Forderungen der Demokratie, welche zuerst die Reaktion heraufgerufen hätten. Wie die sozialrevolutionären Kräfte den Begriff einer politischen Revolution beurteilten, geht schon aus den „Deutsch-Französischen Jahrbüchern" von 1844 hervor: „Worauf beruht eine theilweise, eine nur politische Revolution? Darauf, daß ein Theil der bürgerlichen Gesellschaft sich emancipirt und zur allgemeinen Herrschaft gelangt, darauf, daß eine bestimmte Klasse von ihrer besonderen Situation aus die allgemeine Emancipation der Gesellschaft unternimmt. Diese Klasse befreit die ganze Gesellschaft, aber nur unter der Voraussetzung, daß die ganze Gesellschaft sich in der

---

[50] Robert Eduard Prutz, Die deutsche Literatur der Gegenwart, 1848–1858, 2 Bde, Leipzig 1859, II, S. 99.

[51] Vgl. Gustav Freytag, Preußens Stellung zu Frankfurt, Grenzboten 1848, III; wieder abgedruckt in: G. F., Gesammelte Werke, Leipzig-Berlin (bei S. Hirzel) o. J., Serie I, Bd. 7, S. 36 und 42.

[52] Freytag, Ges. Werke, a.a.O., Serie I, Bd. 7, S. 79 (= Grenzboten 1849, I).

Situation dieser Klasse befindet, also z. B. Geld und Bildung besitzt oder beliebig erwerben kann."[53] Von der anderen Seite kommt erst nach 1848 die genaue Bestätigung dieser Definition, etwa von Treitschke, der ein umfassendes System eines allgemeinen politischen Rechts fordert, den Mittelstand als nach unten offen erklärt, im übrigen aber jede soziale Veränderung ablehnt.[54]

Während sich die extreme Linke bereits im Vormärz über den wahren, nämlich klassengebundenen Charakter des Liberalismus als Honoratiorenpartei im Bilde glaubte,[55] hatte dieser die Trennungslinie zur Demokratie keineswegs so scharf gezogen. Friedrich Theodor Vischer, 1848 Mitglied des Frankfurter Parlaments, schreibt in seiner Autobiographie („Mein Lebensgang") den bemerkenswerten Satz: „In der Tat war von den zwei Prinzipien, um die es sich handelte, das der nationalen Einheit und Macht im Grunde viel stärker in mir als das der Freiheit. Natürlich fehlte viel, daß ich mir darüber klar geworden wäre, wie mich diese Gesinnung eigentlich von der Demokratie trenne, welche, wie sie einmal ist, die Freiheit auf Kosten der Einheit will."[56]

„Klar" wurde Vischer und anderen dies erst während und nach der Revolution; das Datum der Septemberkrise von 1848 ist für diese Entwicklung von großem Interesse. Zu den Frankfurter Unruhen, in deren Verlauf zwei konservative Abgeordnete, v. Auerswald und v. Lichnowsky, ermordet wurden, schreiben die „Grenzboten": „Zum ersten Mal ist das Scheusal der Revolution in seiner ekelhaften Nacktheit vor das Auge, vor das Herz des deutschen Volkes getreten und mit Schauder beben viele

---

[53] Karl Marx, Zur Kritik der Hegel'schen Rechtsphilosophie. In: Deutschfranzösische Jahrbücher, hg. von Arnold Ruge und K. Marx, 1. und 2. Lieferung, Paris 1844 (mehr nicht erschienen), S. 81 f. (= Neudrucke marxistischer Seltenheiten I, Leipzig 1925).

[54] Vgl. Heinrich v. Treitschke, Die Gesellschaftswissenschaft (1859), 2. Aufl. Halle 1927, S. 26.

[55] Marx steht mit seiner Analyse keineswegs allein. Vgl. etwa Moses Heß, Philosophie und Sozialismus (1845). In: Der deutsche Vormärz. Texte und Dokumente, hg. von Jost Hermand, Stuttgart 1967, S. 70 (= Reclam UB, Nr. 8794–98). – Die Tätigkeit Marxens an der „Rheinischen Zeitung für Politik, Handel und Gewerbe", einem vom liberalen Bürgertum getragenen und nach Salomon (a.a.O., III, S. 363) mit „außerordentlichem Beifall" aufgenommenen Organ (1842–43), belegt jedoch die politische Interessengemeinschaft der vormärzlichen Opposition.

[56] Fr. Th. Vischer, Kritische Gänge, 2. verm. Aufl., hg. von Robert Vischer, 6 Bde (Bd. 1 u. 2 München o. J., Bd. 3 Berlin-Wien 1920, Bd. 4, 5, 6 München 1922), VI, S. 490. – Die Argumentation Vischers, daß sich Einheit und Freiheit ausschließen, ist bezeichnend für den nachrevolutionären Liberalismus.

zurück, die bisher in aufgeregten Morgenträumen sich von der Vision der lorbeerumkränzten, dunkeläugigen, geistreich blassen Göttergestalt der Freiheit hatten entzücken lassen. Der Mord hat an die Thüre des Hauses geklopft und die Schläfer fahren entsetzt von ihrem Lager auf." Die „verstandlose Masse", angetrieben von „gewissenlosen Aufwieglern" und sich als der „eigentliche Souverän" fühlend, sei endlich losgebrochen und verrichte „Greuel", wohin sie sich wende. Die politische Folgerung aus dieser Situation lautet: „Aus dem Anblick dieser Verwirrung ergibt sich die relative Berechtigung einer Reaction. Nicht nur die factische Anarchie, sondern auch die Schwindelei, die Lüge, die Charlatanerie muß ein Ende haben, die aufgeregten Wogen der Revolution müssen in die Bahn des Gesetzes gelenkt werden. Das ist die Reaction, wie wir sie verstehen . . ."[57]

Dem pamphletartigen Aufsatz, der sich in Übereinstimmung mit dem größten Teil des liberalen Bürgertums wußte,[58] liegt sicher keine bewußte Entstellung der tatsächlichen Ereignisse zugrunde, die durchaus am Rande der Revolution lagen und keineswegs als die Kinder ihres Geistes gelten dürfen. Die schnelle Gleichsetzung von Revolution und Anarchie ist nicht an die Frankfurter Unruhen gebunden, die nur den unmittelbaren Anlaß abgeben; sie ist vielmehr im Loyalitätsdenken des Bürgers begründet. Veit Valentin weist auf einen wichtigen Zug im damaligen preußischen Parlament hin: man wollte um jeden Preis loyal sein und rationalisierte die Revolution.[59] Dasselbe liegt hier vor, die Revolution soll nicht aus der „Bahn des Gesetzes" weichen. Sie selbst aber auf der Basis des vom ganzen Volk gewählten Frankfurter Parlaments als neuen Rechtsträger zu akzeptieren und daraus ein stabiles Legalitätsbewußtsein zu gewinnen, fiel äußerst schwer. Das rechte oder „eigentliche Zentrum" des Parlaments, dessen Partei auch die „Grenzboten" ergreifen, neigte ohnehin zum sog. Vereinbarungsprinzip, nach dem alle Beschlüsse des Parlaments der Bestätigung durch die Regierungen bedürfen. Diese rationalisierte und loyale Revolution setzte man als Maßstab und kam, als das wenigste gelungen war, zu dem Ergebnis, daß eben die Abweichung davon das Desaster verschuldet hatte.

Diese Sicht der Dinge ist wohl nur dann stimmig, wenn die Revolution und ihre Vorbereitungsphase als Bewegung aufgefaßt wird allein mit dem gemäßigt-liberalen Ziel einer Konstitution. Dies anzunehmen, hieße

---

[57] Grenzboten 1848, III, S. 501 und 508. Der unsignierte Artikel stammt wahrscheinlich von Julian Schmidt („Die Ermordung Lichnowsky's und Auerswald's").
[58] Vgl. Valentin, a.a.O., II, S. 169 ff., wo eine Darstellung der Folgen aus der Septemberkrise.
[59] Valentin, a.a.O., II, S. 295.

jedoch die Dinge entscheidend vereinfachen. Daß eine politische Reform vor den Thronen stehen bleiben sollte, war im Frühliberalismus tatsächlich die Doktrin so einflußreicher Männer wie Dahlmann und Gervinus. Hier ging es, was als der Sonderweg des deutschen Liberalismus bekannt ist, zunächst nur um die Einheit Deutschlands und die rechtliche Sicherung des privaten und politischen Lebens. Gleichwohl darf die geistige Offenheit des Frühliberalismus nicht verkannt werden. Das Beispiel von Eduard Gans, einem der prominentesten Rechtshegelianer, Jurist, Gegner Savignys und Vertrauter Hegels, zeigt, insbesondere mit seinem Bericht „Paris im Jahre 1830", die erstaunliche Offenheit selbst des Rechtshegelianismus sozialen Fragen gegenüber;[60] spätere Vertreter des Bildungsliberalismus, wie Rudolf Haym, erfüllt dagegen ein tiefgreifendes, bereits klassenorientiertes Ressentiment, wie sich ja auch Treitschke erbittert über Gans geäußert hat.[61]

Die ideelle und klimatische Vorbereitung der Revolution erschöpft sich jedoch nicht im gemäßigten Liberalismus, den man seinerseits nicht leichthin als „professoral" oder als „Vulgärliberalismus" abwerten kann. Das Beispiel der Jungdeutschen und des Kreises um die „Hallischen Jahrbücher" wie des vielfältigen übrigen Journalismus zwischen etwa 1830 und 1848 zeigt, daß die liberale Opposition der Restaurationszeit nicht auf den sog. „Honoratioren-Liberalismus" festgelegt werden darf.[62] Arnold Ruge schrieb, der „Liberalismus" müsse zum „Democratismus" werden[63], und Gervinus begann zu zweifeln, ob eine Monarchie selbsttätig den Willen und die Kraft aufbringe, zu einer „verfassungsmäßigen" zu werden; hierzu bedürfe es vielmehr der „durchgreifenden

---

[60] Vgl. hierzu Manfred Hahn, Lorenz Stein und Hegel. Von der ‚Erzeugung des Pöbels‘ zur ‚sozialen Revolution‘, Diss. Münster (Westf.) 1965, S. 21 f.

[61] Vgl. Treitschke, Deutsche Geschichte im 19. Jh., 5 Bde, Leipzig 1899 ff., III, S. 708 f.

[62] Hingewiesen sei nur auf die Zs. „Der Geächtete", aus welcher Johannes Bühler, Deutsche Geschichte, Bd. 5, Berlin 1954, das eindrucksvolle Zitat gibt: „Die Befreiung Deutschlands von dem Joche schimpflicher Knechtschaft... ist nur möglich bei Begründung und Erhaltung der sozialen Gleichheit, Freiheit, Bürgertugend und Volkseinheit, zunächst in den der deutschen Sprache und Sitte angehörenden Ländergebieten, sodann aber auch bei allen übrigen Völkern des Erdkreises." – Ferner auf die junghegelianischen „Jahrbücher der Gegenwart", hg. von Albert Schwegler, Tübingen 1843–48; sie sind die süddeutsche Fortsetzung der 1843 verbotenen „Deutschen Jahrbücher" Ruges (= „Hall. Jbb." u. a. Titel; auf Wigands „Epigonen" (1846–48), auf die „Jahrbücher für speculative Philosophie und die philosophische Bearbeitung der empirischen Wissenschaften", hg. von Ludwig Noack, Darmstadt 1846–48, usw.

[63] Dies forderte Ruge mehrmals, vor allem in dem Vorwort zum Jg. 1843 der „Deutschen Jahrbücher": „Eine Selbstkritik des Liberalismus".

Gewalt des Volkes".[64] Berücksichtigt man überdies die sozialradikalen Kräfte des Vormärz, so kommt es nahe an Geschichtsklitterung, wenn der nachmärzliche Liberalismus die Revolution ausschließlich auf die eigene Linie festlegen möchte und gleichsam ein Monopol ihrer Interpretation behauptet.[65]

Entscheidende Faktoren werden jetzt übergangen, z. B. die Rolle aller unter dem Mittelstand liegenden Schichten in der Revolution; deren konstitutionelles und nationales Engagement wurde von Anfang an von der Hoffnung auf eine Besserung der materiellen Verhältnisse getragen. Die hohen Verluste gerade der Arbeiter und Kleinbürger in den Straßenkämpfen besagen nichts anderes.

Im übrigen wurde wieder die Erinnerung an die Schreckensjahre der Französischen Revolution wach, die dem deutschen Liberalismus seit jeher, seit Jean Pauls Tagen, als warnendes Beispiel galten. Gegenüber dem angeblichen Terror beschwor man den Geist der „Entwicklung".[66] Vor allem Frankreich wird verantwortlich gemacht für das Einschleusen roter Revolutionsideale. Dies war vor 1848 noch anders, auch wenn man die nationalistische Welle um 1840 – die allerdings von den besonneneren Kräften, wie den „Hallischen Jahrbüchern" oder Robert Prutz, zurückgewiesen wurde – nicht unterschätzen darf. Auch Gervinus hatte vor der unbedachten Übernahme fremder Staats- und Gesellschaftsideen gewarnt, sonst aber eine „besonnene Wiederaufnahme der gesunden Ideen der französischen Revolution" befürwortet.[67]

[64] Vgl. Georg Gottfried Gervinus, Einl. in die Geschichte des 19. Jh.s, Frankfurt a. M. 1967, S. 128 f. – Die „Einleitung" wurde 1852 geschrieben; jedoch geht aus Briefen G.' in den Jahren 1847/48 unzweifelhaft hervor, daß er schon zu dieser Zeit ein tiefes Mißtrauen gegen die Realisierbarkeit der konstitutionellen Doktrin hegte.

[65] Über die negative Beurteilung des liberalen Vormärz durch die „Preuß. Jbb." vgl. O. Westphal, a.a.O., S. 18–21.

[66] In seiner „Akademischen Rede zum Antritte des Ordinariats" (1844) lobt sich Fr. Th. Vischer die „organische Entwicklung"; er hasse „alles demagogische Wesen" (Kritische Gänge, a.a.O., I, S. 179); Vischers frühe Äußerung, die nach 1848, um vieles verschärft, wieder aufgenommen wird, weist in der Tat auf einen grundlegenden Widerspruch des deutschen Liberalismus: das emanzipatorische Ziel zwar zu wollen, die unumgänglichen Mittel jedoch nicht. Das ist eine Erbschaft, die bereits aus den Anfängen des Frühliberalismus um 1790 stammt. Charakteristisch für den nachrevolutionären Liberalismus ist jedoch der Glaube an den Erfolg der Macht, den es in diesem Sinne vorher nicht gab.

[67] Zit. bei Rolf Böttcher, Nationales und staatliches Denken im Werke G. G. Gervinus, Diss. Köln 1935, S. 15. – Die oft besprochene „Isolierung" Deutschlands gegenüber der politischen Tradition des Westens beginnt definitiv nach 1848; s. u. S. 48 ff. Vgl. hierzu auch Egmont Zechlin, Die deutsche Einheitsbewegung, Frankf. a. M. 1967, S. 177 f.

Wie die Kommentierung der Frankfurter September-Krise durch die „Grenzboten" und deren unobjektive, ja gehässige Angriffe auf den demokratischen Abgeordneten Robert Blum[68] zeigen, werden „Demokratie" und „Volkssouveränität" identisch mit rotem Terror. Die Angst vor sozialen Bewegungen und die sich bildende Meinung, daß am Scheitern der Revolution maßgeblich die demokratische Seite schuld sei, verhindert von nun an die ernsthafte Diskussion eines demokratischen Staats- und Gesellschaftsbegriffs. In den fünfziger Jahren war sie so gut wie tabu. Der Begriff des Liberalismus erfährt eine starke inhaltliche Einengung.[69]

Im gebührenden Abstand des Dichters hat Gustav Freytag die Revolution auch dramatisch behandelt, in seinem Trauerspiel „Die Fabier" (1859). Freytag reduziert die Revolution auf den Konflikt zwischen Bürgertum und Adel, nach seiner Meinung zwei einander ebenbürtige Gegner. Wie diese doch zusammenmöchten, symbolisiert die Liebe des Bürgers Icilius zur adligen Fabia. Als Tragödie geht das Stück natürlich nicht gut aus, d. h. nicht mit einer Heirat; aber Freytag stellt doch, der goethisch-aristotelischen Poetik folgend, am Ende eine Versöhnung in Aussicht, wobei die Sympathien keineswegs einseitig auf den civis gehäuft erscheinen. Das zukünftige Ideal liegt vielmehr in einer Ergänzung der beiden Stände. Das alles ist natürlich auf die nachrevolutionäre Situation zu beziehen, die in der Tat auf eine Verständigung des Bürgertums mit den alten Mächten, welchen der Erfolg gehörte, hinauswill.[70] Das altrömische Sujet war günstig, es rechtfertigte von sich aus den Ausschluß der Handwerker, Arbeiter, Bauern, was nicht nur seine soziologische Bedeutung hat, sondern auch eine dramaturgische. Denn nur durch die Beschränkung des Geschehens auf den Konflikt Adel – Bürgertum war der klassizistische Stil der Tragödie möglich; ein Sachverhalt, den Freytag ausdrücklich in seiner „Technik des Dramas" hervorhebt: die sozial abhängigen Schichten

[68] Vgl. Grenzboten 1848, III, S. 383 ff.
[69] In der Sprachregelung des Vormärz bedeutet „Liberalismus" noch die politische „Form des freien Geistes" schlechthin, wie sie sich aus der ersten „Form der Aufklärung", besonders seit 1789 gezeigt hat. Vgl. Hall. Jbb. 1842, S. 787 f.
[70] Vgl. die begeisterte Rez. von R. Haym, der Freytag als neuen Klassiker neben Goethe und Shakespeare stellt (Preuß. Jbb. 1859, I, S. 657–83). Über die Gestalt des Icilius heißt es: „Voll Selbstachtung und Achtung vor den Tugenden und Verdiensten des Adels, versucht er zum Friedensstifter zu werden." Zum Schluß weist Haym auf die „politische Moral" des Stückes hin: „Wir fühlen, daß auch wir uns in analoger Lage wie diese Römer befinden, und wir sagen uns, daß es gut mit uns bestellt sein wird, wenn unser Adel nicht weniger adlig als Kaeso Fabius, unsre Gemeinen nur um etwas stärker und fester sein werden als Spurius Icilius."

können sich nicht einer Tragödie angemessen ausdrücken[71] – ein Musterbeispiel für die Kongruenz politisch-sozialer und ästhetischer Motivierung.[72]

Der Verweisung der niederen Schichten aus Revolution wie aus Dichtung[73] liegt bei Freytag und anderen Liberalen auch ein gewisser bildungsaristokratischer Dünkel zugrunde. Wiederum Robert Prutz hat Freytag gerade in dieser Hinsicht harte Vorwürfe gemacht; man darf die Sätze zitieren, weil sie über die Person hinaus ein doch wohl zutreffendes Bild des nachrevolutionären Mittelstandes zeichnen: „Ohne eine Ahnung zu haben von jener höhern Gerechtigkeit des Poeten, steht Freytag ... sehr einseitig auf dem Standpunkt jener ‚Gebildeten‘, die ihren ästhetischen Zartsinn durch die Ausschweifungen der Freiheit so beleidigt fühlten, daß sie darüber die Freiheit selbst zum Teufel gehen hießen. Der Dichter dieses satten, behaglichen, auf seine vermeintliche Bildung stolzen Mittelstandes ist Freytag denn auch fernerhin geblieben; auf seinen weiten grünen Triften, unter dem warmen Sonnenschein seiner Gunst sind jene Lorbeeren gewachsen, welche den Verfasser der ‚Journalisten‘ und des ‚Soll und Haben‘ krönten.“[74]

Die bildungsaristokratische Haltung Freytags zur Revolution belegen am besten seine Satiren auf den Bauern Michael Mroß, Deputierten im preußischen Parlament.[75] Der vom Volk Gewählte – er stammt noch dazu aus der Provinz Posen – kann nicht lesen und schreiben und ist überhaupt ein Ausbund politischer Unfähigkeit. Im Gegensatz zum

[71] Vgl. G. Freytag, Die Technik des Dramas, Darmstadt 1965, S. 58 f. – 1863 erschienen, erlebte das Buch 1922 die 13. Aufl.

[72] Noch ein anderer aktueller Bezug liegt in Freytags Stück, indem es geschickt zwei verschiedene Stoffe verknüpft: den Kampf der Römer gegen Veji und die inneren plebejisch-patrizischen Kämpfe nach der Einsetzung des Volkstribunats. Der Volkstribun konspiriert mit dem Landesfeind als Bundesgenossen gegen die heimische Aristokratie. Freytag hatte wohl die französischen Neigungen des linken Liberalismus im Sinn, vielleicht sogar den berühmten „Herwegh-Zug“ von 1848, der immerhin von französischem Gebiet ausging. Daß Freytag in Frankreich den Landesfeind sah, läßt sich nicht nur von 1870/71 her belegen; schon früh finden sich in seinen „Grenzboten“-Aufsätzen zahlreiche Animositäten gegen die Franzosen, von denen er, wie er gelegentlich anmerkt, nie viel gehalten hat.

[73] Demgegenüber forderte man im Vormärz eine „soziale Ästhetik“, welches Schlagwort Karl Grün (linksliberaler Publizist, 1848 im Frankf. Parlament) in sachlicher Übereinstimmung mit Herwegh formulierte. Vgl. K. Grün, Das Programm der Bielefelder Monatsschrift. In: Der dt. Vormärz, a.a.O., S. 68, und Gg. Herwegh, Literatur und Politik, hg. von Katharina Mommsen, Frankf. a. M. 1969, S. 108 ff.

[74] Prutz, Die deutsche Literatur der Gegenwart, a.a.O., II, S. 102.

[75] Vgl. Grenzboten 1848, II (mehrere Artikel).

Frankfurter Parlament, in dem an die 600 Akademiker, kein Arbeiter und nur ein Bauer saßen,[76] rekrutierte sich das preußische Landesparlament viel stärker aus den unteren Schichten, was sich im Niveau der Diskussionen natürlich niederschlug. Freytag kostet diese Schwächen aus, und man darf mit Fug vermuten, daß es ihm hinter der sachlich gerechtfertigten Kritik noch um mehr ging, nämlich um die Verdächtigung des allgemeinen Wahlrechts, das dem zu parlamentarischen Ehren verhalf, was er gerne den „Pöbel" nannte. Freytag ist, ähnlich wie Rudolf Haym, ein typischer Vertreter des deutschen Bildungsliberalismus. Dessen Haß gegen „Pöbel" und „Demokratie" erklärt sich nicht aus unmittelbaren materiellen Interessen, wie beim aufkommenden kapitalistischen Bourgeois-Liberalismus. Gleichwohl deckte sich die Konzeption eines bürgerlichen Staates mit „Bildung und Besitz" als der geistigen, politischen und gesellschaftlichen Elite, die den Volkswillen repräsentieren soll, mit den Interessen des Kapitals; nur war, was hier Macht- und Profitdenken, dort das Ethos des Gebildeten und Gelehrten, der sich von der eigentlichen Volksbewegung entfernte und mehr und mehr den Kontakt zu ihr verlor.[77]

Während stillere Geister wie Otto Ludwig sich der Revolution gegenüber von Anfang an passiv verhalten und vom „politischen Fanatismus" das Schlimmste für die „Blüthe der deutschen Kunst" fürchten;[78] sich andere wie Vischer bald wieder ausschließlich mit wissenschaftlichen Arbeiten beschäftigen und auf diesem Wege die Revolution bewältigen wollen, beginnen zwar auch die „Grenzboten" 1852 mit dem Rückzug aus der aktuellen Politik,[79] setzen im übrigen aber den ideologischen

[76] Vgl. Valentin, a.a.O., II, S. 11; zum Unterschied zwischen der Nationalversammlung und dem preußischen Parlament vgl. ebd., II, S. 43.

[77] Zum Problem des Bildungsliberalismus vgl. H. Rosenberg, Rudolf Haym..., a.a.O., S. 123 f. und pass. – Es muß jedoch schon hier darauf verwiesen werden, daß sich neben Gervinus und R. Prutz auch der Literatur- und Kunsthistoriker Hermann Hettner zumindest in den 50er Jahren bemühte, die zunehmende Entfremdung zwischen Liberalismus und „Volk" zu verhindern. Kants staatsrechtlichen und politischen Lehren folgend weist er wiederholt auf den Ursprung des Liberalismus in der Aufklärung hin und bezeichnet noch im letzten Band seiner Literaturgeschichte der Aufklärung (1870), als auch er sich der Ideologie des Erfolgs nicht mehr absolut verschloß, das „Volk" als den einzigen legitimen Träger politischer Macht. Vgl. Hettner, Literaturgeschichte der Goethezeit, hg. von Johannes Anderegg, München 1970, S. 326 ff. und pass.

[78] Brief an Ed. Devrient, Anfang 1849 (nicht näher datiert). Vgl. Otto Ludwig, Gesammelte Schriften, 6 Bde, hg. von Adolf Stern, Leipzig 1891, VI, wo auch der Abdruck einiger Briefe Ludwigs seit 1849.

[79] Vgl. Grenzboten 1852, III, S. 1 ff., wo dieser Rückzug programmatisch ausgesprochen wird.

Kampf fort. Man weist die Ultrakonservativen in die Schranken, aber die hauptsächliche Zielscheibe bleiben der vormärzliche Liberalismus und die Demokratie. Was das Zurücktreten innenpolitischer Vorgänge betrifft, so waren diese einfach zu uninteressant für breitere Kommentierung geworden; sie engagiert weiterzubehandeln, wäre nur in einem kritischen Sinn möglich gewesen. Zum Aufbau einer prinzipiellen Opposition waren die liberalen Kräfte nicht mehr in der Lage. Nicht nur wegen des wiederum scharfen Druckes der Reaktion, sondern auch aus der eigenen Schwäche heraus, die überzeugende Alternative zu entwickeln. Nach dem Abflauen der politischen Woge und weil man sich an den gegenwärtigen „politischen und belletristischen Größen" nicht erbauen könne, solle die Nation ein „schönes Bild" der eigenen Kraft von neuem an den Leistungen der deutschen Wissenschaft, am „männlichen Ernst, an der aufopfernden Hingebung" von Männern wie Lachmann, Grimm, Humboldt u. a. gewinnen.[80]

Es ist sicher kein Zufall, daß der Name von Gervinus hier fehlt. In der literarischen Diskussion der vierziger Jahre allgegenwärtig, besonders durch seine Zustimmung und Widerspruch heftig erregende „Geschichte der poetischen Nationalliteratur der Deutschen" (1835–1842) und sein Göttinger politisches Engagement (1837), tritt Gervinus nach der Revolution merklich in den Hintergrund; zwar eher freiwillig, als von der öffentlichen Meinung gezwungen, wie der Erfolg seiner „Einleitung in die Geschichte des 19. Jahrhunderts" beweist,[81] ihr aber dennoch entfremdet. Er machte die Wende zum beginnenden Nationalliberalismus nicht mit.

Im Vormärz und auch während der Revolution ist Gervinus (1805–1871) noch gemäßigter „Konstitutioneller" mit einer starken Abneigung gegen unkontrollierte revolutionäre Bewegungen der unteren Schichten. Die von ihm redigierte „Deutsche Zeitung", die seit 1847 erscheint, plädiert für die Vereinbarung der Parlamentsbeschlüsse mit den Regierungen.[82] Im Juli 1848 verläßt Gervinus die Nationalversammlung; er reist nach Italien und entfremdet sich seinen liberalen Parteigenossen immer mehr. 1850 schreibt er an Haym, der ihn zur Mitarbeit im Kreise der Gothaer aufforderte: „Ich bin überzeugt, daß wir die Fahne der Republik aufstecken müssen..."[83] So arbeitete sich Gervinus erst nach der Revolution

---

[80] Grenzboten 1852, III, S. 1 ff.
[81] 1853 erschienen, 2. Aufl. im selben Jahr, 4. Aufl. 1864 (bei W. Engelmann, Leipzig, der auch alle anderen Schriften Gervinus' verlegt).
[82] Vgl. Gotthard Erler, Einführung zu: G. G. Gervinus, Schriften zur Literatur, Berlin (Ost) 1962, S. XXX ff.
[83] Zit. bei Walter Boehlich, Nachwort zu: G. G. Gervinus, Einleitung in die Gesch. des 19. Jh.s, a.a.O., S. 198.

subjektiv zu dem durch, was objektiv schon im Vormärz, wenn auch sehr unsicher, seine Intention war, als er sich zu Kants politischem Denken und vor allem zu Johann Georg Forster bekannte.[84] Anders als der „Grenzboten"-Kreis und etwa Rudolf Haym schiebt Gervinus die Schuld am Scheitern der Revolution nicht der Demokratie zu; in den „Neuen Gesprächen des Herrn von Radowitz" (1851) heißt es: „Wir müssen uns in den eigenen Busen greifen und dies Zeugnis geben gegen uns selbst, wenn es je in Deutschland besser werden soll, wir müssen abtreten von dem politischen Schauplatz und ihn robusteren Kräften überlassen, welchen jene Energie eigen ist, die auf der Studierstube nicht erworben wird."[85] Ganz gewiß war es aber nicht die Energie eines Bismarck, die Gervinus hier vorschwebte.

Nicht nur ist, wie Otto Harnack sagte, Gervinus „vereinsamt" gestorben,[86] vielmehr begann seine Vereinsamung schon in den fünfziger Jahren. In ihr ebenso wie in der Verkümmerung des Mitarbeiterkreises der „Grenzboten" nach 1848 zeigt sich die tiefe Differenz zwischen vor- und nachmärzlichem Liberalismus an. 1842 zählte diese Zeitschrift als Mitarbeiter noch eine Reihe von Schriftstellern auf, die zum revolutionären Vormärz gehören, so Heinrich Heine, Franz Dingelstedt, Prutz, Ernst Willkomm, daneben auch Jungdeutsche wie Gutzkow oder Laube. Man ist also um den politischen Fortschritt in der deutschen Literatur bemüht, der aufs Ganze und von den Intentionen her gesehen auch ein ästhetischer

---

[84] Vgl. Gervinus, J. G. Forster. In: Meisterwerke deutscher Literaturkritik, a.a.O., II, S. 283 ff.

[85] Zit. bei Gotthard Erler, Einführung zu: Gervinus, Schriften zur Literatur, a.a.O., S. XXXIV.

[86] Vgl. O. Harnack, Wandlungen des Urteils über Goethe. Aufsätze und Vorträge, Leipzig 1911, S. 290. – Vgl. auch Hermann Grimm (zum Tode Gervinus'): „Es wird eine gewisse Verlegenheit sichtbar, wie denn über ihn zu urteilen sei, und welche Worte man ihm ins Grab nachrufen müsse." Zit. bei Max Ryncher, G. G. Gervinus. Ein Kapitel über Literaturgeschichte, Bern 1922, S. 124. – Gervinus' Kritik an Preußen (vgl. vor allem seine „Selbstkritik" und die „Denkschrift zum Frieden") ist tatsächlich so radikal, daß eine Verständigung mit den Zeitgenossen kaum denkbar erscheint: Hamburg soll, um einer „friedlicheren, zivilisatorischen Politik" willen deutsche Hauptstadt werden (zit. bei R. Böttcher, a.a.O., S. 32 u. 45 f.). Im Vorwort zur 5. Aufl. seiner Literaturgeschichte (Leipzig 1871, I, S. VII) heißt es zum Sieg über Frankreich: „denn wie bewundernswert diese Taten seien: dem, der die Tagesgeschichte nicht mit dem Auge des Tages, sondern mit dem Auge der Geschichte ansieht, erscheinen sie trächtig an unberechenbaren Gefahren, weil sie uns auf Wege führen, die der Natur unseres Volkes und, was viel schlimmer ist, der Natur des ganzen Zeitalters durchaus zuwiderlaufen."

Fortschritt war.[87] Als Freytag und Schmidt die Redaktion übernehmen, werden aus diesen, wenn auch oft nur nominellen Mitarbeitern Gegner, sofern sie an dem festhalten, was sie im Vormärz geschrieben hatten.

„Naive" Unmittelbarkeit statt „Reflexion"

Schon bald nach der Revolution veröffentlicht Schmidt einen scharfen Artikel wider die „Märzpoeten" und ihre Poesie der „Phrase".[88] Der Aufsatz greift weit über literaturkritische Aspekte hinaus; entspricht doch nach Schmidt dem vormärzlichen poetischen „Dilettantismus" ein Dilettantismus der Politik und des Lebens überhaupt. Dieses etwas überhebliche Pionierbewußtsein eines allgemeinen Neubeginns, das sich etwa in Sätzen äußert wie: „Es gilt jetzt auf den Trümmern der untergehenden Kunst einen neuen Bau aufzuführen",[89] dieses Bewußtsein hat nicht nur mit der Wandlung ästhetischer Prinzipien zu tun. Gut demonstriert dies eine Bemerkung über die Auerbachsche Dorfgeschichte. Schmidt akzeptiert sie nicht ohne Abstriche, aber sie erscheint ihm als „glückliche Reaction gegen die Phrasenhaftigkeit des herrschenden Liberalismus".[90]
Gerade über Berthold Auerbach wurde im Vormärz viel geschrieben; wenn man im allgemeinen seine Dorfgeschichten stark lobt, so ist dies doch anders motiviert als bei Schmidt. Man stimmt ihr zu als Ausdruck des neuen „Realismus", der sich indes überwiegend nicht als Gegensatz zur liberalen „Phrase" versteht. Selbst dort, wo die Dorfgeschichte als positiver Gegenschlag zum Jungen Deutschland betrachtet wird, gilt sie als gleichsam demokratische Form, weil sie sich den niederen Ständen zuwendet.[91]
Aber es gibt in der vorrevolutionären Literaturkritik auch die tiefere negative Analyse und es ist wohl keine Konstruktion, festzustellen, daß

[87] Mit solchen Feststellungen soll jedoch keiner primitiven Parallelisierung von ästhetischen und politischen Entwicklungen in einem unmittelbaren Sinn das Wort geredet werden; auch wenn für die literarische Theorie solche Zusammenhänge geltend gemacht werden können, ist doch das Verhältnis von Theorie und dichterischer Praxis damit noch nicht geklärt.
[88] Grenzboten 1850, I, S. 5–13.
[89] Grenzboten 1850, I, S. 134.
[90] Grenzboten 1852, III, S. 4. – Anläßlich der Septemberunruhen hatte Schmidt von einer berechtigten politischen „Reaction" gesprochen. Der literaturkritische Wortschatz der „Grenzboten" ist überhaupt gerne an politischen und sozialen Begriffen orientiert, wie später noch deutlicher werden soll.
[91] Vgl. Georg Herwegh, Salon und Hütte: „Wir wollen den Idyllendichtern (Idylle in Prosa = Dorfgeschichte – Verf.) eigentlich recht von Herzen gut sein", weil sie als „Opposition" gegen jene auftreten, die allein „die obern Sphären der Gesellschaft" behandeln. In: G. Herwegh, Literatur und Politik, a.a.O., S. 109.

eben auch hierin, in der noch nicht verstellten Vielfältigkeit der Perspektiven und Argumente ein entscheidender Unterschied zu später liegt. Ein unbekannter Verfasser weist in einem „Grenzboten“-Artikel von 1846 auf die Verlogenheit einer literarisch produzierten „Unmittelbarkeit des Volkslebens“ hin und fordert im Gegensatz dazu die „sociale Auffassung der Volkszustände“.[92] Während Auerbach selbst sich für einen Realisten hielt in Goethescher Tradition, worin er sich durch viele bestärkt sah, entlarvt ihn sein Kritiker als „durch und durch“ romantisch. Was damit begründet wird, daß es jene Unmittelbarkeit des Lebens, wie sie die Romantik gesucht hatte, kaum mehr gibt, zumindest nicht für den Literaten; daß das alttradierte Schema des Gegensatzes von Stadt und Land, worin dieses als kulturkritisches Korrektiv erscheint, inzwischen unwahr geworden ist.

Derart fundierte Analysen begegnen in der Literaturkritik der fünfziger Jahre nicht mehr; sie mußten jenen, die auf das „kräftige Volksleben“ oder den „Sonntag des Bürgers“ als die – neben historischen Stoffen – allein legitimen Gebiete der Erzählkunst pochten, in der Tat als phrasenhafter Liberalismus erscheinen. Alles „Reflektierte“, d. h. alle ironische oder kritische Distanz zum Erzählten und Dargestellten gilt nun als schlechthin unkünstlerisch. So erscheint der frühe Hebbel als das negative Gegenbild zu Auerbachs „glücklicher“ und naiver Schlichtheit. In seiner zweiten vernichtenden Hebbel-Kritik, die Schmidt in den „Grenzboten“ veröffentlicht, steht der in diesem Sinn bemerkenswerte Satz: „Der moderne Dichter . . ., der sich hinsetzt mit der Absicht, eine Weltanschauung zu schaffen, und der mit ängstlicher Reflexion den Schein einer Warte über die Zeit hinaus herzustellen sucht, wird nicht einmal den beschränkten Forderungen der endlichen Kunst gerecht werden.“[93] Das bezieht sich auf die Vorworte, die Hebbel „Maria Magdalene“ und dem „Trauerspiel in Sizilien“ beigegeben hatte. Hebbel wollte hier nicht nur eine Rechtfertigung seiner eigenen Arbeiten geben, sondern eine Analyse des modernen Dramas überhaupt; es handelt sich, abstrahiert man von der eigenartig idealisierenden Terminologie, die gegen den Strich gelesen werden will, um Kerntexte der modernen Dramaturgie. Kritisch gegen die ältere Theorie (Tieck), fühlt sich der vormärzliche Hebbel nicht den historisch gegebenen Materialien verpflichtet noch einem überzeitlichen

[92] Bd. III, S. 148 ff.
[93] Vgl. Grenzboten 1850, IV, S. 721 ff. – Vgl. auch das Urteil Treitschkes in der „Deutschen Geschichte“ (V, S. 392 f.): Hebbel habe keine „naiven Gestalten“ schaffen können; die „rechte Herzensfreudigkeit des glücklich schaffenden Dichters besaß unter allen den neuen Dramatikern nur Einer, der Schlesier Gustav Freytag“.

Gehalt, sondern der modernen historischen Erfahrung; für das Kunstwerk gilt der Grundsatz, diesem Bewußtsein angemessen zu sein und zu erscheinen.[94]

Hebbel ging, dies sah Schmidt sehr richtig, von dem Satz aus, daß ein in diesem Sinn „angemessen" konzipiertes Drama den scheinhaften Objektivismus der Unmittelbarkeit, wie er in der immanentistischen Realismus-Version der Zeit, etwa bei Theodor Mundt oder Fr. Th. Vischer, vertreten wurde, abstreifen müsse.[95] Vielmehr sei es angewiesen auf die reflektierte Diagnose der modernen Wirklichkeit, die, was sie „eigentlich" ist, nicht mehr ohne weiteres preisgibt; gilt es doch gerade die Abstraktionen der modernen Kultur und Gesellschaft, die den Spielraum des individuellen Lebens einengen oder zerstören, als solche sichtbar zu machen. Eben dieses Bedürfnis nach Analyse nennt Schmidt „Weltanschauung" oder „Warte" über der Zeit und klebt ihm damit das Etikett eines subjektivistischen und unrealistischen Über-den-Dingen-Stehens auf. Keineswegs ist dies als schlichtes Mißverständnis Hebbels zu werten, sondern es zeigt sich hier das nach der Revolution weitverbreitete Mißtrauen gegen problembewußtes Denken überhaupt an.[96] Sieht man vom engeren Freundeskreis des Dichters (Felix Bamberg, Emil Kuh) einmal ab, so scheint es um Verständnis bemühte Äußerungen zu Hebbels Drama in der nachrevolutionären Literaturkritik kaum mehr zu geben;[97] es ist zu eng verknüpft mit der kritischen Bewegung vor 1848.

[94] Wohl am deutlichsten hat Hebbel diese Grundsätze seiner Dramaturgie in dem Vorwort zum „Trauerspiel in Sizilien" ausgesprochen. Auf nähere Darstellung muß hier verzichtet werden.

[95] Näheres hierzu s. u. S. 167 ff. und pass.

[96] Unhaltbar ist die Behauptung Markwardts (Geschichte der deutschen Poetik, a.a.O., IV, S. 275), Hebbels Dramaturgie, bes. das Vorwort zu „Maria Magdalene", entspreche der „Grundrichtung des ideellen oder poetischen Realismus". Die „Idee" der Hebbelschen Sozialdramen hat mit dem Begriffsbereich „Idee"–„Ideal" der Programmatiker wenig gemein.

[97] Schon die vormärzliche Literaturkritik sieht Hebbel im allgemeinen nur als Dichter, nicht jedoch als Theoretiker des Dramas. Eine Ausnahme stellen Rötschers „Jahrbücher für dramatische Kunst und Literatur" dar (Berlin 1847–49). In der Vorrede zum 1. Jg. begrüßt Rötscher das Vorwort zu „Maria Magdalene". – Die „Jahrbücher" zeigen in ihrem kleinen, überschaubaren Zeitraum die zeittypische ästhetische Entwicklung: zunächst gedacht und begonnen als Monatsschrift zur Förderung der Gegenwarts-Literatur, wenden sie sich mit dem 2. und vor allem 3. Jg. mehr und mehr zum Klassizismus zurück. Zwar hatte Rötscher die klassische Ästhetik nie verlassen, war aber, wie sein Engagement für den frühen Hebbel zeigt, der fortschrittlichen zeitgenössischen Literatur gegenüber sehr aufgeschlossen. Im letzten Jg. finden sich zur Poetik des Dramas fast nur mehr epigonal-klassizistische Aufsätze (vor allem Fragen der Form und des Verses).

Mit Scharfsinn hat der Berliner Dramaturg und Theaterkritiker Heinrich Theodor Rötscher (1803–1871), ein Hegelianer, diesen Zusammenhang entwickelt.[98] Zwar hält Rötscher am Hegelschen Begriff der „Versöhnung" fest, aber er sieht ihn gerade in Hebbels „Julia" und „Maria Magdalene" postuliert, weil beide Werke „das Problem einer mit Nothwendigkeit sich von der alten Weltordnung und ihrem ganzen Komplex der Vorstellungen losringenden neuen Weltordnung in dramatischer Bewegung" aufzeigen; dabei setzt Rötscher voraus, daß die Revolution die objektiv-historische Einlösung des idealistisch-dramaturgischen Begriffs der Versöhnung darstellen wird. Die vormärzliche Ästhetik war in der Tat auf solch weiträumige Perspektiven eingestellt und erst von ihnen aus wird klar, wie stark sich die Erfahrung der Revolution und ihres Scheiterns auf die ästhetischen Theorien auswirken mußte.

Bemerkenswert ist, daß auch der spätere von seinem eigenen „Vormärz" abrückende Hebbel keine Gnade vor Schmidt und der übrigen Literaturkritik findet.[99] Dies liegt vor allem daran, daß Hebbel auch in seiner klassizistischen Phase meist, wie Schmidt sagt, „Krankheitsgeschichten" darstellt, sich also nicht überwältigen läßt von der rationalistisch-optimistischen Geschichtsauffassung seiner Zeit. Im übrigen schien die geschichtsphilosophische „Idee" des späteren Hebbel die Verflüchtigung der Poesie in unrealistische „Symbole und Allegorien" hinein zu begünstigen.

Berücksichtigt man, daß Hebbels unzweifelhaft klassizistische Wende seit „Herodes und Mariamne (1847/48)[100] eigentlich hätte auf Sympathie stoßen müssen bei einer Literaturkritik, die sich spätestens in der zweiten Hälfte der fünfziger Jahre programmatisch zur „klassischen" Form bekennt und diese zum Maßstab ihrer ästhetischen Urteile erhebt, so wird schon aus jener rücksichtslosen Hebbel-Kritik deutlich, daß hier die Form gegenüber dem Inhalt gleichgültig ist: obwohl man immer wieder auf eben dieser Form insistiert. Der hier vorliegende Widerspruch macht, um Kommendem vorzugreifen, eine wichtige Seite des nachrevolutionären Klassizismus aus. Man betont die klassische Form, weil sie privilegiertes Traditionsgut war und sich neutral gegen jeglichen Inhalt zu stellen

[98] Vgl. Brief an Hebbel vom 17. 12. 1847, zit. bei: Walter Schnyder, Hebbel und Rötscher. Unter bes. Berücksichtigung der beiderseitigen Beziehungen zu Hegel, Berlin-Leipzig, 1923, S. 116–18.

[99] Nicht nur Otto Ludwig äußert sich in seinen Studien negativ über Hebbel; von Gottschall, Freytag, Vischer u. a. lassen sich ähnliche Vorbehalte gegen Hebbel zitieren, wie sie Schmidt macht.

[100] Vgl. hierzu Martin Sommerfeld, Hebbel und Goethe. Studien zur Geschichte des deutschen Klassizismus im 19. Jahrhundert, Bonn 1923, vor allem Teil III: „Analyse und Kritik der ‚Neuen Klassik' Hebbels", S. 116 ff.

schien. Dieser aber war der eigentliche Gegenstand der Diskussion, d. h. Form wird ein dekoratives Element. Keine Form ist inhaltlich so manipulierfähig wie die klassisch-klassizistische, weshalb sie auch in den verschiedensten historischen Epochen reaktiviert werden konnte. Die sich ins vermeintlich Apolitische, in die „Form" zurückziehende nachmärzliche Literaturtheorie erweist sich gerade unter dem formal-klassizistischen Aspekt als eine inhaltlich und damit auch politisch-ideologisch bestimmte Literaturtheorie.

Noch direkter als in Hebbels idealistisch verfremdeten Aufsätzen sieht sich Schmidt in Büchners Werk, soweit es damals bekannt war, mit dem Prinzip der kritischen Reflexion konfrontiert. Der erwähnte Hebbel-Artikel und die Büchner-Kritik sind nicht zufällig dicht nacheinander entstanden;[101] Schmidt sieht zurecht viele Gemeinsamkeiten, und so wiederholen sich fast die Argumente.[102] Auch Büchner wird ein widernatürliches Interesse am „Pathologischen" vorgeworfen. Schmidt betrachtet Büchners Werk, er sagt es selbst, unter einem „ethischen" Gesichtspunkt. Wie sich mit diesem ein ideologischer verbinden kann, lehrt die diametrale Gegenüberstellung von „Sittlichkeit" und Revolution.

Wie Schmidt sehr klar sah, ist die Revolution nur die praktische Anwendung des kritischen Prinzips der Literatur. Daraus wird deutlich, daß die programmatische Rückkehr zum „Einfachen", zur „Naivität" auch einen politischen Akzent erhält.[103] Die Darstellung naiver Stoffe wurde als „Realismus" deklariert im Sinne einer Abwendung von der subjektiv-reflektierten Tendenz der vormärzlichen Literatur. Zugleich trat die Forderung der klassisch-harmonischen Form hinzu, die sich leicht mit den Kategorien des „Naiven", „Objektiven" oder des „Einfachen" verband.

Die Auflösung der vormärzlichen Einheit von „Idee" und „Praxis"

Der Kulturhistoriker, Erzähler und Sozialwissenschaftler Wilhelm Heinrich Riehl (1823–1897) nimmt in einzelnen Zügen schon im Vormärz die

---

[101] Georg Büchner. In: Grenzboten 1851, I, S. 128 ff.

[102] Dagegen stellt Hans Mayer (Georg Büchners ästhetische Anschauungen. In: H. M., Studien zur Geschichte der deutschen Literatur, Berlin 1954, S. 143–170) einen ideologischen Gegensatz zwischen Büchner und Hebbel her, ohne daß dessen vormärzlicher Kritizismus angemessen herausgearbeitet würde.

[103] Zur Spannung „Naivität" und Intellektualismus, Ländlichkeit und Zivilisation vgl. auch Fr. Martini, Dt. Literatur im bürgerlichen Realismus, a.a.O., S. 458 ff. („Dorfroman und Dorferzählung"). Der politisch-ideologische Zusammenhang wird bei Martini allerdings kaum herausgestellt, was auch darin begründet ist, daß M. weniger auf die Literaturtheorie als die Dichtung selbst eingeht, in welcher dergleichen Aspekte naturgemäß viel schwieriger faßbar werden.

später allgemeine Wandlung des Liberalismus vorweg. In einem „Grenzboten"-Artikel von 1844 bezieht er sich auf die „Selbstkritik des Liberalismus" durch Arnold Ruge in den „Deutschen Jahrbüchern" (1843), wo
dieser Abschied nehme vom frühliberalen Idealismus und Partei für die
„Praxis" ergreife.[104] Riehl begrüßt dies lebhaft, allerdings nicht ohne Ruge
gründlich mißzuverstehen. Ruge nämlich faßte die philosophische und
literarische Bewegung seit der Julirevolution unter dem Stichwort einer
„Arbeit der theoretischen Emancipation" zusammen;[105] der Wandel in
den vierziger Jahren soll nur darin bestehen, daß sich das Interesse nun
auf das konzentriert, was jener folgen soll: auf die Arbeit der praktischen
Emanzipation. Die Formel, in der beides, „Idee" und „Praxis", zusam-
mengefaßt wird, heißt „praktischer Idealismus".[106] Riehl mißversteht
diese Fortentwicklung im Sinne des nachmals üblichen Pragmatismus:
Ruge sei zu der Überzeugung gekommen, „daß es mit dem Diskutieren
in Versen und Prosa über Freiheit, Nationalität, Einheitsdom noch nicht
gethan sei, daß man vielmehr auf das Vorhandene in scharfer Bestimmtheit eingehen müsse, damit die materielle Basis des Volks erst stark
werde; daß sich nachgehends auf ihr auch die geistige Freiheit in recht
vollem Maße verwirklichen könne."[107]
Riehl weist auf einen in der Tat schwachen Punkt der Vormärz-Opposi-
tion hin, die teils einem falschen Patriotismus huldigt, teils weniger in
ihren Absichten, als in deren verbalem Ausdruck häufig verblasen-pathe-
tisch erscheint und sich überdies im Pathos befriedigt. Dennoch leitet
Riehl mit seiner Setzung allzu eindeutiger Prioritäten eine Entwicklung
ein, die später zu dem bekannten: erst die Einheit, dann die Freiheit,
führen sollte. Die immerhin problematische Verbindung von humanisti-
schem Idealismus und politisch-gesellschaftlicher Praxis löst sich bei Riehl
in einen bloßen Pragmatismus auf.[108] In den fünfziger Jahren wollte

---

[104] Vgl. Grenzboten 1844, III, S. 208 ff.
[105] Vgl. Ruge, Ges. Schriften, 10 Bde, Mannheim 1846 ff., III, S. 3.
[106] Vgl. Ruge, a.a.O., II, S. 81 und pass.
[107] Deutlicher als Riehl äußerte sich Carl Biedermanns „Deutsche Monatsschrift
für Literatur und öffentliches Leben" (seit 1842): der deutsche Liberalismus
brauche eine „reelle praktische Unterlage", z. B. Freiheit der Industrie und des
Kommerzes, eine feste Basis des „nationalen Geistes", welche sich vor allem in
der Feindschaft gegen Frankreich konsolidieren soll. Vgl. O. Westphal, a.a.O.,
S. 40.
[108] Zu dem im Vormärz vielleicht etwas zu undialektisch behaupteten Verhältnis von Theorie und Praxis äußert sich auch Fr. Th. Vischer kritisch, dessen
liberales Engagement jedoch von Anfang an auf schwachen Füßen stand (Näheres s. u. im Vischer-Kap.). In seiner Tübinger Antrittsrede von 1844 begründet
er seinen Bruch mit Ruge – an dessen „Hall. Jbb." er Mitarbeiter war – in der

man schließlich von theoretischer Emanzipation und Aufklärung, von der politischen „Idee" schlechthin nichts mehr wissen; der Liberalismus verlor damit sein Fundament, den Bezug zu seinem Ursprung in der Philosophie des 18. Jahrhunderts.

Aufschlußreich ist in diesem Zusammenhang die Diskussion um den Titel der „Preußischen Jahrbücher" bei deren Gründung.[109] Haym wollte zunächst den deutschen Standpunkt betont wissen; bald aber setzten sich, unter Zustimmung Hayms, die „preußischen" Kräfte durch. Julian Schmidt begrüßte in den „Grenzboten" den preußischen Charakter der Zeitschrift.[110] Hinter dieser Diskussion steht die Frage: Anschluß an eine reale Macht oder Kampf für die politische Idee „Deutschland"? Zweifellos suchte man zu einer Synthese zu gelangen, was eben die Ziele der gemäßigt-liberalen Unionspolitik umschreibt; aber es war freilich ein allzu kompromißbelasteter Versuch, der die Fronten nur verwischen mußte. Neben den „Grenzboten" neigen so auch die „Preußischen Jahrbücher" dazu, in der Existenz und Form der bestehenden Staaten und gesellschaftlichen Kräfte an sich ein Moment ihrer politischen und moralischen Rechtfertigung zu erblicken.[111]

Riehls Irrtum, Ruge sei zur Partei der Pragmatiker übergelaufen, mußte sich natürlich bald als solcher erweisen, vor allem wegen der zunehmenden Radikalisierung in Ruges Denken selbst. Die von ihm mitherausgegebenen „Deutsch-Französischen Jahrbücher" (1844) sind in ihrer Tendenz sozialistisch, was von den „Hallischen Jahrbüchern" keineswegs behauptet werden kann – weshalb ihnen wenigstens Schmidt die Anerkennung nicht versagt.[112] Auf diese Wendung Ruges hin bringen die

Art, wie dieser „Idee" und „Praxis" verbinde (vgl. Kritische Gänge, a.a.O., I, S. 179). Ruge hatte zum Beispiel geschrieben: „Ein Volk ist nicht eher frei als bis es die Philosophie zum Princip seiner Entwicklung macht." Deutsch-französische Jahrbücher, a.a.O., S. 4.

[109] Vgl. hierzu Westphal, a.a.O., S. 36 f.

[110] Jg. 1858, I, S. 241 ff.

[111] Innenpolitisch wird dies etwa in der Frage des Parlamentarismus deutlich; zutreffend sagt Westphal (a.a.O., S. 261): „Wo immer die Frage in den Preuß. Jbb. berührt wurde, zeigt es sich, daß kein abstraktes Ideal, sondern die Anerkennung der wirklichen Lage das Primäre war." Wenn also schon Parlamentarismus, der keineswegs zur Doktrin erhoben wurde, dann nur als Widerspiegelung und Bestätigung der realen gesellschaftlichen Machtverhältnisse.

[112] „Im übrigen waren die Jahrbücher in jener Zeit noch immer sehr gemäßigt. Von Radicalismus war noch keine Rede, überhaupt kaum von einer durchgreifenden Richtung. ... Der Charakter der Zeitschrift war im wesentlichen literarisch, aber es war in vielen dieser Aufsätze eine jugendliche Frische, die mit Recht die deutsche Jugend mit sich fortriß." Grenzboten 1851, III, S. 169. – Von Freytag ist keine positive Äußerung über die „Hall. Jbb." bekannt.

„Grenzboten" 1846, als sie sich in einzelnen Artikeln bereits zu Vor-
kämpfern eines „gesunden" Liberalismus stilisieren, zwei in ihrer Argumentation eher auf Rufmord, denn auf Analyse bedachte Aufsätze gegen
Ruge, worin vor allem seine Schwäche für den „französischen Geist"
angeprangert wird.[113] Alles, was über die unmittelbare Gegenwart
hinauszureichen scheint, wird abgelehnt, z. B. folgender Satz aus Ruges
eben damals erscheinenden „Gesammelten Werken": „Das wahre Wesen
ist der Mensch, der in der Gesellschaft vernünftig und frei geworden ist,
die humane Existenz des Menschen." Die Replik lautet: „So bleibt denn
Ruge nichts anderes übrig, als alle seine Hoffnungen – wie dies eben auch
alle Religionen thun – auf die Zukunft zu setzen."[114] Ohne Zweifel
hatten die sozialen Bewegungen der vierziger Jahre ein religiös-ver-
schwommenes, utopistisches Gefühlsmoment an sich; indes ist die Absicht
jener Kritik nicht die Konkretion der demokratisch-sozialen Ideen, sondern deren Abbau zugunsten eines Pragmatismus des Hier und Jetzt, der
im Politischen wie besonders im Sozialen nicht nur mit den bestehenden
Machtverhältnissen rechnete, sondern sie im Kern ja auch bestätigte.[115]
Die negative Beurteilung des originären Liberalismus, wie sie mit den
pragmatischen Strömungen der vierziger Jahre aufkommt, sich als stabiles Ressentiment aber erst nach 1848 bildet, hält sich lange in Deutschland. Selbst so noble Erscheinungen wie Otto Harnack, der Gervinus und
Heine als Potenzen ersten Ranges zu schätzen weiß, können sich diesem
Vorurteil nicht entziehen.[116]
Es fehlte zunehmend nicht nur an gesundem Mißtrauen der Macht gegen-
über, man unterlag zu einem guten Teil auch ihrer Faszination. Wer etwa
die kritische Einstellung des Frühliberalismus zur Teilung Polens und zur
Zerschlagung des polnischen Aufstandes von 1830 mit der Haltung
Gustav Freytags Polen gegenüber vergleicht, wie er sie in „Soll und
Haben" so brutal offenherzig beschreibt, hat in Kürze, was sich inzwi-

[113] Arnold Ruge I und II, in: Grenzboten 1846, II, S. 221 ff. und 275 ff.
[114] Grenzboten 1846, II, S. 284.
[115] Haym nennt die „Hall. Jbb." die „vornehmste Erscheinung des deutschen
Journalismus jener Tage"; aber der kritische Punkt bleibt derselbe: dieser Liberalismus war zu geistig und nicht eigentlich politisch. Vgl. Westphal, a.a.O.,
S. 39 f.
[116] Vgl. O. Harnack, a.a.O., S. 290: „er (Gervinus) folgte dem gerade unter
Deutschen weitverbreiteten Irrtum, das Wirken für das Recht sei mit politischem
Handeln identisch. Daß politische Kämpfe gerade aus dem Aufeinanderstoßen
verschiedener Rechte entstehen, daß der politische Kampf auf die Macht abzielt",
sei seiner Generation noch nicht aufgegangen.

schen getan hat.[117] Die preußische „Fortschrittspartei" unter Karl Twesten ließ 1863/64, als sich Polen noch einmal gegen Preußen auflehnte, wenig Zweifel daran, daß sie einer machtpolitischen Lösung den Vorzug gab.

[117] Vgl. hierzu Friedrich C. Sell, Die Tragödie des deutschen Liberalismus, Stuttgart 1953, S. 121. Sell referiert Carl von Rottecks Kritik an der Teilung Polens 1792/93/95; sie galt Rotteck als das „traurigste Beispiel in der neueren Geschichte": „Rotteck lehnte es ab, den Machttrieb und den Machtgedanken als die treibende Kraft in der Geschichte zu feiern, wie Treitschke es tut, wenn es um die eigene preußisch-deutsche Macht geht." Treitschke lehnte denn Rotteck auch ab, vgl. Deutsche Geschichte, a.a.O., II, S. 109: durchweg sei bei Rotteck die Absicht zu erkennen, „den Schwerpunkt des Staatslebens überall nach unten zu verlegen", seine Lehre führe zur Demokratie.

II.

NATIONALE UND BÜRGERLICHE IDEOLOGIE
UND DIE ENTSTEHUNG DES
NACHREVOLUTIONÄREN KLASSIZISMUS

Nationales Denken und literarische Theorie

Mit der weitgehenden Trennung von Liberalismus und Demokratie nach
1848 isolierte sich aus dem Zusammenhang des vormärzlichen Denkens
das nationale Element. Bis zu welchem Grad das geschah, wird etwa aus
den „Preußischen Jahrbüchern" deutlich, wenn sie die „massenhaften"
Auswanderungen gerade nach 1848/49 über eine Serie von drei Artikeln
hinweg unter dem Aspekt betrachten, ob „die Hunderttausende, die das
Vaterland jährlich verlassen, demselben verloren" gehen oder nicht? An
eine Analyse der Gründe für diesen Verlust wagt man sich dagegen nicht.[1]
Durchaus herrscht der Primat des Politischen vor dem Sozialen, wie ihn
neben anderen vor allem Treitschke gefordert hatte.[2]
Die nationalen Träume von 1848 hatte man insoweit begraben, als es
großdeutsche Träume waren. Was blieb, war die Hoffnung auf ein politisch und ökonomisch potentes Reich unter Preußens Führung; auf
Deutschland als schließlich doch noch europäische Macht, deren politische
Ordnung die einer konstitutionellen Monarchie sein sollte. Liberale wie
Schmidt, Freytag, Haym bekennen sich zur Unionspolitik, durch die von
oben her, unter Preußens Führung, jenes Ziel erreicht werden soll, das
die Revolution von unten her angestrebt hatte – so jedenfalls lautete die
Interpretation, weshalb man später die Jahre 1866 und 1870/71 auch als
die Erfüllung von 1848 deuten konnte. Schon in den fünfziger Jahren

---

[1] Vgl. Preuß. Jbb. 1858, II, S. 389 ff.

[2] H. v. Treitschke, Die Gesellschaftswissenschaft. Ein kritischer Versuch, 2. Aufl.,
Halle a. d. S. 1927, zuerst ersch. Leipzig 1859. – Die „Grenzboten" äußern sich
nur einmal ausführlich zum sozialen Problem in dem fünfteiligen Aufsatz: Die
Bestrebungen zur Hebung der arbeitenden Classen, 1857, III, S. 210 ff., 255 ff.,
401 ff., 441 ff., 488 ff. Viel spricht dafür, daß diese Aufsätze (signiert „S. D.")
von Schulze-Delitzsch stammen; sie beschäftigen sich mit Theorie und Praxis der
Arbeiterassoziationen als der einzig möglichen Lösung der sozialen Frage und
gehen in ihrem Engagement weit über das sonst in den „Grenzb." übliche Interesse hinaus.

beginnt sich also, um den Ausdruck zu gebrauchen, der Nationalliberalismus zu formieren, und so gut wie alle Realisten gehören nicht nur der späteren nationalliberalen Partei an, sondern haben auch wesentlichen Anteil an deren Vorbereitungsphase.[3]

Die Nationalisierung des Liberalismus führte zumindest in den fünfziger Jahren noch nicht zu Äußerungen eines aggressiven Nationalismus. So bleiben die „Grenzboten", trotz ihrer starken nationalen Tendenz, international interessiert. Der Leser kann sich informieren über die neuen französischen, englischen, auch russischen Werke aus Belletristik und Historiographie; vor allem die englische Romanliteratur findet breites, wenn auch ein oft sehr kritisches Echo. Dickens hat seinen schnellen Ruhm in Deutschland vor allem den „Grenzboten" zu verdanken. Für die internationale Breite ihrer Berichterstattung, der die anderen literarischen Journale der Zeit in diesem Punkt nichts entgegenstellen können, ein beliebiges Beispiel: im zweiten Quartalsband des Jahrgangs 1853 gibt es dreizehn teils große, teils geringere Artikel über französische und englische Literatur, dazu den Abdruck eines Puschkinschen Gedichts.

Diese Offenheit der Zeitschrift bleibt im wesentlichen ein Verdienst Julian Schmidts, während sein Kompagnon, Gustav Freytag, immer betont „deutsch" ist und nur für Dickens und Scott eine Lanze gebrochen hat. Ohne Zweifel paßt Freytags bieder-deutschtümelnde Pose, die sich 1870 in Brutalität verwandeln sollte,[4] besser in die Landschaft der nachrevolutionären Epoche als Schmidts rationaler Patriotismus. Schmidt, von einer immensen Belesenheit auch in der nichtübersetzten französischen und englischen Literatur, blieb durch seinen nüchternen, bisweilen hausbackenen Verstand vor irrationalen Übertreibungen in jeder Hinsicht bewahrt; man darf ihn festlegen auf einen besonnen nationalen Standpunkt, dem etwa auch Hermann Hettner verpflichtet ist, wenn er mit Lessing jene Grenze betont, „wo der Patriotismus Tugend zu sein aufhöre".[5] Schmidt geht es nicht, wie dem reaktionären Teil der Romantiker

---

[3] Das Parteiblatt der liberalen Unionspolitiker, der sog. Gothaer, wie die im Juni 1849 sich in Gotha versammelnden Mitglieder der Erbkaiserpartei des Frankfurter Parlaments genannt wurden, war die seit 1849 in Berlin erscheinende „Konstitutionelle Zeitung"; ihr Chefredakteur wird 1850 R. Haym.

[4] Vgl. G. Freytags Briefe an Albrecht v. Stosch, Stuttgart-Berlin 1913, Brief vom 20.7.1870. Die Stelle ist kaum zitabel.

[5] Vgl. Hettner, Literaturgeschichte der Goethezeit, a.a.O., S. 557. – Mehrfach finden sich hier Äußerungen, die aus aktuellem Anlaß gegen den aufkommenden Nationalismus geschrieben scheinen; so etwa, wenn H. eine Geschichtsschreibung unter einem nur nationalen Aspekt ablehnt (S. 394 f.) oder die „Neugotik", die sich als „eigenartig deutsche Kunst ausgibt", auf den nordfranzösischen Ursprung der Gotik hinweist (S. 693).

und häufig auch den Vormärz-Poeten, um den Mythos Deutschland, sondern um das nüchterne Selbstverständnis der Deutschen als einer europäischen Nation wie jede andere auch. Daher kritisiert er heftig ein „Deutschthum", das zum Selbstverständnis nur finden zu können glaubt aus einem konstruierten Gegensatz heraus, nämlich Frankreich. „Frankreich hatte theils durch seine Eroberungspläne, theils durch seine Aufklärung und seine Revolution den deutschen Organismus verrückt, mithin wurde als deutsch im specifischen Sinne alles das verherrlicht, was Frankreich widersprach, als undeutsch, was irgend in einer Verbindung mit Frankreich stand."[6] Indes liebt Schmidt die „neuern Franzosen" selbst keineswegs, wobei er die romantische Welle in Frankreich im Auge hat; er hält es mit dem alten moralistischen und rationalistischen Frankreich, mit Montaigne, Descartes.

Die lebenslange Vorliebe Schmidts gehört England.[7] Die Briten sind seiner Meinung nach ein „gesundes, an politischen Ernst und Gewissenhaftigkeit gewöhntes Volk"; besonders ihr „Sinn für die Realität" gefällt dem scharfen Kritiker des deutschen Idealismus. Der englischen Dichtung gegenüber hatte Schmidt zuweilen sogar einen Minderwertigkeitskomplex: „Wenn ein deutscher Novellist etwas geschaffen haben wird, das sich auch nur mit den schwächsten Producten von Dickens oder Walter Scott in Vergleich stellen läßt . . ."[8] Aus diesem Gefühl eines Zurückgebliebenseins heraus übersah Schmidt dann, was sich mit Dickens oder Scott dem Niveau nach hätte vergleichen lassen: einige der späteren Novellen Tiecks, „Der arme Spielmann" von Grillparzer, Kellers Seldwyla-Zyklus, dann Fontanes Romane.[9]

Eines der schönsten Beispiele für Schmidts nationale Besonnenheit ist sein politisch-literarischer Verständigungsversuch mit Dänemark in einer Zeit, als die Wogen patriotischen Pathos' gerade in der Schleswig-Holstein-Frage hoch gingen. Schmidts freundlicher Andersen-Essay[10] wurde nicht aus einem besonderen Interesse für den dänischen Märchenerzähler geschrieben, der dem harten Rationalisten, der Schmidt war, im Grunde fremd bleiben mußte, sondern wohl allein jenes politischen Zweckes wegen. Schmidts Abneigung gegen nationalistische Ressentiments – sie

---

[6] Grenzboten 1848, I, S. 496.
[7] Vgl. Grenzboten 1860, I, S. 468. – Gegen die notorische England-Bewunderung der deutschen Liberalen wandte sich schon früh und sarkastisch Friedrich Engels in dem Aufsatz „Die Lage Englands". In: Deutsch-Französische Jbb. 1844, S. 152 ff.
[8] Grenzboten 1851, I, S. 172.
[9] C. F. Meyer ist wohl der einzige der Realisten, der Schmidts ungeteilte Bewunderung besaß.
[10] Grenzboten 1848, I, S. 206 ff.

muß einmal herausgestellt werden, weil sie bei keinem seiner vielen Kritiker zur Sprache kommt – ist bis in die Beurteilung von 1870/71 hinein spürbar; er lehnte, das war zu seiner Zeit selbstverständlich, den Kosmopolitismus vorbehaltlos als idealistisches Wahnbild ab, verfiel aber nicht, wie Freytag, in dessen volles Gegenteil. Die „zwecklose Beschäftigung mit der eigenen Nationalität" führe, so heißt es einmal, zur „Manier oder zur Großsprecherei".[11]

Allerdings wird auch bei Schmidt in gewissen Momenten deutlich, daß er sich der allgemeinen Nationalisierung des Liberalismus nur zum Teil entziehen konnte. So bringt er etwa der patriotischen Grausamkeit, wie sie Kleist in der „Hermannsschlacht" zwar diskutiert, aber eben auch rechtfertigt, Verständnis und Achtung entgegen. Für die Grenze, wo bei Kleist das berechtigte nationale Interesse endet und die unsinnige Brutalität beginnt, ging offenbar das Gespür verloren.[12]

Ende der fünfziger und anfangs der sechziger Jahre tritt deutlich sichtbar eine Radikalisierung des nationalen Denkens ein. In der europäischen Krise von 1859 wünschten viele Liberale, unter ihnen Haym, Preußen solle Frankreich den Krieg erklären; ebenso stieß die rußlandfreundliche Politik Bismarcks auf liberale Kritik. Seit dem Ende des italienischen Krieges war der deutsche Gegensatz zu Frankreich liberale Doktrin. Zutreffend sprach man von einer allgemeinen antifranzösischen „Psychose um die Jahreswende von 1860/61".[13] Der aufkommende machtpolitische Jargon besonders der preußischen Liberalen ist als Reflex ihrer innenpolitischen und gesellschaftlichen „Insuffizienz" zu beurteilen.[14]

Innerhalb der Ästhetik übte das verstärkte nationale Denken zunächst einen besonderen Einfluß auf die Frage der Stoffwahl aus. Schon im Zuge des vormärzlichen Patriotismus wird für Dichtung und Malerei die „vaterländische Geschichte" in einem weitaus spezifischeren und aktuelleren Sinn wichtig, als dies etwa in der Aufklärung der Fall war, wo „vaterländisch" zu dichten ja einen nur landesstaatlichen Sinn besaß.[15] Für die Favorisierung des deutschen historischen Dramas in den vierziger Jahren ist nicht allein die Schiller-Nachfolge entscheidend. Als Konsequenz ergibt sich eine Einschränkung der dramatischen Stoffe, was z. B.

[11] Schmidt, Bilder aus dem geistigen Leben unserer Zeit, 4 Bde, Leipzig 1870 ff., IV (= Charakterbilder aus der zeitgenössischen Literatur, ebd. 1875), S. 438 f.
[12] Kleists Patriotismus wird auch von Treitschke als vorbildlich gelobt. Vgl. Preuß. Jbb. 1858, I, S. 604.
[13] Vgl. Irmgard Ludwig, Treitschke u. Frankreich, München-Berlin 1934, S. 74.
[14] Vgl. Heinrich Aug. Winkler, Preußischer Liberalismus u. dt. Nationalstaat, Tübingen 1964, S. 98.
[15] Vgl. Friedrich Sengle, Das historische Drama in Deutschland. Geschichte eines literarischen Mythos, 2. Aufl. Stuttgart 1969, S. 109.

Grillparzer schmerzlich erfahren mußte. Statt die Bühne „zu einer Tribüne des erwachten, begeisterungstrunkenen Volkes zu erheben", meint ein „Grenzboten"-Kritiker, und ihm „die Gebilde seiner Geschichte mit Shakespeares Griffel heraufzubeschwören", habe sich Grillparzer mit nichtigen Stoffen, „Phantomen" abgegeben.[16] Die hier fühlbare Shakespeareomanie geht zu einem guten Teil auf Shakespeare als den Dichter nationaler Stoffe zurück, wie im Vormärz überhaupt dessen Tragödien aus der englischen Geschichte besonders geschätzt werden, während sie in den fünfziger Jahren aus dem klassizistischen Formbedürfnis heraus (keine Episierung des Dramas) wieder zurücktreten.

Was die epische Dichtung betrifft, sei nur auf den sog. „vaterländischen Roman" verwiesen, der höchste Achtung genießt.[17] Willibald Alexis gilt für einen der ersten deutschen Romanciers, als ein Nachfahr Walter Scotts, der, wie dieser der schottischen Geschichte und Landschaft Denkmäler setzte, den märkischen Sand und was sich auf ihm tat verewigte. Noch Fontanes spätere Alexis-Würdigung argumentiert in die Richtung „vaterländischer Roman".[18] Der nationale Zug in der vormärzlichen Dichtung und Literaturtheorie ist meist oppositionell und revolutionär, ist durchaus „Tendenz". Die Literaturtheorie nach 1848 eliminiert das revolutionäre Element. Der Begriff der deutschen Nation bedeutet nicht mehr zugleich die Negation der großen Partikularstaaten, indem man Österreichs Entfernung begrüßt und weniger Preußen mit Deutschland, als dieses mit jenem zu einigen sucht; deshalb gilt Alexis' „vaterländischer Roman" auch nicht als partikularistisch-restaurativ, sondern als „nationale" Dichtung. „Auch die poetische Kräftigung des vaterländischen Sinns" sei notwendig, schreiben die „Blätter für literarische Unterhaltung", und da nach allem Anschein das Heil von Preußen komme, seien Darstellungen aus der preußischen Geschichte, etwa aus der „Zeit des Großen Kurfürsten" eine „erhebende, die höchste Theilnahme weckende" Aufgabe.[19]

Neben dieser politisch-unitarischen Seite des neuen nationalen Denkens, das auch so unpolitische Schriftsteller wie Berthold Auerbach erfüllt, beschwört man vor allem den „Geist der Nation", deren ideelle Einheit. Diese zu befördern und darzustellen soll die Aufgabe der neuen Poesie sein. Nach Julian Schmidt ist das „sittliche Bewußtsein der Nation zu-

---

[16] Grenzboten 1846, IV, S. 177.
[17] Vgl. etwa Grenzboten 1852, III, S. 481 ff. und R. Gottschall, Geschichte der dt. Nationalliteratur, a.a.O., III, S. 528.
[18] Th. Fontane, Willibald Alexis. In: Meisterwerke deutscher Literaturkritik, a.a.O., II, S. 863.
[19] August Henneberger, Neuere deutsche Lyrik und Epik, im Jg. 1856, S. 803.

gleich der Inhalt der Poesie".[20] In vielen Variationen wird dieser Satz eine der Kernthesen des programmatischen Realismus, in der sich auch die „Blätter für literarische Unterhaltung" und die „Grenzboten", die sich sonst gerne gegenseitig provozieren, einig sind. Schien doch schon die Begrenzung der dichterischen Stoffe und Gehalte auf das Nationale als das unmittelbar Erfahrbare ein gewisses Maß an „Realismus" zu enthalten. Darüber hinaus schlägt sich in Schmidts dogmatischer Abbreviatur, wie er solche zu formulieren liebte, die übersteigerte, nachgerade idealische Forderung nach einer mehr als politischen Einheit der Deutschen nieder, wie man sie nach der Revolution als Relikt und Surrogat der vormärzlichen Einheitsbewegung häufig antrifft. Sie ist idealisch; bereits Hegel hatte gezeigt, daß es mit diesem integrierten nationalen Bewußtsein, dem sich das Individuum fugenlos einordnet – das große, noch von Marx zitierte Beispiel ist das homerische Griechenland –, ein für allemal vorbei ist.[21] Die zeittypischen Vorbehalte gegen einen kritischen Realismus in der Literatur stammen zu einem guten Teil aus der Meinung, daß, wer die Gesellschaft kritisiert, zugleich die Entwicklung der deutschen Nation hemmt. Daher ist Treitschke, ähnlich wie Schmidt, erbittert über Hebbel, weil sich in seinen „zahlreichen ästhetischen Betrachtungen" kein Wort „über die nationale Bedeutung der Kunst" finde; „frevelhaft" sei Hebbels Wort von der deutschen Geschichte als einer einzigen „Krankheitsgeschichte".[22]

Neben Schmidt und Freytag – Freytag erhebt das „ideale Empfinden der Nation" zum eigentlichen Gehalt und Beruf jeder dramatischen Darstellung[23] – ist der einfluß- und auflagenreiche Schriftsteller, Publizist und Literaturhistoriker Rudolf Gottschall (1823–1909) der hartnäckigste Verfechter einer betont „nationalen" Kunst. Nach seinen eigenen Worten bezieht er sämtliche Kräfte und Entwicklungen der deutschen Literatur auf den „nationalen Standpunkt",[24] der das maßgebende Kriterium für Zustimmung oder Ablehnung bilden soll. Gottschall versteht unter „nationaler" Kunst nicht allein die Verwendung deutscher Stoffe und Formen, sondern die poetische Fixierung eines spezifisch „deutschen" Geistes, der sich z. B. vom französischen dadurch unterscheidet, daß er dessen Materialismus ein ideales Streben nach dem Höheren entgegenstellt.[25]

[20] Grenzboten 1854, III, S. 497.
[21] Vgl. G. W. F. Hegel, Ästhetik, hg. von Friedrich Bassenge, 2 Bde, Frankfurt a. M. o. J., II, S. 408 und pass.
[22] Preußische Jbb. 1860, I, S. 555 f.
[23] Grenzboten 1849, III, S. 11.
[24] Vgl. Gottschall, Die deutsche Nationalliteratur, a.a.O., I, S. V.
[25] Vgl. Gottschall, Poetik. Die Dichtkunst und ihre Technik, 2 Bde, 2. Aufl. Breslau 1870, II, S. 166. – Zuerst ersch. 1858.

„Modern" oder aus dem Geiste der Gegenwart dichten, heißt nach Gottschall nichts anderes als aus dem Geiste der „Nation" oder „national"
dichten.[26] Der konkrete literarhistorische Hintergrund solcher Äußerungen wird deutlich, wenn Gottschall folgenden Gemeinplatz seiner Zeit
formuliert, dem man eine gewisse Berechtigung nicht absprechen kann:
„Wenn wir in den Nachempfindungen einer untergegangenen oder
exotischen Kultur aufgehn, in Ghaselen persisch und türkisch lieben, in
Trimetern alte Griechenfürsten auf den Kothurn peitschen, in Minne-
liedern und Balladen altdeutsche Sprechweise aufwärmen und faustrecht-
liche Bravour feiern: so wird unsere Literatur nur den babylonischen
Turmbau in Scene setzen, eine allgemeine Sprachverwirrung hervorrufen
und das Interesse der Nation so nach allen Richtungen zersplittern,
daß zuletzt eine vollkommene Indifferenz gegen alle Poesie die Folge
sein muß."[27] Das ist gegen den alten Goethe und die Literatur der
Restaurationszeit gesagt, die alle genannten Formen aufweist. Hier wird
ohne weiteres faßbar, daß der Abbau des biedermeierlichen Formen-
reichtums, wie er für den programmatischen Realismus typisch ist, kein
isoliertes formales Anliegen ist; vielmehr entspreche der formalen Zersplitterung die Zersplitterung der Nation. Dagegen wird nun die vorerst
nur geheime, nur geistige Einheit der Nation auf den Plan gerufen. Um
deren politische Realisierung vorzubereiten, soll die Literatur, der hier
eine missionarische Aufgabe zuteil wird, jene Einheit antizipieren; ihr
bisher kosmopolitischer Formen- und Stoffreichtum soll einem Selbstverständnis als nationaler Kunst weichen.
Allen Bekundungen für eine in Geist, Form und Stoff „nationale" Kunst
ist eines gemeinsam: eine gewandelte Begründung für den idealen Charakter von Kunst, endlich eine Verschiebung ihres Objektes. Goethe und
Hegel sprachen vom „Allgemeinen", das sich im Subjekt äußere. Kunst
ist bei beiden in diesem Sinn anthropozentrisch; ihr Klassizismus ist
humanistisch und beruht im Grunde auf der antiken Götterplastik, von
der Hegel einmal sagte: „Schöneres kann nicht sein und werden."[28] In

---

[26] Vgl. Poetik, a.a.O., I, S. VIII.
[27] Poetik, a.a.O., I, S. IX.
[28] Den Satz zu erläutern, daß die klassische Ästhetik auf der griechischen
Plastik beruht, hieße eine Darstellung der Hegelschen Ästhetik geben, besonders
jener Teile, die die „klassische Kunstform" behandeln. Vgl. Hegel, Ästhetik,
a.a.O., I, S. 82–88: „Entwicklung des Ideals zu den besonderen Formen des
Kunstschönen", d. h. zur „symbolischen", „klassischen" und „romantischen"
Form des Ideals. Bes. wichtig ist in dieser Hinsicht die „Einleitung" zum 2. Abschnitt („Die klassische Kunstform"), betitelt: „Vom Klassischen überhaupt" (I,
S. 413–28). Hier findet sich die in vielen Variationen wiederkehrende Definition:
„Indem nun das Objektive und Äußere, in welchem der Geist zur Anschauung

der ästhetischen Theorie der Jahrhundertmitte soll weniger der Einzelne Gegenstand der Kunst sein, sondern die „Nation": ihr Geist, ihr ideales Empfinden, ihre Summe. Die poetische Figur ist Repräsentant der „Nation", und nur als solche kann sie künstlerische Stilisierung im Sinne des klassischen Kunstideals, ja Heroisierung beanspruchen. Jetzt ist statt des Geistes in der Natur bei Goethe und des geschichtlichen Geistes bei Hegel die „Nation" das Allgemeine, das in manchem durchaus religiöse Züge annimmt. Genau hierauf bezieht sich ein Aufsatz Hayms zu Hegels hundertstem Geburtstag: „Der vielbesprochene Panlogismus und Formalismus des Hegelschen Systems ist uns fremd geworden, seit wir mit innigerer Teilnahme uns den großen Aufgaben unseres nationalen Gemeinlebens zugewandt haben. Eben hier haben wir die wahre Bedeutung des Allgemeinen kennengelernt, dem wir nicht ... das Individuelle zum Opfer gebracht wissen wollen, sondern das sich aus Allem, was die Individuen innerlich erleben, durch eine mehr als logische Vermittlung immer neu und immer anders erzeugt."[29]

So hat der innerhalb der realistischen Theorie entstehende Klassizismus, der im einzelnen noch beschrieben werden muß, nicht mehr das humanistische Fundament der idealistischen Ästhetik, sondern ist, von anderen Motivationen einmal abgesehen, auch ein Klassizismus von Gnaden der „Nation". Da sich das Bürgertum häufig mit der Nation schlechthin identifiziert, ist es zugleich ein bürgerlicher Klassizismus.

Die optimistische Generation und ihre Hoffnung auf eine kulturelle Erneuerung Deutschlands

Die Verbindung von Klassizismus und bürgerlich-nationalem Denken ist eine der wichtigsten ästhetischen und kulturgeschichtlichen Erscheinungen

---

kommt, seinem Begriff nach durchweg zugleich bestimmt und besondert ist, so kann der freie Geist, den die Kunst zu seiner gemäßen Realität herausarbeitet, nur die ebensosehr bestimmte als in sich selbständige geistige Individualität in ihrer natürlichen Gestalt sein. Deshalb macht das Menschliche den Mittelpunkt und Inhalt der wahren Schönheit und Kunst aus..." (S. 418). Der Abschnitt über das „Ideal der Skulptur" (Ästhetik, II, S. 104–144) zeigt nun, daß die klassische griechische Skulptur in der historisch-systematischen Einteilung der Künste jene Stelle einnimmt, welche dem Abschnitt „Die klassische Kunstform" im 1. Bd. entspricht. Die „substantielle Individualität, welche den Begriff der klassischen Kunst ausmacht" (I, S. 425), macht zugleich den Begriff der griechischen Götter- oder Menschenskulptur aus.

[29] Haym, Hegel und seine Zeit, a.a.O., S. 484. – Über die Problematik, die sich aus der Forderung gleichzeitig nach idealer Typenbildung aus dem Geiste der Nation und doch auch nach stärkerer „realistischer" Individualisierung des Dargestellten ergibt, vgl. u. Kap. 4, Abschn. 1 und pass.

der nachrevolutionären Zeit und schließlich des Kaiserreichs – wohlbekannt in ihren späteren Manifestationen,[30] weniger im ersten Stadium. Hinter diesem, mit Ausnahme Hebbels, zunächst nur theoretischen Klassizismus,[31] steht die Erwartung einer gesamtkulturellen Erneuerung. Wer sich in den fünfziger Jahren die Frage nach der künftigen kulturellen Entwicklung Deutschlands stellte – und sie wurde oft gestellt –, mußte zunächst die Folgen einer gescheiterten Revolution kalkulieren. Nicht nur hatten sich Literatur und Publizistik des Vormärz zu stark politisch engagiert, als daß nicht eine intensive Rückwirkung der Revolution und ihres Ausgangs auf sie eintreten mußte; es hatte sich auch, wie Schmidt einmal sagt, eine Art Aberglaube gebildet, daß mit der Umwälzung der politischen Verhältnisse auch ein neues Leben in Literatur und Kunst einkehren müßte. War nach diesen großen Erwartungen nicht eine allgemeine Resignation wahrscheinlich?

Man hat oft von ihr gesprochen und die Dinge dadurch vereinfacht.[32] Für den nachrevolutionären Liberalismus darf der Begriff nur im Sinne einer vorübergehenden politischen Resignation verstanden, nicht jedoch, wie es gerne geschieht, ins Weltanschaulich-Philosophische ausgedehnt werden. Nur die Demokratie hatte Anlaß zu resignieren oder zu emigrieren; während der Reaktionsperiode enthält sie sich bei den Wahlen zum preußischen Parlament der Stimme. Für den gemäßigten Liberalismus hieß die Abkehr von der revolutionären Idee und die Hinwendung zur Praxis politisch die Annäherung an Preußen. Zwar gab es niemanden, der mit der Manteuffelschen Reaktionsperiode einverstanden war (1850–1858); aber Manteuffel war nicht „Preußen". Seit dem Eintritt der „Neuen Ära", als Prinzregent Wilhelm die Geschäfte übernahm (Oktober 1858), hofften die Liberalen auf ein „Bündnis zwischen Thron und Bürgertum"[33] auf der Basis einer gewährten Konstitution und der Einsicht Preußens in seinen nationalen „Beruf".

Ökonomisch wuchs die Bedeutung des Bürgertums in den Jahren der Hochkonjunktur zwischen 1853 und 1857 stark an;[34] eines Bürgertums, das, wie Julian Schmidt sagt, „mit seiner soliden, sicher vorwärtsschreitenden ... Arbeit unaufhaltsam in die Lücken des alten, immer morscher

[30] Vgl. Richard Hamann/Jost Hermand, Deutsche Kunst und Kultur von der Gründerzeit bis zum Expressionismus. Bd. IV: Stilkunst um 1900, Berlin 1967.
[31] Die breite dramatische Tagesproduktion darf jedoch bereits in den fünfziger Jahren zu großen Teilen klassizistisch genannt werden; vgl. u. S. 160, Anm. 110.
[32] Vgl. etwa Hans Mayer im Vorwort zu: Meisterwerke deutscher Literaturkritik, a.a.O., II, S. XII. – Illusionslos richtig urteilt wohl Fr. C. Sell (a.a.O., S. 176 f.) über die Proportionen von Resignation und Optimismus im Jahrzehnt der Reaktion.
[33] Vgl. hierzu Winkler, a.a.O., S. 6.

werdenden Staatslebens eindringt, das nicht blos nach jedem Sieg, sondern nach jeder Niederlage einen Fußbreit Landes weitergewinnt, und dann mit Nothwendigkeit das Werk der Geschichte vollführt."[35] Behauptet Schmidt hier noch einen gewissen Antagonismus zwischen Wirtschaft und Obrigkeitsstaat, so korrigieren die „Preußischen Jahrbücher" später dieses Verhältnis dahingehend, daß die „Volkswirtschaft... sich zu Bismarck nie in einem prinzipiellen Gegensatz befunden (hat) wie die praktische Politik und staatsrechtliche Doktrin, da sie seiner Festigkeit den bedeutendsten handelspolitischen Fortschritt der Nation in den letzten Jahrzehnten ... verdankte".[36] Der ökonomisch-technologische Aufstieg trug seinerseits zum Abbau eines politisch-emanzipativen Bewußtseins bei, das 1866 vollends vor den Erfolgen Bismarcks abdankte.[37]

Mit Schopenhauer, den Freytag einen „elenden Gesellen" nennt, hat diese Generation nichts gemein.[38] Dies zu betonen ist insofern wichtig, als die Namen Schopenhauers, Kierkegaards, Burckhardts, Hebbels, später Nietzsches gern pars pro toto genommen werden, wobei jene Mitte, die die Zeit in der Breite bestimmte, zu kurz kommt.

Gleichwohl setzt der Gedanke und Wunsch einer Renovierung der Kultur eine gewisse kulturkritische Gestimmtheit voraus. Sie richtet sich im allgemeinen nicht, wie die spätere konservative Kulturkritik, gegen die Tech-

---

[34] Die Gründe hierfür liegen, neben anderen Ursachen, in dem gewaltigen Kapitalzufluß nach 1850, ausgelöst durch die amerikanischen Gold- und Silberfunde. Vgl. Winkler, a.a.O., S. 2.

[35] Grenzboten 1861, IV, S. 240.

[36] Zit. bei Winkler, a.a.O., S. 116 (= Preuß. Jbb. 1866, II, S. 76).

[37] Programmatisch verkündet dies Hermann Baumgarten in dem Aufsatz: „Der deutsche Liberalismus. Eine Selbstkritik" (Preuß. Jbb. 1866, II, S. 471 ff.); bedeutende politische Leistungen seien nur vom Adel zu erwarten, dem „bürgerlichen Stand" liege die Politik fern; eine befriedigende Lösung der politischen Aufgaben werde nur dann gelingen, wenn der „Liberalismus aufhört, vorwiegend Opposition zu sein."

[38] Vgl. G. Freytag an S. Hirzel, a.a.O., Brief vom 27. X. 1872. – Über die Haltung der „Grenzboten" zu Schopenhauer vgl. die Rez.: Julius Frauenstädt, Briefe über die Schopenhauersche Philosophie, Jg. 1854, I, S. 329, ein Verriß, der sich in seiner Kenntnis Schopenhauers bloß auf die rezensierte Schrift stützt. – Wie man in den „Preuß. Jbb." über Schopenhauer urteilte, zeigt etwa R. Haym, der ihn für „gemeingefährlich" hält (zit. bei Westphal, a.a.O., S. 252). – Ganz anders Jacob Burckhardt: Schopenhauer habe die besondere Sendung, „die seit 1830 dominierende Illusion des Fortschritts in wohltätiger Weise ad absurdum zu führen". Zit. bei Löwith, Jacob Burckhardt. Der Mensch inmitten der Geschichte, Stuttgart 1966, S. 78 f. Burckhardts wiederholte geschichtspessimistische Äußerungen dürfen nicht als Ausdruck des Zeitempfindens gewertet werden, sie wenden sich vielmehr gegen dieses: mehr und mehr wird der niveaubewußte Schriftsteller ein Kritiker seiner Zeit und des Bürgertums.

nifizierung und Nivellierung des Lebens, der Umwelt, der Arbeit, und ist überhaupt sehr schwer auf einen Nenner zu bringen. Man klagt recht allgemein über das Ungesunde der Zeit, die zerfahrene Kultur. Schmidt geht hierin sehr weit. Er behauptet, die jetzige Dorfgeschichte suche nicht, wie das frühere Idyll, die „Freiheit und Natur" in den Dörfern, sondern gerade die dort schärfer erhaltene Konvenienz. Die höheren Gesellschaftsschichten bewegten sich derzeit in einer „unerhörten Freiheit", die Schmidt offenbar für verderblich hält.[39] „Konvenienz" gilt demnach als notwendige Bindung und Voraussetzung für eine durchgängige Gesamtkultur, die mit Blick auf die klassischen Zeitalter der Franzosen und Engländer so sehr ersehnt wird.

Robert Prutz, etwas naiver als Schmidt, züchtigt das „kraftlose Geschlecht unserer Tage" und stellt ein Gegenbild auf, das er der Titelfigur aus Gottschalls „Carlo Zeno", einem damals vielbesprochenen und auch von den „Grenzboten" gerühmten Werk, nachbildet: „der Mann im Vollgefühl seiner männlichen Kraft und Würde, gleich gewaltig an Körper wie an Geist, von keiner Reflexion entnervt, tapfer, klug, großmüthig, Held der Arbeit wie des Genusses", oder, um mit Gottschalls eigenen schrecklichen Versen zu sprechen:

> „Der Mann, der volle, ganze,
> Der Mann aus einem Guß,
> Den mit geweihtem Kranze
> Geschmückt der Genius;
> Der muthig ohne Wanken
> Den Opfertod erwählt;
> Der Thaten und Gedanken
> Und Geist und Herz vermählt."[40]

Hier wird etwas sichtbar, was unmittelbar mit dem Klassizismusproblem zu tun hat. Die unheroische bürgerliche Gesellschaft fordert, wohl in Erinnerung an die Revolution, ein heroisches Bild ihrer selbst. Die phantastische Überschätzung von Cornelius, wie sie vielemale belegt werden kann, findet hier ihre Erklärung.[41] Man hat zutreffend bemerkt, daß sich das liberale Denken jener Jahre etwa vergleichen läßt mit der „großen Gebärde der Historienmalerei".[42]

---

[39] Grenzboten 1857, IV, S. 402 f. Die Bemerkung Schmidts zeigt wieder, unter welch weitreichenden Perspektiven Dorfroman und Dorferzählung von der realistischen Theorie behandelt werden.

[40] Prutz, Die deutsche Literatur der Gegenwart, a.a.O., I, S. 180. Hier auch das Gottschallzitat.

[41] Vgl. etwa Grenzboten 1856, II, S. 368, wo man Cornelius „den größten Maler, den Deutschland" hervorbrachte, nennt.

[42] Westphal, a.a.O., S. 304.

Obwohl Prutz der Gegenwartsliteratur viel positiver gegenübersteht als etwa Schmidt, ist seine Zeit- und Kulturkritik in ihrer Gesamttendenz schärfer als jene der „Grenzboten" und anderer Liberaler. Dies steht in einem Zusammenhang mit Prutz' engerer Bindung an vormärzliche Ideale: „Das lebende Geschlecht, wer wüßte es nicht?! ist dem Untergange verfallen; keiner von denen, die jetzt noch auf Erden wandeln, wird jemals das gelobte Land der Freiheit erblicken; unser Ruhm und unsere Befriedigung kann und wird nur darin bestehen, daß wir für den dereinstigen Besitz derselben kämpften und litten."[43] Solche elegischen Töne sind, vornehmlich mit dieser Motivierung, sonst der Zeit fremd und befähigten Prutz zu einer Kritik des gemäßigten Liberalismus, obwohl sie auch bei ihm selbst durch andere, weit zuversichtlichere Äußerungen relativiert werden. Dieses Schwanken entspricht Prutz' ideologischer Unsicherheit, die ihm und seiner Zeitschrift, dem „Deutschen Museum",[44] den Vorwurf der Parteilosigkeit einbrachten. Er wendet sich gegen die „Partei der Junker und Pfaffen" ebenso wie gegen den konservativen Liberalismus Freytags;[45] nicht minder aber gegen die „bloß negative Partei" der Demokraten.

Eindeutiger als bei Prutz, hat die Art der Kulturkritik, wie man sie bei Schmidt und Freytag antrifft, nichts mit Resignation zu tun; sie beruht auf dem Glauben, daß, was momentan für schlecht gehalten werden muß, durchaus reparabel sei. Wenn die Revolution auch nicht unmittelbar im Sinne des gemäßigten Liberalismus erfolgreich war, herrschte doch die Zuversicht, daß mit ihr eine alte Epoche zuende gegangen war und eine neue mit reicheren Möglichkeiten begonnen hatte. Die Gegenwart stehe „intellectuell, ästhetisch und sittlich" höher als je eine Zeit davor, schreibt Schmidt; sie wird nicht mehr charakterisiert durch die metaphysische Wissenschaft, sondern durch die empirische, durch das „Princip des Realismus": „Wenn wir von diesem entfernteren Standpunkt unsre heutige Literatur ins Auge fassen, so verwandelt sich der Eindruck des Verfalls in den Eindruck einer Übergangsperiode, die für den Augenblick freilich unerfreulich ist, weil sie ein Unfertiges zeigt, aus der wir aber die Zuversicht einer bedeutenden Zukunft schöpfen. Es scheint, als ob eine große Weltperiode zum Abschluß gekommen und durch ein neues Princip

---

[43] Prutz, Literatur der Gegenwart, a.a.O., II, S. 116.
[44] Deutsches Museum. Zeitschrift für Literatur, Kunst und öffentliches Leben, hg. von Robert E. Prutz und (zeitweise) Wilh. Wolfsohn, Leipzig 1851 ff. – Die Halbmonatsschrift erscheint bis 1867; sie hat im ziemlich hoch gegriffenen Ton ihrer wichtigeren Beiträge Ähnlichkeit mit Rötschers „Jahrbüchern". Der Leserkreis blieb (nach Salomon) klein.
[45] Vgl. Deutsches Museum 1852, I, S. 3.

ersetzt sei, zunächst nur im Keim, über dessen Entwicklung man sich aber, ohne Prophet zu sein, schon ziemlich bestimmte Vorstellungen bilden kann."[46] Hier fällt also der wichtige Begriff einer „Übergangs- periode", der in den fünfziger Jahren, nachdem ihn schon die Jungdeut- schen häufig gebraucht hatten, wieder zum Modewort wird. Der Zusam- menhang mit den politischen Hoffnungen, die Preußens „Neue Ära" weckte, ist dabei unverkennbar. Das rationalistisch-mechanistische Denken der Zeit stellte eine unmittelbar-undialektische Kausalität von politischer und kultureller Größe her; selbst der preußischen Macht anfangs so arg- wöhnisch gegenüberstehende Süddeutsche wie Fr. Th. Vischer pflichteten bei. Erst als das Zweite Reich Wirklichkeit wurde, mußten regere Geister wie Schmidt verwundert die Sterilität ihrer These konstatieren;[47] andere blieben blind.

Einen wesentlichen Anteil an dem zukunftsfrohen Optimismus, der ge- rade unter den realistischen Theoretikern weit verbreitet war, hatte die Naturwissenschaft oder besser deren populäres Verständnis. Man sah durch sie bestätigt, was der philosophische und ästhetische pantheisierende Immanentismus seit einem Jahrzehnt verkündete, daß nämlich die „Ver- nunftgesetze des menschlichen Geistes eben nichts anderes sind, als die von dem menschlichen Gehirne reproduzierten Gesetze des Weltganzen". Dadurch schien der Dualismus von Geist und Materie, Seele und Körper, Mensch und Natur in eine befriedigende Harmonie aufgelöst. Vom alten Glauben sollte hierbei nichts Wesentliches verlorengehen; die Ideen des Schönen, Erhabenen und Poetischen bleiben nicht nur erhalten, sondern „strömen aus der neuern Naturwissenschaft mit viel größerer Fülle und Tiefe hervor".[48] Es ergibt sich eine Parallele zur zeitgenössischen Reli- gions- und Bibelkritik: auch David Fr. Strauß wollte, wie sein Brief- wechsel mit Vischer an mehreren Stellen zeigt, nur von Beiwerk säubern, nicht aber den wesentlichen Gehalt der christlichen Religion antasten.

Speziell in der Literaturkritik wirkte sich jener Optimismus darin aus, daß man literarische Werke, die dieser Sicht widersprachen, einfach als destruktiv ablehnte – Schmidts Hebbel- und Büchner-Kritiken können

---

[46] J. Schmidt, Die europäische Literatur in ihrem gegenwärtigen Standpunkt. Zuerst erschienen Grenzboten 1858, wiederabgedruckt im Zusammenhang mit dem Aufsatz „Die neue Generation". In: J. S., Bilder aus dem geistigen Leben unserer Zeit, a.a.O., I, S. 8.

[47] Vgl. Schmidt, Die neue Generation, a.a.O., S. 7.

[48] Grenzboten 1858, III, S. 338. Der angezogene Aufsatz trägt den bezeichnen- den Titel „Der Geist in der Natur", der den kompromißhaften Zug des nach- revolutionären Denkens unverwechselbar an sich trägt. Ins Ästhetische transpo- niert sollte der zitierte Satz gerade Anwendung finden in der Diskussion um die Weiterführung des klassischen „Erbes".

dafür als Beispiel dienen; oder daß man sie nach dem eigenen Geschmack uminterpretierte, was die aussichtsreichere Methode war, wenn es sich um Dichtungen von nicht zu leugnender Qualität handelte. Eine Rezension von Hebbels „Maria Magdalene" in Rötschers „Jahrbüchern für dramatische Kunst und Literatur" tut sich sehr schwer, den eigenen optimistischen Standpunkt mit Hebbels düsteren Bildern in Einklang zu bringen.[49] Der Verfasser, Felix Bamberg, ein Freund Hebbels aus dessen Pariser Tagen, meint, das „Bürgerliche Trauerspiel" im allgemeinen und Hebbels Stück im besonderen nähmen sich die an sich allerdings untröstlichen Formen des Daseins nicht zum Zwecke, sondern gebrauchten sie als Mittel, „auch durch sie das Walten einer höheren, alle Gegensätze ausgleichenden Ordnung aufzuweisen". Hebbel hatte es sicher anders gemeint; aber der am Gedanken der Versöhnung auch und gerade im Gesellschaftlichen festhaltende Liberalismus umgeht das Häßliche, alles Vernichtende oder einfach Beunruhigende, indem er es der Herrschaft gewisser apriorischer Sätze unterstellt. Es liegt auf der Hand, daß dadurch die realistische Wahrnehmung und deren Niederschlag im Kunstwerk entscheidend beeinträchtigt werden mußte.[50] Es dominiert der Wunsch nach Harmonie und Versöhnung, dessen geistesgeschichtlicher Ursprung im alttradierten Gedanken der Theodizee Leibnizens und seiner prästabilierten Harmonie liegt. Dieser Begriff wird mehrfach direkt aufgenommen, so von den „Blättern für literarische Unterhaltung" und Rudolf Gottschall.[51] Die Theorie der Dorfgeschichte beruht ganz auf der Idee einer konkreten oder evolutionären Harmonie in Natur und Geschichte, wobei sie sich allerdings weniger auf Leibniz als auf Spinoza beruft, der in pantheistischer Weise das harmonische Wesen der Welt begründete. Nicht nur spricht Auerbach vom „Naturcultus" als der neuzeitlichen Religion",[52] er glaubt sogar, „daß die Dorfgeschichten die concrete Ausführung des Pantheismus" sind[53] und also der gerade Gegensatz zur

[49] Jg. 1848, I, S. 135 ff.
[50] Ausdrücklich wendet sich Bamberg gegen eine realistische oder, wie es heißt, „empirische" Auffassung der „Maria Magdalene"; dann nämlich müsse man Hebbel eine „tendenziöse Absicht" unterstellen (wie dies Vischer getan hat). Um Hebbel einen solchen, im Sinne der nachrevolutionären Ästhetik unverzeihlichen Fehler nicht vorwerfen zu müssen, weicht Bamberg in die symbolische, „weit genug" greifende „Analyse" aus.
[51] Vgl. Jg. 1856, S. 865. – Gottschall begrüßt Wilhelm Jordans dreiteiliges Epos „Demiurgos" als erstrangige „metaphysische Tendenzdichtung", als eine „optimistische Theodicee". Vgl. Blätter f. literarische Unterhaltung, 1855, S. 343.
[52] Vgl. Berthold Auerbach, Briefe an seinen Freund Jacob Auerbach, hg. von Jac. Auerbach mit Vorbemerkungen von Friedrich Spielhagen, 2 Bde, Frankf. a. M. 1884, Brief vom 24. 8. 61.
[53] An Jac. Auerbach, Brief vom 22. 4. 64.

jungdeutschen „Poesie der Zerrissenheit und des Weltschmerzes", der die „grundlegende Kraft der schlichtenden Providenz" fehle.[54] Hinzukommt ein sozialer Aspekt, nämlich die „Vermittlung zwischen Bildung und Bäuerlichkeit", wodurch Auerbach den zeittypischen Gedanken der sozialen Harmonie in die Theorie der Dorfgeschichte aufnimmt.[55] Der bedeutende Hegelschüler Karl Rosenkranz hat in seiner „Ästhetik des Häßlichen" (1853), die zumindest innerhalb der „Grenzboten" beachtliche, wenn auch nicht unkritische Resonanz findet,[56] das Amoralisch-Unschöne in den guten Zusammenhang des Vernünftig-Wirklichen eingebaut. Überhaupt hatte der liberale Geschichtsoptimismus neue Nahrung erhalten durch die Hegelsche Überschätzung der Geschichte, wie auch schon die „Hallischen Jahrbücher" in der Nachfolge Hegels den Geschichtspessimismus der Romantik verurteilten und messianische Erwartungen in den historischen Prozeß setzten.[57]
Indes zeichnet sich nach 1848 eine deutliche Vergröberung dieser Geschichtsphilosophie ab, d. h. das Verhältnis von Philosophie und Geschichte ist überhaupt nicht mehr Gegenstand der Diskussion.[58] Während für Hegel und seine linke Schule „die Weltgeschichte ... der Fortschritt im Bewußtsein der Freiheit" ist,[59] sehen die „Grenzboten" und die „Preußischen Jahrbücher" die Geschichte verengt unter dem Aspekt des Aufstiegs der Nation und des Bürgertums, wie dies Freytag in seinen „Bildern aus der deutschen Vergangenheit" deutlich belegt, am besten in jenen Teilen, die sich mit Luther und dem Zeitalter der Reformation als der ersten Blütezeit einer bürgerlichen Kultur beschäftigen.[60]

---

[54] An Jac. Auerbach, Brief vom 30. 9. 61.
[55] An Jac. Auerbach, Brief vom November 1860 (nicht näher datiert).
[56] Vgl. Grenzboten 1853, III, S. 1 ff.
[57] Vgl. etwa Hallische Jbb. 1840, S. 456 und pass. – Dennoch kann man deshalb Hegel und seine Schule nicht einfach in die deutsche Schwärmertradition einzwängen, wie dies Jürgen Gebhardt, Politik und Eschatologie, München 1963, in kulturkonservativer Absicht prinzipiell versucht.
[58] Über die allgemeine Ablösung Hegels (bei gleichzeitiger rudimentärer Übernahme gewisser Hegelscher Sätze, z. B. das Wirkliche ist das Vernünftige) schreibt Schmidt: die „Herrschaft der hegelschen Philosophie hat seit 1848 aufgehört. Weder im konservativen noch im oppositionellen Lager hört man die Stichworte des absoluten Idealismus... Die Kunst entsagt dem Ideal und sucht sich realistisch mit der Wirklichkeit zu verständigen..." Grenzboten 1857, IV, S. 362.
[59] Zit. bei Else v. Eck, a.a.O., S. 12.
[60] Vgl. Bilder aus der deutschen Vergangenheit, II. Bd., 2. Abt.: Aus dem Jahrhundert der Reformation. Ges. Werke, neue wohlfeile Ausg., a.a.O., II. Serie, V. – Freytag betont Luthers „bürgerliches" Leben und ist mit ihm über die Bauernaufstände empört.

Der Unterschied ist jedoch noch tiefgreifender und berührt eine grundsätzliche Differenz in der Beurteilung des modernen geschichtlichen Prozesses. Hinter Hegels Geschichtsphilosophie ebenso wie jener seiner radikaleren Schüler steht die Erfahrung einer Entfremdung innerhalb der bürgerlichen Welt, wie diese auch in den weltschmerzlichen Zügen der Restaurationsliteratur manifest wird und schließlich in Tiecks Novellistik. Dieses Moment eines elegischen Bewußtseins, das teils einen Prozeß der Kritik, teils eine heilsame Skepsis beförderte, verlischt seit 1848 nach und nach.[61]

Eine genauere Analyse müßte neben der geistesgeschichtlichen auch eine soziologische Motivierung für diesen harmoniesüchtigen liberalen Optimismus aufzeigen. Die angezogene Hebbel-Rezension kann als Beispiel dienen; sie sublimiert die soziale Misere, wie sie in „Maria Magdalene" dargestellt wird, zu an sich „untröstlichen Formen des Daseins", und erst durch diese Abstraktion ist der Weg zur Rechtfertigung der Welt, wie sie ist, frei. Diese Rechtfertigung gehört zum Instrumentarium des bürgerlichen Spätidealismus, der sich bewußt und unbewußt mit einem Klasseninteresse verbindet, das die soziale Wirklichkeit in ein gutes Ganzes einordnet, um sie in ihrer Struktur zu erhalten. Die Leibnizsche Idee der harmonischen Welt wandelt sich durch eben dieses Interesse zur Ideologie. Der Dichter und realistische Theoretiker Otto Ludwig ist gewiß kein Verteidiger kapitalistischen Ungeistes; er hatte wohl überhaupt keinen Sinn für die ökonomische und soziale Realität. Gleichwohl wird er, wie so viele Bildungsliberale, zum Apologeten des Bestehenden, wenn er für den „poetischen" Realisten die Überzeugung einer „gerechten

---

[61] Besonders deutlich ist dieser elegische Unterton in den Frühschriften Hegels, aber auch in den vorrevolutionären Arbeiten Fr. Th. Vischers (vgl. hierzu Willi Oelmüller, Fr. Th. Vischer und das Problem der nachhegelschen Ästhetik, Stuttgart 1959, vor allem S. 37–75). Jedoch darf auch der spätere Hegelsche Begriff der „Vollendung" nicht undialektisch verstanden werden; wie die bekannte Stelle aus der Vorrede zur „Phänomenologie des Geistes" (6. Aufl. Hamburg 1952, S. 29 f.) sagt, gewinnt der Geist seine volle „Wahrheit" und „Macht" nur im „Verweilen" vor dem „Negativen". In der „Ästhetik" begründet Hegel nicht nur den modernen Roman aus dem Bewußtsein der Entfremdung, er spricht auch vom „Hauch und Duft der Trauer" in der griechischen Skulptur als der Vollendung des klassischen Kunstideals und der Kunst überhaupt: „Die Ruhe göttlicher Heiterkeit darf sich nicht zu Freude, Vergnügen, Zufriedenheit besondern, und der Frieden der Ewigkeit muß nicht zum Lächeln des Selbstgenügens und gemütlichen Behagens herunterkommen." (Ästhetik, I, S. 467) Mit eigenartiger Genauigkeit ist eben dieses „Behagen" ein Zentralwort in Freytags durchweg klassizistischer „Technik des Dramas" (a.a.O., etwa S. 79), das er auch sonst gern gebraucht (vgl. Ges. Werke, neue wohlf. Ausg., a.a.O., Serie I, Bd. 8, S. 39 und 46): der Dichter, „behaglich spielend" und mit „innerem Behagen" usw.

Weltordnung" voraussetzt.[62] Wie Fr. Th. Vischer besonders nach 1848 von der Ästhetik her denkt, die in ihren Grundzügen durch die Klassik bestimmt und festgelegt ist, so denkt auch Ludwig von den Erfordernissen eines idealistisch vorgeprägten Kunstbegriffs, nicht von der zeitgenössischen Wirklichkeit her.

Otto Brahm, einer der kompetentesten Literaturkritiker des ausgehenden Jahrhunderts, leitet seinen mehrteiligen Gottfried Keller-Aufsatz (1882/90) mit einem aufschlußreichen Resümee der literarischen Entwicklung seit etwa 1850 ein. Für die gegenwärtige Lage sieht er ein „negierendes und pessimistisches Moment" als das entscheidende Merkmal an. Schopenhauer, Richard Wagner und Storm sind nur einige Namen für diese Erscheinung. Brahm sieht noch nicht die Hintergründe dieser Stimmung, er beschreibt sie nur. Dann kommt er auf jene andere Gruppe zu sprechen, der auch Keller zugehöre: den pessimistischen Autoren stehe, wenn man „von der Sekte der Scheffelianer" absehe, „insbesondere eine um zehn bis zwanzig Jahre ältere Generation gegenüber, die noch immer die Fahne des Optimismus hochhält und auf philosophischem Gebiete dem Heros Schopenhauer den Heros Spinoza, den Pantheismus oder Theismus entgegenstellt: Berthold Auerbach, Gustav Freytag, Gottfried Keller."[63] Es kommt auf dieses „noch immer" im Text an; als die Generation eines gläubigen Optimismus beurteilt man im zuendegehenden Jahrhundert die literarischen Repräsentanten von 1850/60, aufs Ganze gesehen durchaus zutreffend. Der spätere Kulturpessimismus, wie ihn Brahm beschreibt und unpräzise neben den optimistisch-liberalen Glauben stellt, ist gerade Kritik desselben, und Nietzsche verachtet das nachrevolutionäre Bürgertum nicht zuletzt um seinetwillen.

Es ist von entscheidender Bedeutung, diesen Grundzug des nachrevolutionären Liberalismus zu beachten; erst durch ihn wird der programmatische Realismus in seinen klassizistischen Zügen erklärbar. Es ist ein Klassizismus, der gerade nicht epigonal sein will. Die Epoche war realistisch und geschichtsbewußt genug, um zu erkennen, daß eine schlichte Weiterführung der Klassik und ihrer Kunstprinzipien unmöglich war; deshalb wird stets betont, daß zuerst die materiellen, vor allem die politischen Voraussetzungen geschaffen werden müßten, ehe die entscheidende Wende zur großen Literatur und Kunst eintreten könne. Auf

[62] Vgl. Otto Ludwig, Ges. Schriften, a.a.O., V, S. 525.– Vgl. auch das Ludwig-Zitat bei Heinrich Reinhardt, Die Dichtungstheorie der sogenannten Poetischen Realisten, Würzburg 1939, S. 70: der wahre Realist sehe die Welt „ohne die Widersprüche, die uns in der wirklichen irren".
[63] Otto Brahm, Gottfried Keller. In: Meisterwerke deutscher Literaturkritik, a.a.O., II, S. 747 f.

diesem wohlbegründeten Vertrauen in die Zukunft ruhend, blieb auch das Phantom einer kulturellen renovatio, einer neuen „Classik" erhalten. Die Erwartung eines neuen klassischen Zeitalters der deutschen Kultur wird nachgerade zur fixen Idee. Bei Rudolf Gottschall, der nachmals die bevorzugte Zielscheibe der Naturalisten wurde, begegnet man ihr auf Schritt und Tritt. Die konstatierte Ermattung in der Literatur seit der Klassik gilt ihm als Frühjahrsmüdigkeit, der der tatkräftige Sommer nicht zögern wird, nachzufolgen.[64] Diese Prognose, der auch Freytag, Schmidt und Hettner beipflichten, schlägt sich wiederum in zahlreichen Details der programmatisch-realistischen Poetik nieder. Sie durchkreuzte entscheidend die vorhandenen realistischen Ansätze. Ein eindrucksvolles Dokument für die kompliziert-widersprüchliche Begründung und Motivverflechtung jenes Glaubens an eine neue, ja erst die eigentliche Klassik der Deutschen findet sich bei Robert Prutz, der 1853 im „Deutschen Museum" schreibt:

„Das praktische Leben verdrängt das ästhetische; nicht mehr die Literatur, sondern der Staat und die bürgerliche Gesellschaft mit ihren unentbehrlichen praktischen Voraussetzungen, mit Handel, Gewerbe etc. bildet die wahre historische Aufgabe unserer Zeit. Auch diese Epoche, wir zweifeln nicht, wird dereinst ebenfalls ihre poetische Verklärung finden und eine neue classische Poesie erzeugen, eine Poesie der Wirklichkeit, des Kampfes, der Arbeit, wie jene classische Kunst der neunziger Jahre eine Poesie des Idealismus, des Selbstgenusses und der schönen Beschaulichkeit war. Ja die Anfänge dazu sind zum Theil schon gemacht und nur ein blödes Auge kann den Kern verkennen wegen der unansehnlichen Schale, in welcher derselbe zur Zeit noch auftritt; in unsern politischen Dramen, unsern socialen Novellen und Gedichten liegen die Anfänge dazu bereit vorhanden, und es wird nur darauf ankommen, daß Deutschland frei und mächtig, der deutsche Handel reich und blühend, das deutsche Gewerbleben fruchtbar und glücklich wird, um auch diese Poesie der Wirklichkeit einer neuen und classischen Epoche entgegenzuführen."[65]

Das Prädikat „classisch" meint dabei, wie später zu zeigen sein wird, nicht nur eine Literatur, die auf ihre Art und für ihre Zeit vorbildlich ist, sondern es bedeutet einen ästhetisch normativen Begriff, der durch die historischen Vorbilder bestimmt ist.

---

[64] Gottschall, Das neue deutsche Drama. In: Die Gegenwart. Eine enzyklopädische Darstellung der neuesten Zeitgeschichte für alle Stände, 12 Bde, Leipzig 1848/56, VII, S. 44 f. – Der Artikel ist, wie jeder in dieser Enzyklopädie, unsigniert. Zur Autorschaft Gottschalls s. u. S. 90, Anm. 65.
[65] Robert Prutz, Die deutsche Einheit sonst und jetzt. In: Deutsches Museum 1853, II, S. 177 f.

Rationalisierung und Verbürgerlichung
der Ästhetik

Julian Schmidt stellt einmal der „vernebelten Schöngeisterei" der Romantik das gute „Princip des Rationalismus" gegenüber;[66] an anderer Stelle bekennt er sich, und meint wohl Freytag mit, als den ausgesprochenen „Rationalisten", der in jeder Hinsicht für „Gesetz, Regel und Vernunft" ist.[67] In der Tat hat nicht nur Schmidts Denken, sondern die realistische Poetik überhaupt einen stark rationalistischen Einschlag, der die Poesie einem mehr oder weniger strikten Reglement unterwerfen will. Von hier aus wird es verständlich, daß noch nicht nationalistisch verengte Geister wie Schmidt oder Hermann Hettner sich zwischendurch von der „strengen Disciplin des französischen Denkens" angezogen fühlen, wobei sich hin und wieder das Kuriosum ereignet, daß der Deutsche gegen die neuern Franzosen deren eigene nationale Tradition ins Feld ruft. Hettner hat die klassische französische Tragödie gegen die ewige Shakespeareomanie wieder als vorbildlich eingesetzt.[68] Schmidt greift weiter aus: „Die strenge Disciplin des französischen Denkens, der unbedingte Cultus der Form, hat Europa vor der vollständigen Anarchie bewahrt, aus der die großen germanischen Dichter und Denker es nicht würden befreit haben. Diese große Disciplin des 17. Jahrhunderts, eifriger bemüht, in jedem Einzelnen die allgemeine Vernunft auszubilden, als die individuelle Laune und Stimmung zu ermuthigen, zwang durch ihr stetes Mißtrauen gegen die Freiheit den Dichter und Denker eine Auswahl zu treffen in seinen Ideen und Anschauungen; sie beugte den Übermuth des Genies unter die Regel und gewöhnte es an die Zweckthätigkeit – was unsere Fauste und ihre sentimentalen Verehrer freilich nicht ertragen hätten; sie unterwarf die Bilder der Herrschaft des Gedankens."[69]
In diesem eindrucksvollen Text, den so nur Schmidt schreiben konnte, wird eine Reihe wichtiger Sätze aus dem realistischen Programm formuliert: Abneigung gegen den romantischen Geniekult, neues Betonen sorgfältiger Form, Rationalisierung und Nivellierung des Denkens und Wollens gegenüber „faustischer" Ungebundenheit. Deutlich ist auch, wie sich das neue Programm als Reaktion auf die vermeintliche Anarchie der Revolution versteht, eine Anarchie, die schließlich nach rückwärts in die deutsche Literatur- und Geistesgeschichte verlängert wird.

[66] Vgl. Grenzboten 1852, III, S. 404 ff.
[67] Grenzboten 1851, IV, S. 6 f.
[68] Näheres hierzu s. u. 4. Kap., Abschn. über Hettner.
[69] Grenzboten 1849, IV, S. 418.

Schmidt setzt die Akzente einseitig; er übersieht den Zusammenhang zwischen deutscher und französischer Klassik, zwischen der französischen Tragödie und Goethes Drama (etwa der „Iphigenie"). Dennoch hatte Schmidt aus der Erfahrung mit der Romantik und nicht zuletzt der Vormärz-Poesie einigen berechtigten Grund, gegen den idealistischen und sonstigen Überschwang deutscher Literatur und Geschichte an die Tradition der französischen clarté zu erinnern.

Auf derselben Linie liegt es, wenn man Lessing gegen jenen Vorwurf verteidigt, wie ihn die Romantiker unter die Leute brachten: er sei kein Dichter, weil zu nüchtern und planend. Lessing ist fast der einzige deutsche Autor, den das realistische Programm annähernd vorbehaltlos akzeptiert. Er gilt als ästhetischer praeceptor Germaniae; Schmidt lobt immer wieder den „rationalen Aufbau" seiner Stücke, die starke Kompositionsgabe und nüchterne Logik, die bei ihm überall walte.[70] Otto Ludwig weist für die „Minna von Barnhelm" darauf hin, daß, wer aus so wenigem so viel zu machen weiß, notwendig ein Dichter ist,[71] im übrigen mit „Verstandesgröße und Wahrhaftigkeit" begabt.[72] Gäbe es nicht andere Verdienste, so dürften die Realisten doch dies eine für sich beanspruchen: sie haben der „Lessing-Sage" (Lassalle) nicht in die Hände gearbeitet. Die erste große wissenschaftliche Lessing-Arbeit, Theodor Wilhelm Danzels umfangreiche Monographie, fällt nicht umsonst in die Jahre und den Umkreis der Realisten (1850/54).

Anzumerken bleibt allerdings, daß das realistische Verständnis Lessing dem Publikum wohl nicht anziehender machen konnte. Von der heitern Liebenswürdigkeit der Rokokodame Minna von Barnhelm, vom kritischen Ethos des „Nathan", das die den Menschen zugängliche Wahrheit als eine immer nur relative eingesteht, von der hin und wieder in Lessings Briefen aufscheinenden Problematik seines Lebens – von all dem wird wenig oder nichts sichtbar gemacht. So entsteht ein sehr vernünftiges, etwas starres Lessingbild, zu problemlos und harmonisch.

Hier kommen also die weniger lichten Seiten dieses Rationalismus zum Vorschein, und mit gewissem Recht hat man Julian Schmidt einen zweiten Nicolai genannt. Für das in der Kunst notwendige anarchische Element, das durch die Form wieder aufgehoben wird und gerade als dieser Widerspruch vielleicht unentbehrlich ist – dafür gibt es in der programmatischen Theorie keinen Platz, weil sie das Klassisch-Harmonische zu unmittelbar versteht. Fast alles ist erklärbar, es bleibt kein Rest. Otto

---

[70] Vgl. Grenzboten 1852, III, S. 463. Die Belege ließen sich häufen.
[71] Vgl. Thomas Mann, Rede über Lessing. In: Adel des Geistes, Stockholm 1967, S. 15.
[72] Ludwig, Ges. Werke, a.a.O., VI, S. 309.

Ludwig zieht aus Kellers „Romeo und Julia"-Novelle das dürre Fazit: „nicht allein ist die Katastrophe wahrscheinlich und nothwendig; man wünscht auch nicht, daß die Katastrophe ausbliebe ... Man fühlt sie als Folge von Verschuldung, insofern ist sie tragisch und harmonisch ..."[73] Das rationalisierte Tragische ist typisch für die Verbürgerlichung der realistischen Poetik. Gleichwohl setzt sich hier eine Tradition des deutschen Klassizismus fort, die aus dem Bündnis des Humanismus mit der Reformation in Deutschland stammt. In Opitzens Haltung zur griechischen Tragödie mischt sich ein rational-klassizistisches Moment mit reformatorischem Moralismus.[74] Dieser sublimiert und säkularisiert sich bei Winckelmann, in dessen Kunstideal sich „das höchste Schöne und das tiefste Ethische" (E. Spranger) zu einer Einheit verbinden, die für Goethes „Iphigenie" vorbildlich wurde. Die bürgerliche Epoche lenkt programmatisch zum „Princip des Protestantismus" (Ruge, Schmidt) zurück; die Tragödie wird ähnlich moralistisch-rationalistisch aufgefaßt wie bei Opitz. Man leidet nicht mehr gerne.

Was heißt etwa „tragisch" für Freytag: eine „Verbindung von Schmerz, Schauer und Behagen", ein „Herausheben aus den Stimmungen des Tages".[75] Es ist bezeichnend, daß Freytag immer weniger vom tragischen Konflikt selbst als von seinem Telos, von der „Versöhnung der kämpfenden Gegensätze" spricht und der wiederhergestellten „Harmonie der gestörten Verhältnisse".[76] Von fern streift die Erinnerung an Goethes „Nachlese zu Aristoteles' Poetik" (1827), wo ebenfalls die „aussöhnende Abrundung" vom Drama, ja von jedem poetischen Werk gefordert wird. Das entspricht dem Lebensgefühl des älteren Goethe und seinem von lange her erworbenen Verständnis von „Poesie", wie ja auch noch der Humanist Gervinus meinte, Dichtung müsse am Ende immer zur Ruhe führen. Man muß aber festhalten, daß in der Goetheschen Versöhnung meist auch die Kraft zum Widersprüchlichen liegt. Im übrigen darf unter Freytags schließlicher Harmonie nichts anderes verstanden werden als die wiedererrungene Gültigkeit von Moralität und Konvenienz. Trotz dieser

---

[73] Ludwig, Ges. Werke, a.a.O., VI, S. 49.
[74] Vgl. Richard Alewyn, Vorbarocker Klassizismus und griechische Tragödie. Analyse der Antigone-Übersetzung des Martin Opitz (1926), Darmstadt 1962, vor allem Kap. 1.
[75] Freytag, Die Technik des Dramas, a.a.O., S. 79. – Nur in einem einzigen Aufsatz aus dieser Zeit hat Schmidt, und wiederum nur er allein, zugegeben, daß, bei aller wünschenswerten Rationalität im Verhältnis von Schuld und Schicksal, „zum tragischen Eindruck eine gewisse Irrationalität in dem Verhältniß des Schlusses zur Voraussetzung nothwendig ist". Vgl. Grenzboten 1853: Das Dämonische in der Tragödie, IV, S. 12–23.
[76] Vgl. Grenzboten 1849, III, S. 12.

Kompromißhaftigkeit des Denkens, die dem Drama widerspricht, spielt die Tragödie und ihre Theorie eine äußerst wichtige Rolle um die Jahrhundertmitte. Erst viel später hat Schmidt zugegeben, „daß unsere Zeit nicht für die Tragödie gemacht ist. Wir alle, mehr oder minder, sind ... zum Vermitteln geneigt, das ‚Biegen oder Brechen' liegt ganz außer unserer Atmosphäre".[77]

Wie in der Poetik der Tragödie werden das Moralische, das Sittlich-Gesunde, die Konvenienz überhaupt wichtige Orientierungspunkte der realistischen Theorie; „kräftige, heitere Gesundheit" fordert Otto Ludwig für die neue Literatur.[78] Berthold Auerbach verdankt seine großen Erfolge auch bei der Literaturkritik nicht zuletzt dem Umstand, daß man in seinen Gestalten „ethische Gesundheit" findet,[79] – während andererseits eines der stärksten Hindernisse für die fruchtbare Einwirkung des französischen Realismus gerade dessen vermeintliche Unsittlichkeit war. Ob Balzac oder Mérimée, sie werden schlichtweg mit ihren Figuren identifiziert; letzteren bezichtigt Schmidt, alle Leidenschaften loszubinden und die „Convenienz" mit Füßen zu treten. Vom gemeinten tragischen Widerspruch zwischen Konvenienz und Leidenschaft, welchen Goethe ebensogut wie Mérimée darstellt, weiß Schmidt nichts.[80] Dahinter steht eine allgemeine Materialisierung des Denkens, das sich nun zu allererst an das Positive hält, also auch an die positive Moral. Daher kann Ludwig schreiben: „Die Moralität soll nicht Schaden leiden durch die Humanität, wenn diese nicht selbst zur Inhumanität werden soll"[81] – ein Satz, der bei Goethe wohl ganz undenkbar gewesen wäre. Besonders was die erotische und sexuelle Komponente betrifft, scheint eine gewisse Prüderie geradezu Mode zu sein. Kleist, etwa in der „Penthesilea", zieht sich sinngemäß mehrfach den Vorwurf zu, „sich in die Mysterien des geschlechtlichen Lebens, die der Kunst verschlossen sind", zu verlieren.[82]

[77] Schmidt, Bilder aus dem geistigen Leben..., a.a.O., I, S. 426.
[78] Ludwig, Ges. Werke, a.a.O., VI, S. 59.
[79] Vgl. Ludwig, Ges. Werke, a.a.O., VI, S. 55 und 82.
[80] Vgl. auch das Urteil Schmidts über Eugène Sue: die „vollkommene Werthlosigkeit seiner Werke in ästhetischer, und ihre Verwerflichkeit in sittlicher Beziehung" sei eine „unabweisbare Thatsache" (Grenzboten 1850, II, S. 81). – In den vierziger Jahren hatte Vischer Sue wegen seines zupackenden Realismus noch gelobt.
[81] Ges. Werke, a.a.O., VI, S. 202.
[82] Vgl. Treitschke, Heinrich v. Kleist. In: Preuß. Jbb. 1858, I, S. 612. – Vgl. ferner auch Hettners Kommentar zu Goethes „Stella": weil die Bigamie verherrlichend, ist sie das Krankhafteste, was Goethe geschaffen hat und ein Beweis, „daß das Unsittliche auch immer unkünstlerisch ist". Literaturgeschichte der Goethezeit, a.a.O., S. 119. – Die Belege ließen sich gerade für dieses Thema leicht vermehren.

Das Ziel jeder Dichtung, sagt Otto Ludwig, müsse ethisch gerechtfertigt sein: „Immer die alte Geschichte: das Gute belohnt, das Böse bestraft, aber auf möglichst neuem Wege."[83] Von hier aus fällt ein Licht auf die Vorliebe für das Volksmärchen. Während man das Kunstmärchen sonst weitgehend ablehnt, was nicht nur die Romantik, sondern auch Goethe traf, wird das „tiefe und gesunde ethische Gefühl" des ersteren übermäßig herausgestrichen.[84] Im übrigen ist das Gute immer auch identisch mit dem Schönen, ein Satz, der von Vischer bis zu Hettner gilt. Das Schöne der Romantik war das Inkommensurable, jedenfalls nicht einfach das erscheinende Gute und Wahre. Haben die Romantik und noch Mörike, Heine die Schönheit dämonisiert, so wird sie jetzt domestiziert; sie fällt in eins mit der verteidigten bürgerlichen Ordnung. Dem Klassizismus der realistischen Theorie, der sich am Leitbegriff der harmonischen Schönheit festhält, fehlt durchaus das Gefährliche, Destruktive. Auch hierauf blieb die Reaktion nicht aus: die Fin-de-siècle-Dekadenz will von jener gesunden Normalität nichts mehr wissen, die um 1850 ihrerseits gegen das Überzogen-Abseitige der Romantik angetreten war.

Schmidt, der immer mit offenem Visier kämpft, sagt in Kürze, was nun als Ideal gilt: „die ehrliche, kräftig handelnde Mittelmäßigkeit".[85] Solidität und Tüchtigkeit, recht Erwerben und recht Entsagen sind besonders bei Freytag und Schmidt erstrangige Eigenschaften.[86] Dahinter steckt der zentrale Begriff der Arbeit, der für die bürgerliche Epoche so wichtig wird. Die oft anmaßende Überheblichkeit, mit der man auf die wirtschaftlich stagnierende Restaurationsepoche herabsieht, schreibt sich vor allem her aus dem Bewußtsein der eigenen materiellen Leistungen. „Arbeit", das heißt nur die des Bürgers, nicht des Lohnarbeiters; die neue Literatur soll die bürgerlichen Beschäftigungen abspiegeln, Handel, Handwerk. Beides ist gleichsam noch „Natur" und poetisierbar. So wichtig der Begriff der Arbeit für diesen Realismus ist, geht doch der Blick für das „universale Problem der Arbeit", das nach Löwith bei Hegel und Marx eine dominierende Rolle spielt, verloren.[87] Weder philosophisch noch sozial-ökonomisch geht man an das Problem heran, sondern die Verhältnisse werden verinnerlicht und falsch idealisiert, wie dies durchaus beispielhaft Freytag in „Soll und Haben" zeigt.

Die realistische Programmatik versteht sich in zahllosen Äußerungen ausdrücklich als eine bürgerliche Theorie der Literatur, und so ist sie auch

---

[83] Ges. Werke, a.a.O., VI, S. 194.
[84] Vgl. etwa Freytag, Genzboten 1852, II, S. 83.
[85] Vgl. Grenzboten 1852, II, S. 54.
[86] Vgl. Grenzboten 1855, I, S. 84.
[87] Löwith, Von Hegel zu Nietzsche, a.a.O., S. 307.

tief verknüpft mit der sozialen und politischen Stellung des Bürgertums um die Jahrhundertmitte. Dieses befand sich in Deutschland politisch noch in der Auseinandersetzung mit alten feudalen Strukturen, sozial und ökonomisch stellten sich ihm aber schon die Probleme des aufkommenden Industrialismus. Weil es in den fünfziger Jahren noch in einer unsicheren Stellung ist, gewinnt es gerade aus dieser Unsicherheit einen kämpferischen Impuls, der es sehr aktiv werden läßt, es aber auch zur Beschönigung und Verklärung seiner Leistung und Arbeit, überhaupt seines Lebens führt. Diese Ambivalenz zwischen einem entstehenden Selbstbewußtsein und kompensativer Selbstverklärung ist im Auge zu behalten; sie spiegelt sich in der ästhetischen Theorie sehr detailliert wider und wenn man es so verkürzt sagen darf, liegt hier der soziologische Ausgangspunkt für die Vermengung realistischer und klassizistischer Elemente der damaligen Poetik.

Wirft man einen Blick nach Frankreich und England, so wird die deutsche Situation vollends sichtbar. Die vom Bürgertum getragene englische und französische Literatur etwa der Jahrhundertmitte war über das Stadium einer Selbstverklärung weit hinaus; die realen Verhältnisse waren nicht so beschaffen, daß sie dergleichen hätten hervorrufen müssen. Die bürgerlichen Institutionen und Lebensgewohnheiten werden kritisiert, nicht verklärt; das sozialkritische Moment wird daher ein starkes Agens der modernen Realistik in diesen Literaturen. Man vergleiche etwa, wie Balzac die Rolle des Geldes in der Gesellschaft darstellt, und wie Freytag dies versucht. In „Soll und Haben", jenem Roman also, von dem Fontane meint, er habe die Wende zum Realismus signalisiert,[88] hat der Umgang mit Geld noch etwas von der Intimität eines privaten Haushalts an sich; wer es in Spekulationen wirft und zum selbsttätigen Kapital zu machen versucht, geht unter. Bei Balzac ist das Geld nicht mehr der Stilisierung ins Humane hinein fähig. Das schuf ganz andere Voraussetzungen für die Literatur und zwang sie in die selbstkritische Reflexion, woraus der realistische Roman nicht zuletzt entsteht. Erst später tritt auch in Deutschland, bei Fontane, den Naturalisten, Thomas Mann, als sich die soziale und ökonomische Position des Bürgertums gefestigt hatte, jener dialektische Umschlag ein von der apologetischen und selbstbestätigenden Verklärung zur unbestechlichen und oft melancholischen Selbstkritik. Die historischen Bedingungen waren hierfür in den Jahren nach 1848 nur zum Teil vorhanden. Es gab die Erfahrung einer deutschen Verspätung

---

[88] Vgl. Th. Fontane, Gustav Freytag: Soll und Haben (1855). In: Fontane, Sämtliche Werke (Nymphenburger Ausgabe), Bd. XXI/1, München 1963, S. 214–230. Freytags Roman sei die „erste Blüte des modernen Realismus" (S. 215).

gegenüber den westlichen Nationen und jene einer verspielten Revolution. Dies ließ einen übermäßigen Wunsch nach ganzer Erfüllung entstehen und verstellte die Einübung in selbstkritisches Bewußtsein. An dessen Stelle trat der Glaube an den „vollkommenen Menschen als Bürger", wie Julian Schmidt einmal unübertrefflich formulierte.

Bis in die Bestimmung dessen hinein, was und wie die Sprache der Dichtung zu sein hat, schlägt sich jenes verteidigte und verklärte Bürgerliche nieder. In einer Rezension von Anastasius Grüns „Der Pfaff vom Kahlenberg" schreibt Freytag: „Gegen Gesetz und Brauch unserer Muttersprache treibt er's gerade wie ein rother Republicaner, alle Arten unerhörter Freiheiten verletzen das Ohr, kränken das Auge, betrüben den Sinn für Ordnung. Außerordentliche Inversionen, vor deren Waghalsigkeit der Leser starr wird; unheimliche Auslassung kleiner, aber höchst wünschenswerther Wörter; tyrannisches Zusammendrücken von Wörtern oder Sätzen; ungeniertes Bilden höchst neuer Zusammensetzungen kommt auf jeder Seite neu vor."[89] Der Vergleich ist mehr als zufällig; die Rede vom roten Republikaner impliziert dessen Kontrahenten, die normale bürgerliche Mitte, für die Freytag auch im sprachlichen Ausdruck plädiert. Ganz ähnlich heißt es bei Schmidt zu Freiligraths sozialen und politischen Gedichten: „nicht ungestraft ergeht sich die Muse in sansculottischen Empfindungen, die Roheit der Empfindung geht auch auf die Sprache über."[90] Das neue Formideal der Realisten, in dem Begriffe wie Harmonie und Symmetrie, Regelmäßigkeit und Durchgängigkeit dominieren, hat mit dem hier beschworenen „Sinn für Ordnung" zu tun. Damit ist auch etwas über den Funktionswandel des klassizistischen Formanspruchs ausgesagt. Der Klassizismus Schillers und Goethes, noch der Platens, ist ganz anders zu verstehen als dieser jetzt neu aufkommende. Jener war der auf seine Art gewaltige Versuch einer sublimen Flucht aus der modernen Kultur zurück ad fontes; dieser emanzipierte sich ausdrücklich, wie noch zu zeigen sein wird, von der Antike, ja sogar von der deutschen Klassik. Er ist durchaus auf die Gegenwart berechnet und enthält einen thematischen positiven Bezug zur bürgerlichen Gesellschaft. Beruhigte Sprache, ausgeglichener Stil, harmonische Komposition und dergleichen: in so gestalteten Werken will sich das Bürgertum gespiegelt wissen. Die vollkommene Form kam aus einer eklektisch gesichteten Tradition, aber Stoff und Gehalt sollten die bürgerlich-moderne Welt spiegeln und bestätigen.

---

[89] Grenzboten 1850, III, S. 28.
[90] Grenzboten 1851, III, S. 54.

III.

DIE REALISTISCHE KRITIK DER LITERARISCHEN TRADITION

> Die deutsche Literaturgeschichte schließt in der
> Regel mit Schillers Tod; was später kommt, er-
> scheint ihr zu chaotisch und gewährt zu wenig
> Ausbeute, um die ordnende Hand der historischen
> Kunst daran zu versuchen. Ich bin weit entfernt,
> auf die Schriftsteller dieser Epigonenliteratur ein
> größeres Gewicht zu legen, als Gervinus und An-
> dere; aber es ist doch einmal eine Übergangs-
> periode, die verstanden sein will, um das Vorher-
> gehende und Nachfolgende zu begreifen.
> Julian Schmidt, Grenzboten 1851

Die gegenromantische Bewegung und der Bruch mit der Literatur der Restaurationszeit

Seit dem Erstarken einer bürgerlich-liberalen Opposition, seit etwa 1830, setzt sich der Gedanke einer neu zu schaffenden bürgerlichen Kultur durch, der sich zunächst vor allem negativ äußert, nämlich als Kritik an der „romantischen" Epoche. Die vormärzliche Opposition war zwar in recht verschiedene Lager geteilt: Jungdeutsche, Linkshegelianer, Früh-liberale, Sozialrevolutionäre, Religionskritiker, die Vormärzpoeten, Einzelgänger wie Büchner und der frühe Hebbel; die Varianten sind, auch ästhetisch, vielfältig und verwirrend.[1] Alle, die in diesen Jahren ein neues Deutschland und eng damit verknüpft eine neue Kunst wollen, sind sich jedoch in dem einen einig: in der Verurteilung dessen, was man „Romantik" nannte. Unter diesem negativen Schlagwort verstand man nicht nur eine bestimmte literarische Richtung; es ging vielmehr um einen „Principienkampf". Die Inhalte dieser Prinzipien drücken sich nur undeutlich im Titel der seit 1839 in den „Hallischen Jahrbüchern" erscheinenden

---

[1] Was Marx vornehmlich politisch gemeint hat, darf man ganz allgemein und auch auf die Literatur beziehen: „Nicht nur daß eine allgemeine Anarchie unter den Reformern ausgebrochen ist, so wird jeder sich selbst gestehen müssen, daß er keine exacte Anschauung von dem hat, was werden soll." Deutsch-Französische Jbb. 1844, S. 37.

antiromantischen Manifeste aus: „Der Protestantismus und die Romantik." Unter dem positiven Gegenbegriff eines durchaus enttheologisierten „Protestantismus" verstehen die Linkshegelianer die „absolute Thatenlust des befreiten Geistes", einen „reformatorischen Enthusiasmus", der sich nicht „mit der Hegel'schen Beschaulichkeit" begnügt, „welche in theoretischer Selbstzufriedenheit dem Processe bloß zusieht", sondern der „handelt, fordert, gestaltet; denn der historische Process ist der vernünftige, und diese Vernunft ist geltend zu machen von der Wissenschaft des Vernünftigen in den Dingen, von der Philosophie".[2] Die Romantik dagegen, die nicht nur ein literarisches, sondern ein Phänomen des Lebens ist, läßt es am praktischen Protest fehlen und zieht sich in das „Ästhetische" zurück. Indem sie alles unter den Primat der „Poesie" stellt, lehnt sie das „Wirken des zur Tagesarbeit erwachten Menschen, die das Gemüth wahrhaft und unmittelbar ergreifende Nähe, das Eingehen auf die ... concreten Interessen der Gegenwart" ab und nennt es „Elemente einer profanen Welt".

Den Manifesten der „Hallischen Jahrbücher" waren die deutsche Ausgabe der „Romantischen Schule" Heines (1835) und die ersten Bände von Gervinus Literaturgeschichte (seit 1837) vorausgegangen, Schriften, die der „Romantik" nicht minder hart und aus ähnlichen Motiven den Kampf angesagt hatten. Erst mit den Manifesten der „Hallischen Jahrbücher" kam jedoch der entscheidende Durchbruch, mit dem, wie Schmidt später sagt, das „definitive Urteil über die früher so hoch gefeierte Romantik" gefällt wurde.[3] Schmidt prägt dann auch das Wort vom „Principienkampf", den die Kritik der Romantik darstelle.[4] Die ideologischen Gehalte dieser Prinzipien ändern sich im Übergang zur nachrevolutionären Epoche, aber das Objekt der Kritik bleibt das gleiche. Mit dem einen Unterschied allerdings, daß sich nach 1848 der Begriff des „Romantischen" stark ausweitet und schließlich die gesamte Literatur der Restaurationszeit umfaßt, sogar noch deren oppositionelle Gruppierungen, wie das Junge Deutschland.

Als Schmidt 1847 nach Leipzig kommt, bringt er bereits das Manuskript eines gegenromantischen Buches mit und liest daraus wohl nicht zufällig im Kreis um Ruge vor.[5] So macht er denn auch sein journalistisches Debüt

---

[2] Arnold Ruge und Theodor Echtermeyer, Der Protestantismus und die Romantik. Zur Verständigung über die Zeit und ihre Gegensätze. Ein Manifest. II. Artikel, in: Hall. Jbb. 1840, S. 417 ff.
[3] Vgl. Grenzboten 1847, II, S. 373.
[4] Vgl. Grenzboten 1848, I, S. 348.
[5] Geschichte der Romantik in dem Zeitalter der Reformation und der Revolution. Studien zur Philosophie der Geschichte, 2 Bde, Leipzig 1848.

in den „Grenzboten" desselben Jahres mit scharf antiromantischen Aufsätzen in der Tradition der „Hallischen Jahrbücher";[6] genauer gesagt ist es schon hier der ganze literarische Raum zwischen etwa 1810 und 1847, der unter dem bezeichnenden Begriff einer „Metamorphose der Romantik" härtester Kritik unterzogen wird. Im Revolutionsjahr schließlich beginnt Schmidt die über Jahre hinweg geführte Artikel-Serie „Charaktere der deutschen Restauration", die mit Friedrich Schlegel anfängt und über Arnim und Tieck bis zur Spätromantik Eichendorffs reicht.[7] Nachdem im Februar 1848 in Paris das Fanal zur Revolution gesetzt war und auch in Deutschland, was kommen mußte, nicht mehr zweifelhaft sein konnte, glaubt Schmidt die große Stunde der Abrechnung gekommen. Friedrich Schlegels „Vorlesungen über die neuere Geschichte" (1811) dienen als negative Abbreviatur einer ganzen Epoche:

„Man übersehe nicht, daß dieses Buch nicht als der vereinzelte Einzelfall eines Publicisten, sondern als das erste freche Auftreten eines Systems anzusehen ist, einer politischen Schule, die den Sinn und Verstand des deutschen Staatswesens seit der Restauration untergraben hat; einer Doctrin, die in Österreich durch den Fürsten Metternich zur vollen, entsetzlichen Ausführung kam, die alle Hochherzigkeit und allen Aufschwung aus dem Staatsleben eben so verbannt, wie alle wahrhafte Sittlichkeit, da diese nur in einem freien Volk gedacht werden kann, eine Doctrin, die Österreich um ein Jahrhundert zurückgebracht, die in den übrigen deutschen Staaten, erst als ultramonarchistische, legitimistische Opposition aufgetreten ist, dann allmälig sich in die höhern Kreise des Staatslebens einschlich, und jetzt überall an der Spitze steht: die Doctrin des Berliner politischen Wochenblattes, der Carlsbader und Wiener Conferenzen. In dem Augenblick, wo es im Begriff ist, zusammenzustürzen, wo vor dem Ungewitter der französischen Revolution dieser schwüle Dunstkreis auseinanderstiebt, wollen wir diesem verruchten System noch den letzten Fluch nachschleudern, und es dann dem Richterstuhl der Geschichte übergeben."[8]

Diese bewegenden Sätze, die man Schmidts trockenem Naturell kaum zugetraut hätte, gehören noch ganz in die vormärzliche Stimmung und weisen bereits auf den Linksruck des deutschen Liberalismus in den ersten Monaten des Jahres 1848 voraus. Es ist deshalb eine vor allem politisch-ideologisch motivierte Romantik-Kritik, wie bei den „Hallischen Jahrbüchern". Durch das „System" sieht Schmidt die Literatur, Kunst, Musik,

---

[6] Die Metamorphosen der Romantik. In: Grenzboten 1847, I, S. 460 ff.
[7] Auch die Form der „Charakteristik" übernimmt Schmidt offensichtlich aus den „Hall. Jbb.", wo Ruge dieses journalistische Genre, das seinerseits wieder aus der Romantik stammt, ausdrücklich favorisiert hatte. Vgl. Hall. Jb. 1838, S. 1725. Vgl. ferner Else v. Eck, Die Literaturkritik der Hall. Jahrbücher, a.a.O., S. 9.
[8] Grenzboten 1848, I, S. 497.

das Leben einer ganzen Periode infiziert. Von nun an reißen, bis über
1860 hinaus, im literarischen Deutschland die antiromantischen Bekundungen nicht mehr ab – auch, als der revolutionäre Impuls, wie er hier
bei Schmidt noch sichtbar, längst vergraben ist. Die sonst in sich sehr
unfeste Gruppe der Programmatiker gewinnt durch den gemeinsamen
Kampf gegen „Romantik" und Restaurationsliteratur einen mehr oder
minder bewußt gemachten Zusammenhalt.

1850 veröffentlicht Hermann Hettner seine „Romantische Schule"; Hermann Marggraff, Herausgeber der „Blätter für literarische Unterhaltung",
und Rudolf Gottschall, zeitweilig sein Redakteur, stimmen, wenn auch
weniger prononciert und polemisch als Schmidt, mit ein. Der in jungen
Jahren verstorbene Literarhistoriker Th. W. Danzel setzt 1850 in den
„Blättern für literarische Unterhaltung" als „allgemein anerkannt" voraus, daß die von den Romantikern kanonisierten ästhetischen Begriffe
wie das „Romantische", das „Phantastische", die „Ironie" usw. falsch
sind und durchaus nur mehr der Geschichte angehören.[9] Die „Grenzboten"
setzen auch in den fünfziger Jahren unentwegt die Auseinandersetzung
fort. Noch 1856 fühlt sich Schmidt veranlaßt, sie als eine der programmatischen „Hauptaufgaben" der Zeitschrift zu deklarieren;[10] dabei waren
die „Grenzboten" zu diesem Zeitpunkt längst das etablierte und respektierte Organ des Kampfes gegen die Restaurationsliteratur.[11]

Dessen solidarisierende Kraft bewährt sich immer neu. Rudolf Gottschall
distanziert sich zwar in einigen Punkten von Schmidts Poesiebegriff, der
ihm allzu „realistisch" dünkt – was bei Gottschall heißt, daß Schmidt
„unpoetische" Stoffe zulasse und zu wenig auf idealisierende Überhöhung
dringe –;[12] einig weiß er sich mit Schmidt indessen in der Beurteilung des
sog. „Romantischen". Schmidt seinerseits gedenkt auch nach der Revolution, zu einer Zeit, als er im Zug des breiten Bürgertums bereits zum
vorweggenommenen Nationalliberalismus eingeschwenkt war und von
Demokratie nichts mehr hielt, dankbar der Verdienste, die sich Ruge, der
nachmals wegen seines „Radicalismus" verfemte, und die „Hallischen
Jahrbücher" einst um die Romantikkritik erworben hatten.[13] Unter diesem

---

[9] Danzel, Shakespeare und noch immer kein Ende. In: Danzel, Zur Literatur
und Philosophie der Goethezeit, hg. von H. Mayer, Stuttgart 1962, S. 251.
[10] Vgl. Grenzboten 1856, I, S. 426.
[11] Ein später Nachfahr der realist. Romantikkritik ist R. Hayms „Die romantische Schule" (Ein Beitrag zur Geschichte des dt. Geistes, 4. Aufl. Berlin 1920;
zuerst ersch. 1870). Haym bezieht sich positiv auf Gervinus', Hettners und
Schmidts Vorarbeit (vgl. S. 5 ff.).
[12] Vgl. Gottschall, Die dt. Nationalliteratur, a.a.O., I, S. XXVII.
[13] Vgl. Grenzboten 1851, III, S. 165 ff.

Aspekt vermag Schmidt sogar Heine zu würdigen, den er sonst ob seiner „Frivolität" scharf verurteilt. Dessen „Reisebilder" (1826) seien ein „erstes freies Aufathmen" gewesen; „inmitten der Nachtunholde, mit denen die Leichenphantasie der Restaurationsdichter uns beschenkt hatte", habe man endlich ein übermütiges Lachen vernommen.[14] Freilich war es nach Schmidt nur das Lachen eines Hanswursts. Dieses Lob Heines zeigt, daß Schmidt um des ideologischen und poetologischen Kampfes gegen die Romantik willen sogar seine starken Vorbehalte gegen eine so zweckgebundene Gattung, wie es die jungdeutsche Reiseliteratur ist, beiseite schieben kann.

Man übertreibt kaum mit der Behauptung, daß für einen großen Teil der nachrevolutionären Literaturkritik die Restaurationszeit fast soviel wie ein historisches Trauma bedeutet. Noch 1870 erinnert sich Gustav Freytag in einem Rückblick schaudernd jener „Zeit frostigen Mißbehagens".[15] Aus dieser nahezu vorrationalen Idiosynkrasie ist es wohl auch zu erklären, daß die Epoche vor 1848 im Urteil der nachfolgenden Generation sehr wenig differenziert erscheint. Schmidt stellt kurz fest, daß die „romantische Schule" und das Junge Deutschland nur zwei einander „bekämpfende Phasen" der Romantik sind; in beiden sieht er das nämliche „Princip" subjektivistischer Überheblichkeit und Nichtbeachtung der Wirklichkeit am Werk.[16] Auch die Grenzen zwischen Klassik und Romantik werden nur vage gezogen; Hettners Titel „Die romantische Schule in ihrem innern Zusammenhang mit Goethe und Schiller" ist in diesem Sinn aufschlußreich. Insbesondere die „Grenzboten" bemühen sich, „romantische" Krankheitskeime auch in der Klassik zu diagnostizieren. Eine Eigenständigkeit dessen, was heute als Biedermeierliteratur bekannt ist, wird überhaupt nicht begriffen oder zugegeben. Die vollständige Abwertung dieser Literatur, die, um ein Datum von Jost Hermand zu übernehmen, bis etwa 1900 andauerte, um dann zögernd einem neuen Verständnis Platz zu machen, beginnt in den Jahren nach 1848.

Damit hängt zusammen, daß die Epoche zwischen etwa 1810 und 1848 sehr einseitig gesehen wird. Zum einen stehen Romantiker wie Friedrich Schlegel, Brentano, Achim von Arnim oder Tieck im Vordergrund, zum

[14] Vgl. Grenzboten 1851, IV, S. 242.
[15] Vgl. Grenzboten 1870, II, S. 243 f. – Vgl. jedoch schon die „Hall. Jbb.", in denen Robert Prutz 1839 schreibt: „wer möchte nicht diese funfzehn Jahre vom Ende der Befreiungskriege bis zur Julirevolution – funfzehn (sic!) Jahre ohne Entwicklung, ohne Fortschritt, ohne That – am liebsten ausgestrichen wissen aus den Büchern der Geschichte?" (S. 1786) – Allerdings verstehen die „Hall. Jbb." unter „Fortschritt" mehr als die Einheit der Nation, wie dies für Freytag gilt.
[16] Vgl. Grenzboten 1851, II, S. 122.

andern der „Weltschmerz" und die Jungdeutschen. Die stilleren Erscheinungen, wie Mörike, die Droste oder Stifter kommen kaum und selten in den Blick. In den „Grenzboten" findet sich der erste Hinweis auf Annette Droste im Jahrgang 1859 – mehr als zehn Jahre nach ihrem Tod.[17] Zur biedermeierlichen Novellistik Tiecks gibt es selten Zustimmung, nirgends aber ein angemessenes Verständnis.[18] Die bescheidene Aufmerksamkeit, die man Grillparzer widmet, gilt nur dem klassizistischen Dramatiker, nicht dem Erzähler. Aber selbst in dem Respekt vor Grillparzers dramatischem Talent bleibt ein Rest verlegener Ratlosigkeit diesem, wie man glaubte, etwas zurückgebliebenen Österreicher gegenüber spürbar.

Zusammenfassend darf man sagen, daß die „Hallischen Jahrbücher" und Gervinus' Literaturgeschichte, die von Ruge als nahezu „vollendete Historie" begrüßt wurde[19] und nach einer Bemerkung der „Grenzboten" bald zum Standardwerk avancierte,[20] auf Jahrzehnte hinaus das Urteil über die Literatur der Restaurationszeit bestimmen. Gervinus' „Deutsche Nationalliteratur" machte Schule; dicht gedrängt folgen weitere Literaturgeschichten, wie das literarische Leben der fünfziger Jahre überhaupt in einem eminenten Maße von Literaturgeschichte bestimmt ist.[21] Die bedeutenderen Zeitschriften, von Rötschers „Jahrbüchern" über das „Deutsche Museum" von Prutz bis zu F. G. Kühnes „Europa", selbstverständlich eingeschlossen die „Grenzboten" und die „Blätter für literarische Unterhaltung": alle bringen in kurzen Abständen literaturgeschichtliche Beiträge oft bedeutenden Umfangs. Dabei geht es fast nie um den Versuch einer nach Angemessenheit strebenden Interpretation, vielmehr um die Herausarbeitung der eigenen Poetik in Abgrenzung von der Vergangenheit. Wenn man also auch einen gewissen Abschluß fühlt und die Zeit

---

[17] IV, S. 441–455. – Schmidt ist dabei noch einer der ersten, der auf die Bedeutung der Droste hinweist (vom westfälischen Freundeskreis abgesehen).

[18] Vgl. etwa die wichtige Rezension Schmidts zu den ersten vier Bänden von Tiecks „Gesammelten Novellen", Grenzboten 1852, II, S. 417 ff. Die Ausgabe gibt Schmidt auch weiterhin Anlaß zu einer Gesamtbeurteilung Tiecks. Bemerkenswert scheint, daß der ältere (biedermeierliche) Tieck immerhin noch günstiger beurteilt wird als der „romantische". Tieck hatte zuerst die Gattung des Märchens und des Märchendramas bevorzugt, was Schmidt nicht gefallen konnte. Mit Tiecks Wendung zur Novelle kam dann auch stärker die „bürgerliche" Welt im Sinne Schmidts zur Geltung.

[19] Vgl. Hallische Jbb. 1838, S. 1329 ff. und S. 1725.

[20] Vgl. Grenzboten 1852, IV, S. 354.

[21] Neben den schon erwähnten Literaturgeschichten Prutz', Gottschalls, Hettners sei auf die Literaturgeschichten Julian Schmidts, C. F. Vilmars, Wilhelm Wackernagels, Joseph Hillebrands, Carl Leo Cholevius' hingewiesen. Was die Beurteilung der deutschen Literatur seit Schillers Tod betrifft, basieren sie alle auf Gervinus.

für das Resümee gekommen, zeigt sich die Mächtigkeit der vergangenen Epoche gerade darin, daß man vorwiegend auf sie reagiert. Trotz der deutlichen Kontinuität zwischen vor- und nachmärzlicher Romantikkritik wandelt sich auch diese mit der allgemeinen Veränderung des Klimas. Dies geht soweit, daß man in manchen Punkten mit der geschmähten Restaurationszeit wiederum durchaus konform geht. So schreibt Schmidt 1852, die Hegelsche Philosophie, insofern sie die Identität von Wahrheit und Wirklichkeit behauptet, sei die bis heute für „richtig" erkannte;[22] dem Prinzip nach sei man durchaus auf den rechten Weg gekommen. Die linke Hegel-Schule hatte gerade diese Rechtfertigung des Status quo zum Anlaß ihrer Kritik genommen. Wenn Gustav Freytag in einer Grillparzer-Kritik das Wort Heines von der „Kunstperiode" wiederaufnimmt, so ist von dem politischen Klang, den es bei Heine hatte, wenig verblieben; Freytag meint vielmehr, in jener Periode seien Dinge dargestellt worden, die „die Herzen der Menschen" eigentlich gar nicht interessierten.[23] Allgemein ist nach 1848/49 eine Entpolitisierung der Romantikkritik festzustellen. Zu einer Episode in Arnims „Gräfin Dolores", wo es um die Psychologie eines Revolutionärs geht, mit dem Resümee: „nur der Ruchlose fängt eine neue Welt in sich", schreibt Schmidt: „Wir haben diese Stelle angeführt, um auf die tiefe, überraschend wahre Auffassung der Revolution aufmerksam zu machen."[24] Man erinnert sich der oben zitierten Sätze Schmidts beim Ausbruch der Revolution; der Vergleich zeigt streiflichtartig den inzwischen eingetretenen Wandel: eine gewisse Rückkehr zum politischen Gedankengut der Romantik ist festzustellen.[25] Ruge kritisierte noch den romantischen Volksbegriff, der ins Naturhaft-Unzivilisierte hineinreiche, und stellt ihm den demokratischen Volksgedanken entgegen, basierend auf den Begriffen der politischen Freiheit und der westlichen Zivilisation.[26] Dagegen versuchen die pseudosozialwissenschaftlichen Arbeiten Riehls um 1850 eine Reaktivierung romantischer Volksideen; und insbesondere Freytag dürften ähnliche Gedanken nahegelegen haben.

---

[22] Vgl. Grenzboten 1852, III, S. 242.
[23] Vgl. Grenzboten 1852, II, S. 335 ff.
[24] Grenzboten 1852, III, S. 300.
[25] Die Befreiungskriege, die Ruge in mancher Hinsicht scharf kritisiert hatte (d. h. ihre Ideologie), werden in den fünfziger Jahren durchaus verklärt gesehen; so steht etwa Ernst Moritz Arndt außerhalb der Romantikkritik der „Grenzboten". Wenn man, wie Schmidt, einen politischen und nationalen „Idealismus" der Romantik kritisiert, so nur in der Hinsicht, daß der machtpolitische Pragmatismus fehlte.
[26] Vgl. Ruge, Sämtl. Werke, a.a.O., II, S. 99.

Vornehmlich drei Aspekte sind es, worauf sich die Romantikkritik der fünfziger Jahre konzentriert; man darf sie mit Schmidt so formulieren: „Die Kunst der Restauration war einmal inhaltlos"; die „Kunst der Restauration war ferner principlos"; schließlich: „sie war formlos".[27] Der erste Satz mahnt an die Realismus-Forderung der Zeit, der zweite ist moralistisch gemeint, der dritte bringt die Maxime realistischer Durchgängigkeit und Stetigkeit im Stil, vor allem aber auch klassizistische Formansprüche der damaligen Literaturprogramme ins Spiel.

Das moralistische, betont „bürgerliche" Moment nimmt, neben den formalen Einwänden, in den Äußerungen der Zeit den größten Raum ein. Gelegentlich der „Gesammelten Novellen" Tiecks, die den „Grenzboten" zu mehreren Rezensionen, d. h. aber immer Grundsatzerklärungen Anlaß geben, verurteilt Schmidt scharf die Trennung von Kunst und Leben, die Artistik, wie sie für Tieck charakteristisch sei;[28] stets wird die „moralische Bedeutung der Poesie" gegen ihn ausgespielt. Noch mehr als Tieck ist für Schmidt der Dramatiker Grabbe Prototyp jener Artistik, des Prinzips der exzeptionellen Stellung des Dichters, die sich aus der Trennung von Dichtung und Leben ergibt. Schmidt denkt hier nicht nur an den Abbau der bekannten romantischen Privilegisierung von Dichter und Dichtung; dieses aufklärerische Moment, wonach gerade die Literatur nicht aus der Verantwortung für das Leben der Gesellschaft entlassen werden kann, spielt glaubhaft mit, erschöpft aber nicht den Sinn der Kritik. Wie viele andere Äußerungen Schmidts beweisen, geht es ihm um die Funktionalisierung der Dichtung in einem durch und durch affirmativen Sinn.[29] Die in den fünfziger Jahren allenthalben wiederholte Maxime der formalen Integration des Kunstwerks hat ihre Entsprechung in dessen thematischer, stofflicher und weltanschaulicher Integration oder Funktionalisierung zugunsten eines, man darf fast sagen, bürgerlichen Kollektivs. Das nicht nur romantische Problem einer Dialektik von Kunst und Leben konnte hier in der Tat kein Verständnis finden. Auch Her-

[27] Vgl. Grenzboten 1850, I, S. 8 f.
[28] Vgl. Grenzboten 1854, IV, S. 107 f. – Bes. wichtig ist auch Schmidts Tieck-Aufsatz Grenzboten 1855, III, S. 321–343.
[29] Die realistische Heine-Kritik bezieht sich höchst selten auf den politischen Heine, sondern vielmehr auf sein Künstlertum, das sich gegen eine bürgerliche Eingliederung wehrt. Ähnlich, nur in anderen inhaltlichen Zusammenhängen, werfen die „Hall. Jbb." Heine übertriebene „Kunstsympathien" vor, die ihn von der Politik abzögen und seine volle Solidarität mit der freiheitlichen Bewegung verhinderten (vgl. Jg. 1840, S. 1813 f.). Der Streit um Heine begann schon zu dessen Lebzeiten und wie man ihn auch interpretierte, von links- oder rechtsliberaler Seite aus, war der *Künstler* Heine als unberechenbare Größe der Stein des Anstoßes.

mann Hettner geht von der Integration des Künstlers in die Gesellschaft aus, jedoch in einer ganz anderen Perspektive. Vorerst besteht nach Hettner noch der Zwiespalt von Kunst und Leben; er ist vom Künstler nur antizipatorisch zu lösen und wird realiter, dies ist Hettners Glaube zur Zeit seiner „Romantischen Schule", gelöst werden durch die Demokratisierung des Lebens. Dies ist dann die „poetische Zeit", in welcher der Widerspruch aufgehoben wird, weil die Demokratie die poetischen Inhalte und Formen voll einlöst und bestätigt.[30]

Schmidt und Freytag galt dergleichen als neue Version eines romantischen „falschen" Idealismus. Sie plädieren für den „Ernst des Lebens" in der Gegenwart, und eben daran habe es den Romantikern gefehlt: an der „Energie des Gewissens", an der Fähigkeit, „große Principien" energisch zu verfolgen. Willkürlich habe man sich den „Überreizungen des Nervensystems" hingegeben und sei dadurch immer tiefer in eine Isolation von Welt und Leben geraten.[31] Das romantische Symbol vom „Garten der Poesie" gilt Schmidt als der Inbegriff romantischer Verkehrtheiten.[32]

Von hier aus ist es klar, daß insbesondere die romantische „Ironie" Anstoß erregen mußte, womit bereits der Vorwurf der „Inhaltlosigkeit" berührt wird. Schmidt schreibt dazu: „Es war eine der Marotten unserer romantischen Schule, (das) Bedürfnis nach Thatsächlichem als ein ungebildetes Gelüst zu brandmarken, das nur der Populace eigen sei; die Realität war bei ihnen nur ein Spielball der souveränen Ironie, ein Traumwesen, in dem sich die Willkür der Genialität nach dem Wechsel ihrer Stimmungen frei und ohne Schranken bewegte."[33] „Realismus" ist

---

[30] Vgl. Hettner, Schriften zur Literatur, hg. von Jahn, a.a.O., S. 63 und 75.

[31] Vgl. Grenzboten 1855, III, S. 323 ff.

[32] Man vgl. zum romantischen Problem des Widerspruchs von Kunst und Leben die kritische Würdigung durch Karl Rosenkranz in dessen Tieck-Aufsatz in den „Hall. Jbb.", der eine der ersten großen Analysen des Dichters ist und Tieck mit nur geringen Vorbehalten bewundernd gegenübersteht: „Dieser Zug der Entfremdung der Poesie von der Prosa ist schon im Lovell sichtbar genug; seine größte Stärke erreicht er aber in den Märchen, die den Inhalt vom ersten Theile des Phantasus ausmachen... Die Offenbarung der Poesie, ihr ekstatischer Zustand, ist eine Wunde, an der sich die irdische Wirklichkeit verblutet, wenn sie sich ihr nicht verhöhnend entgegenstellt." (Hall. Jbb. 1838, S. 1293) Das dringendste Anliegen der realistischen Theorie ist es, einen solchen „Schmerz des Widerspruchs" von Kunst und Wirklichkeit zu leugnen. Die immerhin noch liberale Haltung der „Hall. Jbb." gegen die, wie Ruge sagte, poetischen Verdienste der Romantiker (vgl. Jg. 1840, S. 1696) kommt neben anderem eben auch darin zum Ausdruck, daß Rosenkranz' Aufsatz in dieser Zs. erscheinen kann. Vgl. hierzu auch E. v. Eck, a.a.O., S. 10.

[33] Vgl. Grenzboten 1847, IV, S. 204.

das von Subjektivität ferne, getreue Eingehen auf die Wirklichkeit und „Ironie", als Spiel mit dem Wirklichen, das gerade Gegenteil. Die Kritik an der Ironie hat eine lange, in die Klassik zurückweisende Tradition; Hegel nimmt sie auf, aber auch die Junghegelianer.[34] Rücksichtsloser als je vorher ist jedoch die realistische Kritik der Ironie; sie sah in dieser nur das unproduktive Spiel und eine geheime oder ausgesprochene Verunsicherung der eigenen Leitbegriffe „Arbeit" und „Leistung".

Daraus und aus jenem Rationalismus, wie er sich in den Jahren nach dem Überschwang des Vormärz entwickelt, resultiert die besondere, aggressive Härte der bürgerlich-realistischen Romantikkritik überhaupt. Der „gesunde Menschenverstand" wird zum Hauptargument gegen Klassik, Romantik, Restauration und Vormärz, schließlich gegen die Revolution selbst. Schmidt deklariert offen den „Rationalismus" zum neuen antiromantischen Prinzip;[35] gesunde Nüchternheit und Pedanterie mischen sich in ihm. Die Zerstörung des romantischen Geniekults, ein wichtiges Anliegen der Zeit, der Glaube, daß nichts aus dem Kontinuum der Natur falle, gehört wohl in die erste Kategorie. Es geht gegen das romantische Genie, allgemein aber um eine bescheidenere Einstellung den menschlichen Kräften gegenüber: „Ein eigentlicher Schöpfer kann der Mensch nicht werden, auch der Genius nicht, denn eine Schöpfung im strengeren Sinne wäre ein Act des Wunders."[36] Die wichtigste Voraussetzung jedes Realismus, die Erkenntnis und Anerkennung des mimetischen Charakters aller Produktion, ist in diesem nüchtern-wahren Wort Julian Schmidts mit enthalten.

Andererseits konnte eine solche Ansicht der Dinge leicht zur Vergötterung der Mediokrität führen und man entging der Gefahr keineswegs. Der liberale Journalismus des nachrevolutionären Jahrzehnts versuchte es überall, in Politik, Gesellschaft, Kunst mit der mittleren Linie. Genauso, wie man für die künstlerische Form das „Maaß" und die harmonische „Composition" vorschrieb, so sollte es auch in der Psychologie der poetischen Charaktere, so sollte es vor allem beim Künstler selbst sein. Eben dieses Mittlere galt für „realistisch". Die romantische „Excentricität", ein beliebtes Schlagwort bei Freytag, Schmidt und Hettner, war nun in

---

[34] Vgl. hierzu die Romantischen Manifeste in den „Hall. Jbb." von 1839 und 1840. – Die „Hall. Jbb." konstatieren „Ironie" nicht nur bei den Romantikern, sondern in fast gleichem Maße bei den Jungdeutschen, die nach Prutz die „unselige Erbschaft der begeisterungslosen Ironie" angetreten haben und eben deshalb nicht das „junge", sondern wiederum nur das „alte" Deutschland darstellen. Hall. Jbb. 1840, S. 1787 ff. Vgl. auch E. v. Eck, a.a.O., S. 69.
[35] Vgl. Grenzboten 1852, III, S. 405.
[36] Grenzboten 1853, II, S. 299.

jedem Sinn verpönt. Weil die Romantik exzentrisch ist, gilt sie auch für krankhaft, abnorm, und gerade in diesem Punkt versteigt sich die programmatische Romantikkritik in ein oft unerträgliches Biedertun, in eine Gesundmeierei, die etwa dahin führte, eines der liebenswürdigsten Werke E. T. A. Hoffmanns, den „Goldenen Topf", als die „Phantasie eines Fieberkranken" hinzustellen.[37]

Nach der Definition Freytags besteht die „Wahrheit realistischer Darstellung" in dem „vernünftigen Zusammenhang" erzählter Dinge und Handlungen, welche erst auf diese Weise legitimer Inhalt eines Kunstwerks werden. Dieser Zusammenhang dürfe nicht zerbrochen werden durch „Einführung phantastischer Schnörkel" oder das „Eintragen eines spukhaften Schauers".[38] Schon die vorrevolutionäre Romantikkritik hatte einen so verstandenen realistischen Einschlag. Heine etwa schätzt die gutgekonnte Geisterwelt Arnims und Hoffmanns; Novalis gegenüber scheint ihm indes die Mahnung angebracht: „Wie ... der Riese Antäus unbezwingbar stark blieb, wenn er mit dem Fuße die Mutter Erde berührte, und seine Kraft verlor, sobald ihn Herakles in die Höhe hob: so ist auch der Dichter stark und gewaltig, solange er den Boden der Wirklichkeit nicht verläßt, und er wird ohnmächtig, sobald er schwärmerisch in der blauen Luft herumschwebt."[39]

Deutlicher als bei Heine, bei dem realistische Züge gleichsam nur in der Anmerkung stehen, ist bei Fr. Th. Vischer der realistische Impuls spürbar, und zwar einerseits im Sinne einer größeren Sachhaltigkeit der Dichtung, andererseits im Sinne jenes ästhetischen Immanentismus, wie er im Zusammenhang mit der linken Hegelschule entsteht und seinen vollkommenen Ausdruck in Theodor Mundts „Ästhetik" (1845) erhält. „Ich dürste nach Objekten! Nur Sachen, Sachen!" Solche und ähnliche Ausrufe finden sich im Briefwechsel des jungen Vischer nicht selten;[40] sie berühren sich mit jenem „Bedürfnis nach Thatsächlichem" bei Schmidt. Dieser Realismus versteht sich zunächst sehr schlicht als neue Nähe zum gegebenen empirischen Objekt. Schon des jungen Vischer zentrales Anliegen ist

---

[37] Vgl. Grenzboten 1852, I, S. 448. – Wenn Hettners Romantikkritik auch in vielem jener der „Grenzboten" nahesteht, unterscheidet sie sich doch durch eine gleichsam größere ästhetische Liberalität. Dies zeigt sich bes. in der Beurteilung des romantischen Märchens, speziell des dramatisierten Märchens bei Tieck. So wendet er sich gegen die „modernen Nicolaiten" und ihre „Mode", über diese Gattungen „vornehm abzusprechen" (Literaturgeschichte der Goethezeit, a.a.O., S. 603 f.), was auf die „Grenzboten" und natürlich Schmidt gemünzt ist.
[38] Freytag, Gesammelte Werke in 22 Bdn, a.a.O., XVI, S. 201.
[39] Heine, Werke in fünfzehn Teilen, hg. von H. Friedemann u. a., Berlin-Leipzig-Wien-Stuttgart o. J., 9. Teil, S. 101.
[40] Zit. bei Fritz Schlawe, Friedrich Theodor Vischer, Stuttgart 1959, S. 116.

jedoch die Einheit des Erzählten und daher die Ablehnung des romantischen, insbesondere Tieckschen Begriffs des „Wunderbaren". Durch diesen
werde der „Komplex der Naturgesetze" aufgehoben; kurz, die Romantiker faßten das Schöne „phantastisch". Dem Phantastisch-Schönen wird
das Realistisch-Schöne gegenübergestellt:
„Brauchen wir, um eine Offenbarung Gottes in der Welt anzuerkennen,
kein außerordentliches Eingreifen mehr in die Gesetze des Weltlaufs, so
brauchen wir auch im ästhetischen Ideal kein Wunder mehr. Der Maler,
der eine weltgeschichtliche Idee in einem historischen Gemälde darstellt,
hat auch den Sohn Gottes gemalt, er braucht keinen Heiligenschein mehr.
Ebenso der Dichter: er rückt die Welt in das Licht der Idee, er braucht
dazu nicht ihre festen Gesetze aufgelöst darzustellen."[41]
Daß der entstehende Realismus durch die religionskritische Bewegung
mitbedingt wurde, zeigt hier Vischer sehr klar.
Vischer hat in der späteren „Ästhetik" (1846/57) an der Kritik des
Romantisch-Wunderbaren festgehalten; es kommt aber ein neuer Aspekt
hinzu oder kristallisiert sich stärker als vordem heraus: Vischer beschreibt
die „romantische Schule" als ein Beispiel für den schlechten poetischen
Formalismus. Bei den Romantikern werde das „Vehikel, der Rhythmus,
die Sprachform" zum Zwecke der Dichtung.[42] Diese Bemerkung signalisiert einen wichtigen Umstand: der entstehende Realismus betont einerseits die Sachhaltigkeit und das stoffliche Moment, andererseits das Problem der technischen Anordnung und Organisation des Stoffs – beides
nach wie vor unter dem Lichte der „Idee" oder des „Ideals". Dagegen
tritt die Sprache als Konstituens der Dichtung zurück: sie wird nur mehr
im Rahmen allgemeiner Stilbegriffe, die nun als Ideal gelten, gesehen.
Nach sprachschöpferischer Leistung oder stilistischer Eigenart wird in
kaum einer Rezension oder Poetik gefragt, geschweige denn nach den
Gründen, die Autoren wie Hölderlin, den alten Goethe, Büchner oder
auch Hebbel dazu vermochten, aus den Zwängen einer bereits konventio-
nalisierten Sprache auszubrechen. Das irritierende Phänomen des sprachlichen Abnützungsprozesses wird stets verdrängt; von einer nach norma-

---

[41] Vischer, Briefwechsel mit Eduard Mörike, hg. von Robert Vischer, München
1926, Brief vom 1.4.1838. – Hier auch folgender Aphorismus, der präzise
Vischers poetisches Ideal umschreibt: „das Wirkliche in seiner festen Ordnung,
in klarem, gesetzmäßigem Verlaufe, scharfen, plastischen Umrissen schildern,
diese Wirklichkeit aber dennoch zugleich im Feuer der Phantasie zum Träger
höherer Ideen zu läutern, dies ist ihr Höchstes, dies ist das wahre Ideal" der
Poesie.
[42] Vischer, Ästhetik oder Wissenschaft des Schönen, hg. von Robert Vischer,
6 Bde, München 1922/23, VI, § 846.

tiver Verbindlichkeit strebenden Poetik durfte es nicht wahrgenommen werden.

Der Gedanke der Immanenz, der nicht nur die „Autonomie der Welt" behauptet, sondern in ihr auch jene „Ordnung" wiederfinden will, die man früher ins Metaphysische verlegte,[43] bleibt auch für den nachrevolutionären Realismus grundlegend. Er ist die Voraussetzung für die Kritik am „Weltschmerz" der Restaurationsliteratur, als dessen wichtigsten Repräsentanten man den Lyriker Nikolaus Lenau ansieht. Über Lenau wurde in den vierziger und anfangs der fünfziger Jahre viel in Zeitschriften geschrieben;[44] noch Julian Schmidt räumt ihm in einem Nachruf, „was die Intensität des Empfindens betrifft", die höchste Stelle innerhalb der Lyrik seit Goethe und Schiller ein.[45] Gleichwohl war gerade Lenau mit zunehmender Entwicklung des realistischen Programms in dessen Schußlinie geraten; sein trübes Ende schien wie eine Bestätigung der Kritik an der Restaurationsliteratur, welche durch ein Übermaß an Reflektiertheit jeden Halt verloren habe. Subjektivistische Reflexion gilt als unmittelbarer Gegensatz jenes Immanenzglaubens und mithin als Gegensatz zum geforderten Realismus.[46]

Zu bemerken ist allerdings, daß Julian Schmidt, der hin und wieder ein vorzüglicher, wenngleich oft allzu mechanistischer Interpret des Zusammenhangs von Literatur und Geschichte ist, bereits zu einer tieferen

---

[43] Vgl. Grenzboten 1850, III, S. 383 f.

[44] Sehr positiv über Lenau äußert sich etwa der Aufsatz „Die Zukunft der deutschen Lyrik", Grenzboten 1844, II, S. 580; er steht nicht allein. Die vormärzlichen „Grenzboten" kritisieren zwar die engere Romantik, stehen aber dem Biedermeier und der Weltschmerzliteratur überwiegend positiv gegenüber. Vgl. den Artikel „Zur Charakteristik der deutschen Jahrbücher": „Wenn wir mit Vergnügen der Ironie folgen, welche der Hegelianischen Kritik so gut steht..., so erscheinen uns doch mehrere ganz unbefähigte Anfälle auf Tieck, Uhland und Rückert, um nur die größten Namen zu nennen, umso nachtheiliger für das Ansehen jener heroischen Blätter..." (Grenzboten 1842, I, S. 173) Auch Stifter und Heine gegenüber gibt es fast nur wohlwollende Stimmen (vgl. Grenzboten 1844, IV, S. 173 ff. und 499 ff.). Es herrscht eine aufgeschlossene Vielfalt von Meinungen, noch keine dogmatische Verhärtung. 1846 (III, S. 17 ff.) bringen die „Grenzboten" als Übernahme aus der „Revue des deux mondes" einen Aufsatz des Deutschlandkenners Taillandier, der dafür plädiert, „die Traditionen der Vorfahren treu zu bewahren und dennoch mit Ruhe und Festigkeit die neuen Ziele zu verfolgen". Aufs Ganze gesehen ist damit die Linie der vormärzlichen „Grenzboten" gut beschrieben.

[45] Vgl. Grenzboten 1850, III, S. 383 f.

[46] Freytag tadelt an Lenau, er sei bei „rhetorischen Ergüssen" stehen geblieben und nicht bis „zum Epos durchgedrungen" (Grenzboten 1849, III, S. 182); seine „Albigenser" etwa seien kein Epos, sondern aneinandergereihte Reflexionen und Bilder, verbunden durch einen nur „dünnen Faden".

Interpretation des Weltschmerzes kommt. In seinem Shelley-Aufsatz von 1852 definiert er ihn als „Flucht" aus dem „verhaßten Anblick" der „herrschenden Gesellschaft", wodurch der kritizistischen Bewegung und dem Weltschmerz sehr einleuchtend ein gemeinsames Motiv untergelegt wird.

Im übrigen aber wird der Vorwurf der „Reflexion", die gegen Einheit und „Objektivität" verstoße, nachgerade zum negativen Schibboleth der Realisten.[47] Zuviel des Reflektierten findet Freytag z. B. in den Versen Grillparzers aus „König Ottokars Glück und Ende":

> „Ich selber bin mir Gegenstand geworden,
> Ein Andrer denkt in mir, ein Andrer handelt."[48]

Nur „krankhafte" Reflexionswirtschaft vermutete man hinter dergleichen, nicht auch die Bemühung um tiefere Bereiche der Psychologie. Auf diese Weise ging das Verständnis für eine wichtige Seite der Biedermeierliteratur verloren: die Dimension des Irrationalen in Natur und menschlicher Existenz, die Darstellung des psychologisch Problematischen. Ein gewisser Verlust an Spannung, eine Zunahme „gesunder" Trivialität stellt sich ein. Der Furore, den die „naive" Problemlosigkeit der Auerbachschen Dörfler entfachte, ist aus diesem Verlust zu erklären, der sich selbst als Gewinn verstand, als „gesunder Realismus", wie man gerne sagte. Komplizierte Lyriker wie Eichendorff und Mörike werden nun, sofern man sie nicht überhaupt ablehnt, gern verharmlost; Eichendorff etwa qualifiziert sich als eine „Probe norddeutscher Gemüthlichkeit".[49] Die Droste, sowieso an den Rand des Vergessens gedrängt, verdirbt sich nach Schmidt ihre schönsten Gedichte und Bilder durch erschreckende Ungesundheit des Empfindens.[50] Jeremias Gotthelf dagegen wird im allgemeinen nicht der Restaurationszeit zugezählt; man rückt ihn, als den anderen großen Dorfgeschichtenschreiber, nahe an Auerbach, und er gilt als Realist. Seit

---

[47] Schmidt dehnt mehrmals den Begriff des „Romantischen" als des durch und durch Unobjektiven auch auf die zeitgenössische Literatur aus. Aus der Konfrontation mit ihr, etwa mit Hebbel, entstehen für Schmidt nicht Zweifel am eigenen Programm, sondern Zweifel an der Reife der Zeit für es. „Zuchtlosigkeit in der Bildung und Empfindung", nach Schmidt die Erbsünden der romantischen Schule, sind noch nicht überwunden; daraus resultiere die momentane Unmöglichkeit, „ein großes, geschlossenes Kunstwerk zu schaffen" (Grenzboten 1851, I, S. 404 und 1852, II, S. 263). Schmidt möchte, daß die Gegenwartsliteratur sich ihres Auftrags bewußt wird, mit der Klassik in einen Wettstreit zu treten, gerade was die Forderung der „Objektivität", die stilistisch als „Einheit" zutagetritt, betrifft.

[48] Grenzboten 1852, II, S. 335.

[49] Vgl. Grenzboten 1852, III, S. 161.

[50] Annette von Droste. In: Grenzboten 1859, S. 441–455.

Mitte der fünfziger Jahre verfällt Gotthelf allerdings dem Verdikt der Formlosigkeit, getadelt wird auch seine Düsterkeit.

Besonders allergisch reagieren die realistischen Theoretiker auf die „Unfähigkeit der Romantik, einem historischen Stoffe gerecht zu werden".[51] Das wissenschaftlich-historische Interesse der Zeit sah sich in der Geschichtspoesie der Romantiker verraten, weil sie die Zeugnisse der Geschichte eher zu symbolisieren als wissenschaftskonform darzustellen strebt. Hettner meint, daß Moritz Schwind, der sonst von ihm sehr geschätzt wird, vor der historischen Darstellung leider versagen mußte, welche doch das „Höchste der großen Kunst" sei.[52] Lange vor diesen und ähnlichen Äußerungen vermissen bereits Vischer und sein Briefpartner D. Fr. Strauß bei Mörike den Bezug zum Historischen; Mörike sei zu romantisch und müsse mehr Geschichte studieren, um nicht im Privaten und der Idylle zu versinken.[53]

Die detailrealistischen Züge in der Dichtung der Restaurationszeit werden im allgemeinen nicht sehr positiv eingeschätzt, wenn man sie überhaupt beachtet. Schmidt hebt in mehreren Aufsätzen über Achim von Arnim hervor, daß man seit etwa 1806, als das nationale Interesse wuchs, ein gewisses „Streben nach Realismus" beobachten könne.[54] In Arnims „Die Kronenwächter" sieht Schmidt in einzelnen Szenen eine „große Fülle wahrhaft geschichtlichen Lebens" vergegenwärtigt: gleichsam vorahnend spreche sich hier „die höhere Auffassung der Geschichte aus, die unsrer Zeit als Ideal vorschweben muß, nämlich die Aufgabe, ein concretes Leben wieder herzustellen, nicht blos ein Referat über einzelne Seiten der Politik mit hinzugefügten Rezensionen".[55] Aber Schmidt moniert, daß es Arnim mit seinem Realismus nicht Ernst sei; er und überhaupt seine Zeit wendeten das neue Prinzip vorwiegend auf „phantastische Gegenstände" an.[56] Der gelegentlich naturalistische Realismus der Randfiguren um ein „wunderbares" Zentrum, wie ihn Arnim, Tieck und Hoffmann zeigen, konnte dem nunmehr herrschenden Realismusbegriff, dem es auf den ungebrochenen Zusammenhang des Erzählten

---

[51] Gottschall in den „Blättern für literarische Unterhaltung" 1856, S. 821.
[52] Hettner, Kleine Schriften, hg. von Anna Hettner, Braunschweig 1884, S. 71 f.
[53] Vischer, Briefwechsel mit D. Fr. Strauß, hg. von Adolf Rapp, 2 Bde, Stuttgart 1952/53, vgl. Brief von Strauß vom 15. 3. 1838 und den Brief Vischers vom 11. 3. 1838. – An Ruge schreibt Vischer über Mörike: „Er geht in der nebulosesten Romantik unter, wir haben für ihn gethan, was wir konnten, aber er steckt doch zu fest." Eleven unpublished letters by Fr. Th. Vischer. In: Philological Quarterly, Vol. III, Iowa 1924, S. 43.
[54] Vgl. Grenzboten 1853, IV, S. 172 f.
[55] Grenzboten 1852, III, S. 251.
[56] Vgl. Grenzboten 1853, IV, S. 172 f.

ankam, nicht mehr genügen. Den Gipfel unrealistischer „Inhaltlosigkeit"
sah man jedoch in dem, was man die „Literatur der Literatur" nannte.
Hier stand vor allem Tieck mit dem „Gestiefelten Kater" oder der
„Verkehrten Welt" im Mittelpunkt der Kritik.

Am besten kommt noch Kleist weg; er bilde durch die „eigensinnige und
zuweilen barocke Härte seiner Zeichnung, durch das Verhaltene und
Gekniffene seiner Sprache, durch die Energie seiner Charakteristik und
durch das leidenschaftliche Streben nach Wahrheit einen sehr entschiede-
nen Gegensatz gegen die herrschende Romantik, die es nie zur Gestaltung,
nie zur eigentlich starken Empfindung, sondern nur zur Phrase oder
höchstens zur Stimmung bringt, aber er hat ihr doch seinen Tribut
zahlen müssen."[57]

Realistische Züge anerkennt man schließlich und vor allem in Karl Immermanns „Münchhausen". Es gibt wohl kaum eine Immermann-Darstel-
lung der Zeit, die nicht lobend auf das Hofschulzen-Idyll in diesem
Roman hinwiese. Man sieht hier eine erste Vorbereitung auf Auerbach
und Gotthelf: den gelungenen Versuch, über den „Skepticismus und die
Blasiertheit des Epigonenthums" hinauszukommen. „Die idyllische
Zeichnung des westphälischen Hofschulzen ist ein Meisterstück und zeigt,
was Immermann hätte leisten können, wenn er sich aus seinen ewigen
unfruchtbaren literarischen Beziehungen hätte losreißen und zur unbe-
fangenen Beobachtung der Natur und des Menschenlebens wenden
wollen." Dieser Hofschulze sei ein „wirkliches, poetisch ausgeführtes
Ideal", nicht bloß eine „Handzeichnung nach der Natur: in jedem Zuge
Leben und Bewegung, überall die gleiche Consistenz und Übereinstimmung, die nicht blos auf künstlicher Reflexion beruht"[58] – wie z. B. nach
dem allgemeinen Urteil der Realisten desselben Autors „Epigonen",
einer der am meisten getadelten Romane der Restaurationsliteratur.[59]

Julian Schmidt hatte in einem dritten Punkt bemerkt, die Literatur der
Restaurationszeit sei „formlos" gewesen. Da an späterer Stelle ausführlich über das Formideal der Realisten berichtet werden wird, sollen hier
nur einige wenige Punkte zur Sprache kommen. Das Verdikt der Formlosigkeit bezieht sich zunächst auf die „unübersehbare Fülle" von aus
fremden oder zeitlich entfernten Kulturkreisen übernommenen Formen.
Einerseits ist es die Vielfalt der Formen, die getadelt wird, andererseits

---

[57] Grenzboten 1851, II, S. 323.
[58] Grenzboten 1852, II, S. 214 f.
[59] Vgl. Schmidts Äußerung über die verkehrte „Idee Immermanns, die Langeweile des Zeitalters durch die Langeweile seines Buchs zu schildern". Grenzboten
1847, II, S. 512.

die „Nachahmung fremder Literaturen".[60] Unter letzterem Gesichtspunkt
faßt Schmidt Klassik, Romantik und Biedermeier zusammen, wobei er
weniger Gewicht legt auf die jeweiligen Bezugspunkte, ob es hier die
Antike, dort der Orient oder auch das deutsche Mittelalter ist, was das
Muster abgibt, sondern auf die zugrundeliegende Intention, die als Eska-
pismus aus den nationalen und bürgerlichen Aufgaben der eigenen Zeit
verurteilt wird. Die Reduktion des romantisch-biedermeierlichen Formen-
reichtums ist notwendig, um einen bodenständig-nationalen und einheitlichen Stil zu gewinnen. Wie sich der realistisch-klassizistische Begriff der
formalen „Einheit" mit dem nationalen Denken verbindet, zeigt beispielhaft Schmidts Kritik an Immermanns Düsseldorfer Intendantenzeit
(1833–1837). Schmidt moniert, es sei auch hier nicht gelungen, jene große
künstlerische Einheit, die Grundlage für ein „Nationaltheater" zu verwirklichen. Die aufgeführten Stücke hätten keine einheitliche „sittliche
Weltanschauung": „Spanische, englische, skandinavische und griechische
Formen" stünden nebeneinander, und daraus gehe eben kein „nationaler
Styl" hervor.[61]
So skeptisch die realistische Theorie dem Mittelalterkult der Romantiker
gegenübersteht, sieht sie ihn doch als die einmal notwendige Antwort
auf den übertriebenen Klassizismus, politisch auf den Kosmopolitismus.
Die Romantik blieb wenigstens auf deutschem Boden. Neben Freytag
und Gottschall hat diesen Aspekt vor allem wieder Schmidt betont. In
einem Eichendorff-Aufsatz von 1852 gibt er folgende Interpretation des
„Marmorbildes": Gefahr und Rettung des Helden aus dem Verfallensein
an die Schönheit wird gedeutet als Allegorie auf den Umschwung von
der Klassik zur Romantik.[62] An anderer Stelle sagt Schmidt, daß die
romantische Reaktion keineswegs als Abweichung von der natürlichen
Entwicklung unserer Dichtung gesehen werden dürfe; sie sei vielmehr die
Fortführung dessen, was Lessing und der junge Goethe begonnen hätten.
Gemeint ist die Behandlung „nationaler" Stoffe.
Bereits an dieser Stelle muß jedoch hervorgehoben werden, daß zwar der
Antikekult als solcher verpönt ist, nicht aber die in der Auseinandersetzung mit der Antike destillierte „classische" Form – eine Differenzie-
rung, die für den Realismus der fünfziger Jahre von großer Bedeutung
ist. Er emanzipiert sich von der Antike unter dem Vorzeichen nationaler
Eigenständigkeit, entwickelt aber gleichwohl Formprinzipien, die über
die deutsche Klassik in die griechische Antike zurückweisen.

---

[60] Vgl. Grenzboten 1851, II, S. 208.
[61] Vgl. Grenzboten 1852, II, S. 204 ff.
[62] Vgl. Grenzboten 1852, III, S. 161 ff. – Vgl. ferner Grenzboten 1849, IV,
S. 409 f.

In einem Brief von 1868 schreibt Freytag über Bismarck, gegen den er
eine recht vordergründige Abneigung hegt – politisch hatte er nichts einzuwenden –, er rechne ihn als den „größten Spätling" jener Periode der
deutschen Geschichte zu, die in der Literatur von 1830 bis 1848 reiche;
der das Junge Deutschland und das Junkertum in seinen „eleganten
Typen", etwa Lichnowsky, Fürst Pückler zugehört habe: „frech, mit
Freude an Gewagtem, ohne feste Grundsätze, ohne Schule"; abhängig
von der verhaßten „französischen Bildung" und vor allem ohne alle
„Ehrfurcht".[63] Freytag zählt hier im Überschlag und verkürzt ungefähr
alles auf, was der programmatische Realismus am Jungen Deutschland
und an der oppositionellen Literatur seit der Julirevolution überhaupt
auszusetzen hat.

Der Kampf gegen das Junge Deutschland wurde im allgemeinen noch
schärfer geführt als jener gegen die Romantik. Recht eigentlich eröffnet
ihn Julian Schmidt 1850 mit einem polemischen Gutzkow-Artikel.[64]
Dabei war die Abgrenzung des Jungen Deutschland, „eine im Ganzen
mehr bundestägliche und polizeiliche als literargeschichtliche Bezeichnung",
wie Rudolf Gottschall treffend sagt,[65] recht vage. Nach Schmidt ist es
sehr allgemein der „vorzüglichste Repräsentant einer vollkommen siechen
und haltungslosen Zeit".[66]

Die Nähe der jungdeutschen Bewegung zur Aufklärung scheint man nicht
zu bemerken; so spielt Schmidt Lessing gegen sie aus. Daß dies möglich
war, ist nur die Folge der Ansicht, das emanzipative Interesse der kritizistischen Richtung in der deutschen Literatur seit etwa 1830 sei nichts
anderes als überhebliche, „krankhafte Subjektivität". Das Junge Deutschland historisch gerecht zu beurteilen ist zugegebenermaßen sehr schwer;
und es kann dies wohl nur gelingen, wenn man weniger auf die Leistung
als die Intention sieht. Ging es doch gar nicht um kompakte literarische
Leistungen, vielmehr um Auflockerung, um neue Belebung. Speziell im
Literarischen hatte sich wie von selbst die Aufgabe gestellt, der Vergangenheit gegenüber für ein kurzes Raum zu gewinnen und zu einer
neuen Unmittelbarkeit zu gelangen. Noch mehr: es handelt sich, um mit

[63]   Brief Freytags an A. v. Stosch vom 24. 9. 1868.
[64]   Grenzboten 1850, II.
[65]   Der neue deutsche Roman. In: Die Gegenwart. Eine enzyklopädische Darstellung..., a.a.O., IX, S. 211. – Im Vorwort seiner „Deutschen Nationalliteratur" bekennt sich Gottschall als der Verfasser dieses unsignierten Aufsatzes, wie
der Artikel über „Das neue deutsche Drama" und „Die neue deutsche Lyrik",
die in derselben Enzyklopädie erscheinen.
[66]   Grenzboten 1850, II, S. 408.

Robert Prutz zu sprechen, gar nicht mehr in erster Linie um Literatur. Es galt, „die Literatur jener Alleinherrschaft zu entkleiden, die sie bis dahin bei uns ausgeübt hatte und Theorie und Praxis, Literatur und Leben, Poesie und Wirklichkeit, Kunst und Staat in das richtige und naturgemäße Verhältnis zu einander zu bringen".[67] Wie Heine, so meint auch Prutz, daß in der Emanzipation von der Kunstperiode die entscheidende Leistung des Jungen Deutschland liege.[68]

Dieser Ansatz eines gerechteren historischen Verständnisses wurde von der realistischen Programmatik aufgegeben, – was zunächst darum verwunderlich ist, weil auch das Programm eine Annäherung von „Literatur und Leben", „Kunst und Staat" propagierte und von diesem Aspekt aus ebenfalls gegen die Kunstperiode anging. Wie es aufgrund des Charakters der jungdeutschen Literatur gar nicht anders sein konnte, verbanden sich in der Reaktion gegen sie politisch-ideologische und ästhetische Motive. Man sah nach 1848 sehr gut, daß die „Theorie der Literatur" für die Jungdeutschen die „Theorie der Revolution" war.[69] Hier war das Verhältnis zur Wirklichkeit nicht bestimmt durch Affirmation, sondern durch thesenartig vorgetragene Kritik. Sowohl These wie Kritik, beides unter dem Schlagwort der „Tendenz" laufend, schien dem Programm der gerade Gegensatz eines wahren Realismus im Politischen wie im Ästhetischen. „Die falschen Effecte in Gutzkows Dramen", sagt Schmidt, und „die democratischen und reactionären Excesse der vergangenen Jahre haben denselben letzten Grund", nämlich die „Zuchtlosigkeit des Geistes".[70] Während dem realistischen Programm, daran kann kein Zweifel sein, ein Selbstverständnis als der Erfüllung der kritisch-aufklärerischen wie der biedermeierlich-realistischen Tradition zukäme, weil in beidem durchaus und stark ausgeprägt die Elemente zu seiner Konstitution bereitlagen, versteifte man sich zumindest in der Theorie auf mehr oder weniger unproduktive Gegnerschaft, die in einer letzten Konsequenz zu der klassizistischen Unterminierung führte, deren Spuren man in den fünfziger Jahren allenthalben bemerkt. Der teils gemeinsame und ent-

[67] Prutz, Die deutsche Literatur der Gegenwart, a.a.O., I, S. 4.
[68] Zur Zeit seiner Mitarbeit an den „Hallischen Jahrbüchern" hat Prutz allerdings wenig Verständnis für das Junge Deutschland aufgebracht; erst später, aus einer größeren und erfahrungsreicheren Distanz, scheint ihm das Unsinnige der vormärzlichen Animositäten innerhalb der oppositionellen Richtungen bewußt geworden zu sein.
[69] Vgl. Walter Dietze, Junges Deutschland und deutsche Klassik, Berlin 1957, S. 216.
[70] Grenzboten 1852, I, S. 437.

wicklungsfähige Ansatz geriet in Vergessenheit, und die Realisten maßen das Junge Deutschland oftmals mit klassizistischen Kriterien.[71]
Die Ausnahme, die Heinrich Laube im Urteil des Programms darstellt, bestätigt diese Analyse. Anders als Gutzkow wird Laube von der realistischen Kritik verschont; Freytag zählt ihn sogar zu seinen persönlichen Freunden.[72] Laube hatte sich schon 1847 zu „Form und Regel" in der Kunst bekannt und lehnt nun die angeblich typisch deutsche „Schlottrigkeit in der Form" ab.[73] Im übrigen war Laube so etwas wie ein ideologisches Chamäleon; seine revolutionäre Vormärz-Attitüde war, ähnlich wie bei Gottschall, schnell abgelegt. Der einflußreiche Posten am Wiener Burgtheater tat ein übriges. So blieb der undurchsichtige Mann für die Realisten tabu; einzig Hettner scheint ihn durchschaut zu haben.
Mit der formalen „Schlottrigkeit" spielt Laube auf das Journalistische in der jungdeutschen Richtung an. Dieses journalistische Moment veranlaßt auch Julian Schmidt zu seinen harten, oft ungerechten Gutzkow-Rezensionen. Der subjektive Stil der Jungdeutschen, ihre Gruppierung von Szenen oder auch ganzen Dichtungen um einige Gedanken und Meinungen, auf die es hauptsächlich ankommt und von welchen her die Phantasie Bilder, Gestalten, Stimmungen produziert: dies alles mußte den reizen, der sich auf runde Plastizität der Darstellung, auf das erzählerische und dramatische Es-selbst-Sein der Dinge festgelegt hatte. Wie Karl Kraus später Heine für den deutschen Feuilletonismus verantwortlich machte, so beschuldigt lange vor ihm Julian Schmidt Börne und Heine eines sich katastrophal auswirkenden Einflusses auf die deutsche Literatur, jenes über den Dingen stehenden journalistischen Dünkels, der das geschlossene, in sich integrierte Kunstwerk und dies hieß: das realistische Kunstwerk unmöglich machte.[74]
Nicht die jungdeutsche Richtung als ganze, wohl aber Karl Gutzkow fand in den fünfziger Jahren einen damals prominenten Verteidiger,

[71] Besonders bei Gottschall, der selbst aus dem Jungen Deutschland herkommt, ist die klassizistische Motivierung seiner jungdeutschen Kritik sichtbar. Vgl. Poetik, a.a.O., I, Vorwort S. VII f.
[72] Vgl. Freytag, Brief an A. v. Stosch vom 17. 8. 1884.
[73] Vgl. Markwardt, Geschichte der deutschen Poetik, a.a.O., IV, S. 195.
[74] Vgl. den Aufsatz: Börne, Heine und das Judenthum unserer neuen Literatur. In: Grenzboten 1850, IV, S. 841 ff. – Man muß hinzufügen, daß Schmidt an keiner Stelle antisemitische Ressentiments wecken will – anders als Freytag („Soll und Haben") und vor allem Treitschke, in dessen „Deutscher Geschichte" politische Aversionen konglomerieren mit rassistischen, ästhetischen und moralischen Idiosynkrasien gegen das Junge Deutschland („Übermaß unsauberer Frechheit", „sodomitische Schmutzereien", „Einbruch des Judenthums" etc.). Vgl. Deutsche Geschichte, a.a.O., Buch III, S. 682–722: „Literarische Vorboten einer neuen Zeit" und Buch IV, S. 407–497: „Das Junge Deutschland".

nämlich Rudolf Gottschall. Die Gründe Gottschalls hierfür liegen indes auf der gleichen Linie wie umgekehrt die Kritik Schmidts; nur sieht der eine gegeben, was der andere vermißt: „künstlerische Objektivität".[75] Abgesehen von dieser Ehrenrettung Gutzkows, die Gottschall in seinen weite Publizität verheißenden Artikeln in der Enzyklopädie „Die Gegenwart" veröffentlicht, resümiert auch er nur das gängige negative Urteil über das Junge Deutschland und bringt es in enzyklopädische Faßlichkeit.

Einen gewissen Höhepunkt erreicht die Kritik mit Schmidts Büchner-Aufsatz, auf den bereits weiter oben hingewiesen wurde. Schmidt besaß einen viel zu scharfen Verstand, um eine Erscheinung wie Büchner in ihrer Bedeutung zu verkennen; er rühmt in ihm den größten Dichter der kritischen Bewegung, wobei er die Distanz Büchners vom Jungen Deutschland durchaus erkennt, im übrigen aber mit denselben Argumenten arbeitet. Mit der Bedeutung des Gegenstandes wächst die Polemik. Nur „Blasiertheit", „Langeweile", „Pessimismus" hätten Büchner zu seinen revolutionär-demokratischen Parolen und Agitationen veranlaßt:

„Es fällt mir nicht ein, die Schuld dem Einzelnen aufzubürden, aber es ist ein böses Zeichen für die Zeit; es ist das Unheimliche an jener skeptischen Selbstbeschauung, die uns die Romantik gelehrt; das böse Wesen jenes Pessimismus, der eigentlich aus aristokratisch frühreifer Bildung hervorgeht, und der nachher in unserer sogenannten Democratie seinen Bodensatz gelassen hat. Ob ich meine Blasiertheit mit democratischen oder pietistischen Phrasen beschönige, darauf kommt am Ende wenig an."[76]

Schmidt bezieht sich hier unmittelbar auf „Danton" und seine Verbindung von Revolution und Nihilismus. Unkorrekt scheint es, wenn sogleich wieder der diffamierende Begriff des Romantischen miteinfließt, den Schmidt bewußt als negatives Schlagwort einsetzt.

Einigen Vormärz-Poeten gegenüber mochte Schmidt mit ihrer Einstufung als politische Phraseurs im Recht sein. Schon Heine hatte sich in der Vorrede zum „Atta Troll" gegen den politisch-poetischen Vormärz verwahrt. Der Vergleich mit Schmidt zeigt aber, wie ganz anders die Dinge nun doch geworden waren. Während Heine auf den „unveräußerlichen Rechten des Geistes ... zumal in der Poesie" besteht, gegenüber einer Gesinnungstyrannei, die nur mehr ein Zerrbild der Freiheitsidee produziert, bekämpft Schmidt hinter dem Zerrbild, es fast nur als Vorwand

[75] Vgl. Gottschall, Der neue deutsche Roman. In: Die Gegenwart, a.a.O., IX, S. 212 ff.
[76] Grenzboten 1851, I, S. 128.

gebrauchend, die Idee selbst. Es ist wichtig zu erkennen, daß diese ideologische Aversion auch ihre poetologischen Folgen hatte. Schmidt bezieht
sich in seinem Büchner-Aufsatz ausdrücklich auf jene bekannte Stelle in
Büchners brieflicher Selbstrezension über „Danton", wo dem „sogenannten Idealdichter" der realistische Dichter vorgehalten wird, dem es auf
den Wahrheitsgehalt in Verantwortung vor der Wirklichkeit, wie sie
ist, ankommt. Sogleich vergröbert Schmidt: Dichtung dürfe nie nur
„Duplicat des Wirklichen" sein, wovon bei Büchner, bei aller Naivität seiner Theorie, nicht die Rede war. Der Vorstoß zur eigentlichen Frage, auf
welche Weise denn poetisch jener Wahrheitsanspruch eingelöst werden
kann, gelingt von hier aus nicht mehr. Die Diskussion bleibt vielmehr
stecken in der Antithese „Idealismus" – „Naturalismus", – eine sehr
unheilvolle Antithese, wie sich herausstellen sollte, weil sie immer wieder
zu Versuchen führte, eine reichlich abstrakte Synthese nach Hegelschem
Schema herzustellen; so verebbte das Realismus-Problem meist in recht
akademischen Fragestellungen. Die klassizistischen Züge des Programms
sind im Zusammenhang mit diesem Synthesedenken zu sehen.

Kritik und Rezeption der Klassik

In der Restaurationszeit begegnet wenigstens punktuell ein Epigonen-
bewußtsein der Klassik gegenüber. In den fünfziger Jahren kann davon
kaum mehr die Rede sein. Das Trauma, ein Epigone zu sein, wurde schon
in den „Hallischen Jahrbüchern" abgestreift, und mit Robert Prutz hielt
man sich eher für „Progonen" einer neuen Zeit und Kunst.[77] Nach der
Revolution spielt man nicht mehr, wie im Vormärz, die Kraft der Jugend
gegen das Überkommene aus, sondern das praktische Mannesalter gegen
einen Idealismus, der es materiell zu nichts gebracht habe. Eigenartig
ist, daß gerade jener nachrevolutionäre Bildungsliberalismus, der, wie
Treitschke, den blassesten klassizistischen Akademismus vertritt, laut-
stark den Glauben an die dichterische Potenz des deutschen „Volkes"
verkündet[78] – ein Beweis dafür, daß Klassizismus und Epigonenbewußt-
sein keineswegs zusammenfallen müssen.

---

[77] Vgl. Manfred Windfuhr, Der Epigone. Begriff, Phänomen und Bewußtsein.
In: Archiv für Begriffsgeschichte, Bd. 4 (1959), S. 207 ff.
[78] Vgl. Treitschke, Preuß. Jbb. 1860, I, S. 552: „Wir Deutschen, die wir kaum
erst zum Bewußtsein unsrer Volksthümlichkeit erwachen, mögen in der Unruhe
einer athemlos arbeitenden Zeit vielleicht unfähig sein, die neuen Ideen, welche
die Luft erfüllen, ästhetisch vollkommen zu verkörpern: aber widersinnig ist es,
daß ein solches Volk die Dichtungen einer von der bildenden Kunst, der Wissenschaft, der Politik und dem materiellen Leben längst überwundenen Epoche
blos nachahmen und wiederholen sollte. Allmählich beginnt man endlich zu

Im Wandel des Urteils über die Klassik sind die Jahre 1849 und 1859 deutliche Markierungen, der Unterschied ist erheblich. Während Schillers hundertster Geburtstag allenthalben in Deutschland gefeiert wird, von Berlin, wo Jacob Grimm seine bekannte Akademie-Rede hielt, über Weimar und Leipzig mit seinem aktiven Schiller-Verein, bis München, wo Ästhetiker wie Moritz Carrière das Banner der Klassik hielten, gibt es all dem gegenüber 1849 zu Goethes Geburtstag nichts Vergleichbares. Das hängt nicht mit den Persönlichkeiten Schillers und Goethes zusammen, sondern mit den jeweiligen Zeitumständen und der allgemeinen Entwicklung in der Haltung zur Klassik. Zehn Jahre später sind Zustimmung und Teilnahme überhaupt gestiegen und die Klassiker Besitz der Nation.[79] Die Kritik ist noch nicht ganz verstummt, aber sie ist kraftlos und bleibt ohne Wirkung.

1849 darf man dagegen als den Tiefpunkt in der Beurteilung der Klassik bezeichnen. Das Datum des Goethefestes fiel „ungünstig"; man war noch zu sehr mit sich selbst und den eben vergangenen Ereignissen beschäftigt. Dennoch handelte es sich weniger um ein passives Unbeteiligtsein, als um engagierte Kritik. Robert Prutz stellte später fest, es sei damals üblich geworden, die Schuldigen am Versagen einer ganzen Nation bevorzugt in der Literatur zu suchen.[80] So war es in der Tat, und der Goethegedenktag eignete sich vortrefflich zu einem solchen Unternehmen. Es sind sehr bittere Kommentare, die geschrieben werden. F. G. Kühne meint in der Zeitschrift „Europa", die Dichter und Philosophen der Goethezeit seien großartig gewesen, aber um Zuhause hätten sie sich nicht gekümmert.

„Ihm freilich, dessen Fest es am 28. gilt, ihm war es für seine Person vergönnt, in sich zu ergänzen und zu vollenden, was seiner Nation versagt geblieben, jene Harmonie von Leib und Seele, die ihn wie ein Götterbild des glücklichen Hellenenthums hinstellt."[81]

Hinter der Bitterkeit ist hier immer noch Verehrung spürbar; das sollte bald anders werden. Während Friedrich Hebbel in Wien einen matten „Prolog zu Goethes hundertjähriger Geburtsfeier" verfaßt, dessen An-

---

fühlen, daß jene Behauptung kaum minder arg an dem Allerheiligsten unsres Volkes frevelt, wie die cynische Weisheit, welche uns jede Fähigkeit zu politischer Macht abspricht." – Die Kombination von politischer Macht und klassischer Poesie ist typisch für das ästhetische Denken der nachrevolutionären Literaturtheorie.

[79] Hebbel notiert sich 1859 ins Tagebuch (Nr. 5773): „Das Schiller-Fest hat Anlaß gegeben, Schiller für den nationalsten Dichter der Deutschen zu erklären." – Hebbel distanziert sich von solchen Retuschen.

[80] Deutsche Literatur der Gegenwart, a.a.O., I, S. 14.

[81] Europa. Chronik der gebildeten Welt, hg. von F. G. Kühne, Leipzig 1849, S. 502.

fang die Feier zur Rettung des Vaterlandes vor den Horden der Revolution assoziiert, schreiten die „Grenzboten" schon zu härtester Kritik. „Aber um zu Hause kümmerten sie sich nicht." Der vorwurfsvolle Satz hat eine lange Tradition und diese ihren Gipfel in Georg Gottfried Gervinus, der, anders als Vischer, nicht zu den Wegbereitern des programmatischen Realismus gehört, diesen aber doch stark beeinflußte in seinen literarhistorischen Positionen. Gervinus hat seine Ansichten über die Klassik breit ausgeführt in dem Werk über die deutsche „Nationalliteratur"; komprimiert erscheinen sie wieder in dem großen Lebensbild „Johann Georg Forster" (1843). Wenig ist von ästhetischen Fragen die Rede, viel von politischen. Gervinus stellt die politische Bewegung seiner Zeit auf den Boden der Klassik und des vorromantischen Idealismus, wo ihre theoretische Basis liegt: in der Freiheitsdichtung Schillers, in der kritischen Philosophie Kants, in Goethes Humanität. Der gegenwärtige und noch zu verwirklichende Fortschritt jener Epoche gegenüber besteht in der Verbindung der Theorie mit der politischen Praxis. Aber Gervinus weist zugleich auf die Gefahr hin, die im humanistischen Bildungsideal liege: die Gefahr eines unpolitischen gesellschaftsfremden Quietismus und Individualismus. Typisch für Gervinus ist die ästhetische Bestätigung der klassischen Kunst und ihres humanistisch-aufklärerischen Gehalts, andererseits die Kritik ihrer politischen und nationalen Abstinenz; vor allem in letzterer Hinsicht hat Gervinus entscheidend eingewirkt, wobei allerdings mehr und mehr das Bewußtsein um die Verbindung von Klassik und Aufklärung verloren ging.

Den nationalen Vorbehalt abgerechnet, wurde die Klassik in den vierziger Jahren weitgehend respektiert. Schiller war gedeckt durch seinen vielgelobten „Römersinn und Freiheitseifer", im übrigen durch die Schöpfung des deutschen historischen Dramas, das dem nationalen Bedürfnis entgegenkam.[82] Den Wegbereitern des Realismus, wie Theodor Mundt und Vischer ist der Zugang zum Realisten Goethe leicht möglich.[83] Wenn Jost Hermand in dem Sammelband „Der deutsche Vormärz" die Schmähverse Gottfried Kinkels auf „Die Klassiker" abdruckt, so muß man sich bewußt sein, daß dieses Gedicht keineswegs für die allgemeine

---

[82] Vgl. Grenzboten 1842, I, S. 119. – Vorbereitet wurde diese Schiller-Renaissance (nach den Angriffen der Romantiker) durch die Jungdeutschen und die „Hall. Jbb.", die, wie Eck, a.a.O., S. 43 mitteilt, vor allem in den Jahrgängen 1840–42 Schiller als den „Wegbereiter zur politischen Freiheit" priesen. Tieck mokierte sich über die neue Schiller-Begeisterung.

[83] Typisch ist eine Bemerkung Mundts, die sich gegen Immermanns Auffassung wendet, die Tradition sei weniger ein bereicherndes, als ein belastendes Erbe. Zit. bei Walter Grupe, Mundts und Kühnes Verhältnis zu Hegel und seinen Gegnern, Halle/S. 1928, S. 10.

Stimmung typisch ist; es gehört eher in die ältere Linie der Börneschen Klassik-Kritik. Auch wenn Goethe und Schiller nicht eben politische Vorbilder im Sinne der nationalen Einheitsbewegung sein konnten, galten sie doch als die Heroen der deutschen Literatur; nimmt doch die reflektierte nationale Richtung, wie sie etwa Prutz und Ruge vertreten, auch die kosmopolitischen Humanitätsideale der Klassik in sich auf.

Goethe gilt als der „vollkommene Realist", seine Dichtung ist wie ein „Kreis", während Schillers Art mit einer „Parabel" verglichen wird; sie ist ein „Höherstreben".[84] Gerade um dieser Eigenschaft willen wird Schiller über Goethe gestellt. Es bezeichnet sehr gut den tieferen Unterschied zwischen der vormärzlichen Stimmung und jener in den fünfziger Jahren, daß man hier gerade das Streben aus dem unmittelbar Gegenwärtigen heraus bei Schiller tadelt und umgekehrt Goethe im allgemeinen höher schätzt. Während Plädoyers für Schiller im Vormärz kaum nötig waren, gilt nicht das gleiche für Goethe, der vom Jungen Deutschland nicht sehr gut behandelt zu werden pflegte; auch die letzten Jahrgänge der „Hallischen Jahrbücher" bringen mitunter polemische Artikel gegen Goethes egozentrische Art.

Gerade im liberalen Journalismus gibt es nun starke Tendenzen, die, oft direkt gegen die Jungdeutschen sprechend, für ein gerechteres Urteil über Goethe eintreten. Die „Zeit der ächten Verehrung" sei nun endlich auch für diesen gekommen, heißt es 1846 in den „Grenzboten"; man übertrage nicht mehr die „eigne Abgeschmacktheit" auf ihn.[85] Gleichzeitig wird aber auch vor einem übertriebenen Goethe-Kult gewarnt. Als typisch für das umsichgreifende Gefühl, daß bloße Gegnerschaft zu Goethe unproduktiv sei, darf der Aufsatz Georg Herweghs „Goethe, Börne, Gutzkow" aus dem Jahr 1841 gelten. Er versucht zwischen Goethe und Börne zu vermitteln, was als Programm verstanden sein will: „Es gibt keinen subjektiveren, keinen im besten Sinne revolutionäreren Dichter, als Goethe, nur, daß er die Freiheit mehr verallgemeinte und es vorzog, zunächst an sich und am einzelnen zu reformieren, während z. B. Börne die Reformation mit den politischen Verhältnissen beginnen wollte…"[86] In diesem Sinne sind Goethe und Börne keine Gegensätze mehr, sondern kämpfen „unter der Fahne eines Prinzips". Diese Richtung der Goethe-Interpretation hat später Ferdinand Gregorovius mit seiner Schrift „Wilhelm Meister in seinen sozialistischen Elementen" fortgeführt.[87]

---

84 Vgl. Grenzboten 1844, IV, S. 387.
85 Vgl. Grenzboten 1846, IV, S. 31.
86 Herwegh, Politik und Literatur, a.a.O., S. 118 f.
87 Königsberg 1849. – Die Reaktion des gemäßigten Liberalismus ist typisch für die Revolutionsjahre: man versucht keineswegs, diese Interpretation zu ent-

Eine wichtige Variante der Klassik-Rezeption im Vormärz wird in der Verbindung des demokratischen Liberalismus mit klassizistischer Ästhetik sichtbar. Gervinus dürfte man als Programmatiker einer so beschaffenen Literatur bezeichnen, wenn Gervinus überhaupt noch an die Möglichkeit solcher Kunst v o r einer grundlegenden Veränderung der politischen Verhältnisse glaubte. Abseits von den „Grenzboten", die im Vormärz Tendenzen zu einem revolutionären Klassizismus aufweisen, und neben Hermann Hettner, der in den Jahren um 1850 zu einer Synthese aus „Classicität" und demokratischem Bewußtsein neigt, kann Robert Prutz als Muster für eine derartige Poetik gelten. Prutz ist insofern eine singuläre Erscheinung, als er weit über 1848 hinaus in seiner revolutionär-klassizistischen Haltung festbleibt und nur zögernd dem inzwischen etablierten programmatischen Realismus nachgibt, – bis er sich auch von diesem in seinem Streben nach Klassizität bestätigt sieht, wobei nur die politische Perspektive verschieden bleibt. Zunächst aber isoliert sich Prutz mit einer nahezu vorbehaltlosen Stilisierung der Klassik zum „goldenen Zeitalter".[88] „A Jove principium; wir setzen den Namen Goethes über den Eingang unserer Zeitschrift, das erhabenste Symbol jedenfalls, das wir finden ... konnten." So Prutz beim ersten Erscheinen seines Organs „Deutsches Museum" (1851).[89] Die Klassik steht als symbolischer Garant für die geistige Einheit Deutschlands und darüber hinaus als Forderung und Versprechen für die künftige Gestaltung von Staat und Gesellschaft in ihrem humanen Sinn.

Zusammenfassend darf man sagen, daß manches im Vormärz auf ein entkrampfteres Verhältnis zur großen literarischen Tradition hindeutet. Das Scheitern der Revolution verursacht aber neue Störungen und verhindert ein produktives Selbstverständnis aus der Tradition.

Wenn Gustav Freytag an die verderblichen Einflüsse Goethes auf die „deutsche Volksseele" erinnert, dient ihm als Beweis die „Geschichte der letzten Zeit". Der Artikel, in dem dies zu lesen, trägt den polemischen Titel „Eine Bemerkung über Goethe zum 28. August 1849", wobei die Polemik in der provozierenden Beiläufigkeit der Formulierung liegt. Der

werten. Vgl. die Rez. von Gregorovius' Goetheschrift in: Europa 1849, S. 697 ff.: „Wir verwerfen die Konsequenzen des Sozialismus auch in ihrer reinsten Fassung, auch in der Konstruktion unseres Goethe. Seine Rechnung hat ein Loch. Er hat die Macht, die Wirksamkeit und die Berechtigung des Volksthumes nicht begriffen." Zehn Jahre später hätte man auf Gregorovius anders, nämlich apologetisch reagiert, man hätte Goethe in Schutz genommen vor sozialistischen Interpretationen.

[88] Vgl. Deutsches Museum 1852, II, S. 261 und 699.
[89] Vgl. auch Adolf Schön, Zu Goethes Leben. In: Deutsches Museum 1851, I, S. 1 ff.

„Bemerkung" Freytags war in den „Grenzboten" ein Aufsatz Julian Schmidts „Zu Goethes Jubelfeier" vorausgegangen.[90] Er ist, bei geringen Zugeständnissen, nicht weniger absprechend. Goethe wird festgelegt auf den Glauben an die „absolute Individualität", und unschwer ist hinter diesem Vorwurf der Hinweis auf die Zersplitterung der revolutionären Bewegung zu erkennen. Tatsächlich ist die Beurteilung der Klassik durch Schmidt und Freytag in einem hohen Maße beeinflußt durch die Entwicklung der Revolution. Solange diese zu gelingen schien im Sinne der Konstitutionellen, hält sich die Kritik der Klassik in doch recht engen Grenzen. Das Stichwort vom „Dilettieren des Lebens" hält Schmidt zwar schon bereit;[91] gar nicht außergewöhnlich ist der Vorwurf Freytags, die Klassiker hätten keine Verbindung zum „Volk" gehabt[92] – das hält sich im Rahmen der Klassik-Kritik, wie sie einem „volkstümlichen" und aktivistischen Liberalismus geläufig wurde. Ihr halten emphatische Abschnitte über die „classische" Zeit der Deutschen die Waage: „Goethe und Schiller rissen auf ihrem Fluge die Kunst mit sich fort, zu einer Höhe, wo sich deutsche Natur und antike Schönheit in einer originalen, neuen Verbindung zusammenfaßten."[93] Erst seit Mitte 1849 etwa beginnen Schmidt und Freytag mit einer Vehemenz ohnegleichen die Klassik abzuurteilen.

Der Aufsatz Schmidts „Zu Goethes Jubelfeier" ist keine Festrede, sondern versucht auf zehn Seiten eine Generalabrechnung mit jener Periode der deutschen „Bildung", die vor allem für das jüngste Desaster verantwortlich sei. Gervinus' Behauptung, nach der klassischen Epoche sei eine literarische Weiterentwicklung nicht mehr denkbar, wird der Satz entgegengestellt, gerade Gervinus hätte wissen müssen, „daß diese Phase der Bildung nichts weniger als eine classische" gewesen sei. Deutlich veranlaßt durch Schmidts Revolutionserlebnis, das sich mehr und mehr auf die anarchistischen Erscheinungen fixierte, ist jener Punkt der Goethe-Kritik, wo von der „subjectiven Willkür", dem „Auflehnen gegen Regel und Gesetz" die Rede ist, welche Momente in „Faust", in den „Wahlverwandtschaften", aber auch in den „Wanderjahren" gefunden werden. In den Gestalten Fausts und Don Juans sieht Schmidt vorweggenommen, was während der Revolution im großen Stil aufgetreten sei: die An-

90 Grenzboten 1849, III, S. 201–211.
91 Vgl. Grenzboten 1848, I, S. 213.
92 Vgl. Grenzboten 1849, I, S. 132f. – Das folgende Zitat ebd.
93 Im 1. Bd. der „Grenzboten" von 1848 weist Schmidt noch auf Goethes „objective Auffassung der Natur und des Lebens" hin, „die in seiner Reise nach Italien wenigstens ebenso klar und scharf hervortritt, als in seinen Romanen und sonstigen Dichtungen" (S. 213).

archie eines zügellosen Subjektivismus, der nicht mehr ans Ganze denkt. Dieselbe regellose Partikularisierung sieht Schmidt auch in der Form vieler Goethescher Werke. So treten neben die politische und weltanschauliche Kritik spezifisch ästhetische Einwände, die Goethe großenteils auf die romantische Poetik festzulegen suchen.[94] Insbesondere mit den Allegorien und Symbolen – beides wird kaum unterschieden – im „Faust" und anderen Dichtungen kommt die Programmatik Schmidts nicht zurecht. Nur ein „wüstes Quodlibet von geistreichen und abgeschmackten Einfällen" stellen „Faust II" und die „Wanderjahre" dar.[95] Vom neuen gattungsbewußten und auf „Reinheit" der Gattung dringenden, hierin auch klassizistischen Ansatz des Programms her gesehen, war diese Kritik an „Faust" nur konsequent; mit ihm ließ sich keine dramatische Tradition begründen. Eben darauf aber kam es den Programmatikern an. Andererseits stand das Werk für sich und forderte als singuläre Erscheinung Anerkennung. Wenigstens Schmidt versagte sie ihm nicht ganz: „Wir müssen erst zu der Erkenntnis kommen, daß der Faust von Anfang bis zu Ende ein schlechtes Stück ist, ehe wir berechtigt sind, an seinen wunderbaren Schönheiten uns zu erfreuen." Indes konnte man beide Aspekte nur

[94] Ähnliche Argumente wie im Goethe-Aufsatz Schmidts finden sich in der Goethe-Kritik der „Hall. Jbb.", die indes in einen andern Zusammenhang einzuordnen sind. Im „Romantischen Manifest" von 1840 (S. 422) wird neben anderem auch das Goethe-Verständnis der Romantiker kritisiert: „Der Egoismus des theoretischen Verhaltens in Goethe ist nun dem selbstgenugsamen Subjekt des Romantikers das Ansprechende und Analoge. Diese Subjektivität Goethes, die ganze Naturseite seines Wesens, welche die Bildung seines Ichs zum Zwecke und Mittelpunkt alles Strebens macht, das interessiert sie . . ." – Die „Hall. Jbb." ordnen Goethe dem Persönlichkeitsideal des 18. Jh.s zu, dem „subjektiven Idealismus". Das geschichtsphilosophische Konzept der Linkshegelianer verabsolutiert weder, wie die Romantik, den subjektiven Idealismus Goethes, noch kritisiert sie ihn moralistisch als persönliches und politisches Versagen wie der spätere Realismus: sie sieht ihn vielmehr als dialektische Stufe im Prozeß des geschichtlichen Geistes. Daher war der subjektive Idealismus des 18. Jh.s notwendig und unvollkommen zugleich; erst der subjekt. Idealismus der Romantik stelle sich gegen den geschichtlichen Fortschritt. E. v. Eck arbeitet in ihrer Dissertation die Einordnung der linkshegelianischen Klassik-Kritik in dieses geschichtsphilosophische Konzept nicht scharf genug heraus und muß daher eine zwischen Zustimmung und Ablehnung schwankende Beurteilung der Klassik durch die „Hall. Jbb." annehmen.
[95] Die Ablehnung des alten Goethe ist notorisch. Vischer schreibt schon 1831 an Mörike (Brief vom 20. 4.): „Im behaglich Didaktischen gelingt Goethe hie und da noch etwas." D. Fr. Strauß kommt Goethes Altersstil „komisch" vor, wie er gelegentlich Vischer berichtet. Auch Beethovens Spätstil findet kein angemessenes Verständnis, zumindest nicht innerhalb der „Grenzboten". Eine (programmatische) Wiederentdeckung der Spätstile verschiedener Künstler zeigt sich erst bei den Impressionisten.

mangelhaft vermitteln, und so schleicht sich in Schmidts und Freytags Kritik ein oft unerträglicher Dogmatismus ein, ein beständiges Absprechen vom „Standpunkt der reinen Ästhetik" aus. „Die Harmonie", sagt Schmidt, „die man als das Merkmal des Klassischen darzustellen pflegt", fehle gerade bei Goethe häufig, denn er besitze keine „harmonische Weltanschauung", wie „Faust" zeige. Die programmatische Kritik glaubt genau zu wissen, worin das ewig „Musterhafte" besteht: kein einziges von Goethes Werken genüge diesem Begriff des Musterhaften. Davon allerdings rückte Schmidt schon in den frühen fünfziger Jahren wieder ab.

Neben die harten Goethe-Artikel von 1849 stellt sich die Kritik an Schiller. Schiller mußte schon deshalb in Verruf geraten, weil sich die demokratischen Kräfte in Vormärz und Revolution mit ihm identifiziert hatten. Diese Identität wird im gemäßigt-liberalen Lager zunächst bestätigt und mit einem negativen Vorzeichen versehen. 1850 versucht Schmidt eine Antwort auf die Frage, in welchem Verhältnis Schillers Poesie „ihrem Inhalt wie ihrer Form nach zu dem poetischen Geist der Gegenwart" stehe.[96] Ganz allgemein bejaht Schmidt die Schillersche Idee der Humanität und fordert seine Zeit auf, zu diesem Ideal und seiner klassischen Form „sittlich und ästhetisch" emporzublicken. Was das zweite Moment betrifft, die formal-ästhetische Vorbildlichkeit, ist Schmidt in der Tat, man kann es kaum anders ausdrücken, weitgehend zufrieden mit Schiller. Inhaltlich gesehen ist indes nicht recht zu erkennen, was konkret für vorbildlich gehalten wird; denn im einzelnen gibt es nur Tadel. So wird man es hier nur mit einer captatio benevolentiae zu tun haben, ein Mittel, das Schmidt allzu oft anwendet, als daß man es nicht durchschaute. Der lange Katalog der Verfehlungen Schillers bezieht sich auf seinen Kosmopolitismus, den humanistischen Kult der freien Individualität, die Trennung des „Ideals" von der „Wirklichkeit", schließlich auf den zu reichlichen Gebrauch antiker Mythologie. Es folgen Einwände gegen den „ästhetisierenden Katholizismus" in „Maria Stuart", die „mystisch-spiritualistische Grundidee" der „Jungfrau von Orléans". Ein kritischer Hinweis auf die finstre Astrologie im „Wallenstein" fehlt nicht. Für die typisch Schillersche Distanz des Autors zu seiner Gestalt hatten Schmidt und seine Zeit kein Verständnis.[97]

Parallel zum Schiller-Artikel stellt Schmidt wenige Jahre später die Frage nach „Wilhelm Meister im Verhältnis zu unserer Zeit".[98] Im Mit-

[96] Vgl. Grenzboten 1850, IV, S. 801.
[97] Walter Dietze machte deutlich, daß dies schon ein Problem der jungdeutschen Schillerdeutung war, a.a.O., S. 237 ff.
[98] Grenzboten 1855, II, S. 441–455.

telpunkt steht das ästhetische Bildungsideal der Klassik. Erstaunt wird man gewahr, daß einige Kernbegriffe der Kritik sich mit jenen decken, wie sie Wolfgang Menzel in seiner „Deutschen Literatur" (1828) vorgebracht hatte: „Narzißmus", Schönseligkeit, griechisch-undeutsche Empfindungsweise.[99] Menzels Vorwurf der Amoralität wird dagegen nicht wieder aufgenommen; dafür heißt es jetzt „Subjectivität". In der Apotheose der Kunst zur einzig würdigen Tätigkeit und wahren Bestimmung des Menschen sieht Schmidt das kurze Evangelium, das „Wilhelm Meisters Lehrjahre" zu verkünden unternehmen. Schließlich vermißt Schmidt eine ernsthafte Darstellung des Bürgertums als der wichtigsten sozialen Klasse und tadelt demgemäß, daß Goethe einen Adel herausstreicht, der in Wirklichkeit schon inhaltlos geworden sei.

Im Mittelpunkt fast aller Äußerungen der Zeit über die Klassik steht der Begriff des „falschen Idealismus", den zumal auch Hettner stark diskutiert.[100] Schmidts Definition, die sinngemäß auch bei Freytag und Gottschall begegnet, lautet: „Solange man eine unendliche Kluft zwischen dem Wirklichen und dem Möglichen zu finden glaubt, und in das Mögliche das Ideal legt, ist die Kunst krank."[101] Vor allem Schiller gilt als falscher Idealist, weil er mit solchen Operationen die Wirklichkeit zu einem geistlosen Gewebe endlicher Beziehungen entwertet habe; aber auch Goethe fällt zuweilen unter dieses Verdikt.

Allerdings ist gleich zu bemerken, daß sich das realistische Programm nie darüber verständigen konnte, wie die Klassik insgesamt poetologisch zu bewerten sei, wie weit insbesondere der Vorwurf des „falschen Idealismus" zutreffe. Man konnte und wollte nicht an der Tatsache vorbeisehen, daß die Klassiker, zumal Goethe, „auch" Realisten waren. So kommt es, selbst beim einzelnen Kritiker, zu den widersprüchlichsten Analysen des Verhältnisses von „Realismus" und ästhetischem „Idealismus" in der Klassik. Nicht nur bei Goethe lobt man sich gelegentlich gesunden Sinn für die Realität; auch Schillers Talent, „sachgemäß, objektiv und realistisch" darzustellen, findet Anerkennung.[102] Schwerwiegend wirkte hier gewiß die eigene Unsicherheit des Programms ein, das am Ende doch nur eine Harmonisierung realistischer Ansätze mit idealistisch-klassizistischer Poetik darstellt. Dieses Streben nach Vermittlung zwang zu so diffizilen Unterscheidungen wie falscher und echter Idealismus, falscher und echter Realismus, schließlich falscher und „ächter Classicis-

[99] Vgl. Walter Dietze, a.a.O., S. 27 ff.
[100] Vgl. Hettner, Romantische Schule, in: Schriften zur Literatur, hg. von Jahn, a.a.O., pass. – Vgl. auch Grenzboten 1850, I, S. 283 f. und öfter.
[101] Grenzboten 1851, I, S. 24.
[102] Vgl. Grenzboten 1859, IV, S. 376.

mus" – Begriffsschwierigkeiten, die als solche schon enthüllen, wie mühsam die Determinierung des eigenen Standorts war, insbesondere der Klassik gegenüber.

Es wurde anfangs von einem Prozeß der Klassik-Bewertung zwischen 1849 und 1859 gesprochen; ihn nach seinen einzelnen Stationen zu konkretisieren ist indes nicht leicht. Goethe versuchte man schon sehr bald, als die politische Mißstimmung abgeklungen war, für das eigene Programm eines „Ideal-Realismus" zu gewinnen. Im übrigen beansprucht ihn die „Nation": „Wir müssen ihn lieben, denn er ist unser Fleisch und Blut, er ist der ideale Ausdruck unserer eigenen Natur, und wenn wir mit ihm rechten, so geschieht das auf keine andere Weise, als wie wir in uns selbst das Schiefe und Verkehrte bekämpfen."[103] Mit diesen Worten entschuldigt sich Schmidt 1852 für seine harten Angriffe auf Goethe. Was Schiller betrifft, spricht Julian Schmidt schon 1855 in einer sehr interessanten Bemerkung von der „neuerdings hervorgerufenen Schillerbewegung".[104] Drei Jahre später weiß Schmidt auch über die Motivierung dieses Wandels Bescheid: Schiller gelte jetzt nicht mehr als der Dichter der Freiheit, der Tugend, des freien Vaterlandes; er sei vielmehr zum Dichter des Idealen, der Idealität, des „Idealismus" geworden.[105] Wie sehr sich diese Begriffe entleert hatten, zeigt die gleichzeitige Benennung der Inhalte, die man bei Schiller nun nicht mehr findet, vor wenigen Jahren aber noch gefunden und getadelt hat.

Im Schillerjahr selbst heißt es schließlich bei Berthold Auerbach, er gehe jetzt ganz „in der Schillerströmung" auf.[106] Das Schillerfest wurde in ganz Deutschland gefeiert. Was Gottschall schon in der „Poetik" verkündet hatte, daß Schiller das „klassische Muster" schlechthin sei,[107] wurde jetzt dahingehend ergänzt, er sei der „wahre deutsche Nationaldichter", wie einer aus den mehr als hundert Titeln zum Schillerfest heißt. Unter diesen ein allegorisches Festspiel Gottschalls, Festreden von Moritz Carrière und Fr. Th. Vischer, ein Aufsatz Schmidts über „Schiller und seine Zeitgenossen. Eine Gabe für den 10. Nov. 1859"; Hermann Marggraff schreibt über „Schillers und Körners Freundschaftsbund" usw.[108] Bekannte und vergessene Namen drängen sich.

[103] Grenzboten 1852, III, S. 486.
[104] Grenzboten 1855, II, S. 481.
[105] Grenzboten 1858, IV, S. 402 f.
[106] Auerbach, Briefe an seinen Freund Jac. Auerbach, a.a.O., Brief vom 1.11.1859.
[107] Vgl. Gottschall, Poetik, a.a.O., II, S. 227.
[108] R. Gottschall, Erdenwallen und Apotheose. Allegorisches Festspiel zur Säcular-Feier Schillers, Breslau 1859. – Vischer, Rede zur hundertjährigen Feier der Geburt Schillers. In: Kritische Gänge, a.a.O., VI, S. 539 ff. – Die Schriften Schmidts und Marggraffs erschienen Leipzig 1859.

Auch nach diesem doch grundlegenden Wandel in der Beurteilung der Klassik bleibt manches, was kritikwürdig erscheint. Zu den wenigen unentwegten Kritikern gehört Otto Ludwig, zumindest was Schiller betrifft. Ludwig, der das Unglück des deutschen Dramas begründet sieht in dem von Schiller und Goethe geschaffenen „Literärdrama",[109] glaubt sich überhaupt legitimiert, die bisherige deutsche Literatur verdammen zu dürfen als eine „Art Buchgelehrsamkeit, die mit dem wirklichen Leben in keinem andern Bezuge steht, als in einem verderblichen".[110] So scharf wie Ludwig hat sich in den späteren fünfziger Jahren wohl niemand mehr geäußert. Sichtbar bleibt der Zwang, sich mit der Klassik auseinanderzusetzen, und zwar weniger in einem literarhistorischen Sinn, als in der Perspektive auf das eigene aktuelle Programm. In den vierziger, noch mehr aber in den fünfziger Jahren des 19. Jahrhunderts geht es um eine strenge und ernste Diskussion der Klassik unter diesem aktuellen Gesichtspunkt.

Es gibt in der Haltung des realistischen Programms der Klassik gegenüber keine schlichte Unterscheidung zwischen Ablehnung und Zustimmung. Hierfür war der Gegenstand zu vielschichtig. Für die hochklassische Periode zwischen etwa 1794 und 1805 – die Frühwerke wie der alte Goethe unterliegen anderen Kriterien – darf man immerhin vergröbernd sagen, daß die geistige Haltung Schillers und Goethes, ihre Thematik im allgemeinen für kritikwürdig gehalten wird, während die sog. klassische Form oft enthusiastischen Beifall findet. In den meisten Interpretationen klassischer Dichtung durch Julian Schmidt, der an erster Stelle genannt werden muß, weil er der Literarhistoriker des Programms schlechthin ist, läßt sich jene Divergenz der Beurteilung nachweisen.[111]

„Eine Kunst, wie sie sonst nur die Griechen kennen", attestiert Schmidt „Wilhelm Meisters Lehrjahren" und ihrer Prosa, was sich recht eigenartig ausnimmt neben dem intransigenten Urteil über die thematischen Intentionen desselben Werks. Ähnlich steht in dem schon zitierten Schiller-Artikel Schmidts neben dem langen Sündenkatalog eine Liste der formalen Vorzüge Schillers, die sich am Ende reduzieren auf Kriterien wie dem der „Klarheit", „Concentration", Spannung, Komposition. Was man in den poetischen Gehalten der Klassik sonst nicht fand, die Ver-

---

[109] Vgl. Ludwig, Ges. Werke, a.a.O., VI, Brief an B. Auerbach vom 23. 11. 1860.

[110] Vgl. Ludwig, Ges. Werke, a.a.O., VI, Brief an J. Schmidt vom 27. 2. 1863.

[111] Vgl. auch Gottschall: der Fortschritt der neuen deutschen Lyrik liege darin, daß sie sich der „Formbeherrschung" der Klassiker anschließt, thematisch sich aber „in wesentlichen Punkten" von ihr „emancipiert" hat, indem sie „volkstümlich" und „national" geworden ist. Gottschall, Die neue deutsche Lyrik. In: Die Gegenwart, a.a.O., VIII (1853), S. 30.

herrlichung des Soliden, der Arbeit, eben dies fand man als konstitutives Moment in ihrer Form und ihrer Theorie derselben.

Zwar gibt es auch Vorbehalte, aber sie stellen nicht grundsätzlich in Frage, sondern sind punktuell gemeint. Wobei sich oft genug die Seltsamkeit ereignet, daß es eine Kritik der klassischen Form ist, weil diese nicht klassisch genug erscheint. Beispiele hierfür finden sich häufig bei Freytag, Schmidt, Gottschall und Hettner; sie werden im einzelnen bei der Darstellung des neuen Formideals heranzuziehen sein.

Einen weiteren und schwerwiegenderen Anlaß zu Einwänden bot der „antike Wahn" Schillers und Goethes, ihr Glaube an die „ausschließliche Berechtigung der antiken Kunstform",[112] den Hettner als „prinzipielles Unding" verwarf.[113]

Es gibt wenige Werke der Klassik, die in beidem, nach Form wie Inhalt Zustimmung finden. Zum einen sind es so gut wie alle Balladen, zum großen Teil auch die Elegien; wenn Vischer Beispiele für seine Lyrik-Theorie braucht, holt er sie am liebsten aus Goethes Balladen. Zum andern aber „Hermann und Dorothea". Es war Schillers Manko, dem Goetheschen Epos kein vergleichbares Werk an die Seite stellen zu können. Hier sah man, und es schloß sich niemand aus, den richtigen, nämlich bürgerlichen Stoff auf die richtige, nämlich realistisch-idealisierende Art behandelt. „Hermann und Dorothea" wird zum Programm, zum Aufruf, wieder so zu dichten, – zwar nicht gerade in Hexametern, aber jedenfalls nach Stoffwahl und dem klassisch-plastischen Stil.

Eine letzte Phase der Auseinandersetzung mit der Klassik besteht darin, daß diese Auseinandersetzung aufhört eine solche zu sein. Insbesondere sind hier die „Preußischen Jahrbücher" zu nennen. Unbelastet von einer realistischen Vergangenheit verfaßt Rudolf Haym den großen zweiteiligen Aufsatz „Schiller an seinem hundertjährigen Jubiläum".[114] Während Hettner noch 1870 in seiner „Literaturgeschichte der Goethezeit" beziehungsreich meint, daß das Bildungsideal der Klassik das Bildungsideal des 18. Jahrhunderts „war und blieb",[115] versucht Haym über lange Seiten hin Schiller in zwei Perioden grundsätzlicher Unterschiedlichkeit aufzuspalten, in eine unreif-„revolutionäre" und eine der „Versöhnung" mit der Welt. Die Zweiteilung des Aufsatzes erfolgte nicht nur aus buch-

---

[112] Vgl. Schmidt, Grenzboten 1855, II, S. 481 und 1859, IV, S. 377.
[113] Vgl. Hettner, Romantische Schule, a.a.O., S. 101.
[114] Preußische Jahrbücher 1859.
[115] Hettner, Literaturgeschichte der Goethezeit, a.a.O., S. 667.

technischen Gründen.[116] Neben Hayms Schiller-Aufsatz ist auch der monströse Goethe-Artikel Hermann Marggraffs in der Ersch-Gruberschen Enzyklopädie (über 140 Seiten!) für die allgemeine Stimmung symptomatisch.[117] Goethe figuriert als „der teutscheste der teutschen Dichter", als ein „Culturdichter im wahrsten Sinne des Wortes". Marggraff hatte sich in seiner Zeitschrift immer gegen die überzogene Klassik-Kritik der „Grenzboten" ausgesprochen, war jedoch nie in eine derart niveau- und kritiklose Schönrederei verfallen, wie sie der Ersch-Grubersche Artikel zeigt. Hingewiesen sei noch auf Berthold Auerbachs Vortrag „Goethe und die Erzählungskunst", ebenfalls mehr Hymne als Analyse.[118]

[116] Aus dem Schlußabschnitt des Aufsatzes sei folgende Stelle (S. 663 f.) mitgeteilt:
„Ein mächtiger Trost jedoch ist uns eben jetzt zu Theil geworden. Wie kein zweiter Dichter lebt dieser unsterblich in dem Herzen seines Volkes. Die Welt hat das unvergleichliche Schauspiel gesehen, daß die getheilten Stämme, ja die zerrissenen und über den Erdball zerstreuten Glieder unseres Volkes in der Verehrung dieses Dichters sich ähnlich einmüthig begegnen, wie einst die Griechen in dem Preise und dem Verständniß des Homer. Es war diese Novemberfeier, wie es in einer der Festreden heißt, die uns vorliegen, ein ‚rechtes Siegesfest des Geistes', ein Beweis von der Dauer, ja von der unvergänglichen Lebendigkeit geistiger Wirkungen. Sie war vor allem ein Nationalfest. Ein Bekenntniß legte die deutsche Nation ab, daß sie, wie zerrissen auch äußerlich, innerlich unzerreißbar ist, und daß die Symbole ihrer Einheit ihr über Alles theuer sind."
[117] I. Sektion, 72. Bd., Leipzig (Brockhaus) 1861.
[118] Stuttgart 1861.

IV.

DAS „IDEALISMUS"-„REALISMUS"-PROBLEM IN DER FRÜHREALISTISCHEN PROGRAMMATIK

Der präzeptorische Charakter der neuen Kritik

Die Gruppe der programmatischen Realisten fühlt sich zwar nicht als avantgardistische Clique, wohl aber als Basis und Katalysator einer gesamtnationalen Erneuerung der deutschen Literatur; als Träger des „Paniers", wie Rudolf Gottschall sagt, um das sich in ganz Deutschland die Gleichgesinnten scharen sollen.[1] Das realistische Programm tritt oft mit einem dogmatischen Elan auf, es hat einen präzeptorischen Zug an sich und bemüht sich um die gültige ästhetische Norm. Zwar hat Gottschall den dogmatischen Anspruch der neueren Kritik einzuschränken gesucht; zu den wenigen Goldkörnern, die man in seiner „Poetik" finden kann, gehört die Einsicht, der gegenwärtige Poetiker könne nur als „Interpret" der zeitgenössischen Dichtung auftreten, nicht als absoluter Lehrer. Aber das ist nur eine momentane Regung ohne weitere Konsequenzen; Gottschall selbst hält sich keineswegs an seine Maxime.

Wie in der Renaissance-Poetik geht es durchaus um eine Kunstlehre.[2] Schon dieses Moment mutet traditionalistisch, ja klassizistisch an.[3] Den Idealismus und sein Prinzip der ästhetischen Systematisierung befehdete man zwar, jedoch erhalten sich Reste dieses Systematisierungswillens ebenso wie der Gedanke einer verbindlichen ästhetischen Norm. Dies zeigen nicht nur die in hegelischer Tradition stehenden Ästhetiken Vischers oder August Kahlerts.[4] In den fünfziger Jahren werden allgemein und dogmatisch gehaltene Einleitungen zu Zeitschriftenjahrgängen,

---

[1] Vgl. Gottschall, Poetik, a.a.O., I, S. IX.
[2] Vgl. auch Rudolf Unger, Klassizismus und Klassik in Deutschland. In: R. U., Gesammelte Studien, 3 Bde, III: Zur Dichtungs- und Geistesgeschichte der Goethezeit, Berlin 1944, S. 45, wo es über die Renaissance-Poetik heißt: „es sollte ja von der poetischen Theorie aus eine neue Literatur ... geschaffen werden"; dies sei eine für das „Verständnis des Klassizismus grundlegende Tatsache".
[3] E. v. Eck, a.a.O., S. 38 und S. 115, erwähnt einen ähnlichen Zug in den „Hall. Jbb.": man stellt „normative" Begriffe auf, ist „didaktisch", „programmatisch".
[4] August Kahlert, System der Ästhetik, Leipzig 1846.

Literaturgeschichten und Rezensionen sehr beliebt, bis es bei Julian Schmidt und Freytag soweit kommt, daß das zu besprechende Werk eingestandenermaßen nur mehr der Anlaß für eigene poetologische Auslassungen ist. Es ist bezeichnend, daß Schmidt die Form der Serie mit thematisch-programmatischer Einheitlichkeit bevorzugt. So gibt es durchkomponierte Rezensionsfolgen über die deutsche und französische Romantik, über die Restaurationsliteratur, „Ästhetische Streifzüge"; schließlich von Mal zu Mal prinzipielle Aufsätze ohne näheren Rezensionsgegenstand. Gottschall fühlt sich veranlaßt, seine Erkenntnisse und Meinungen in einer „Poetik" niederzulegen, ähnlich wie dies Freytag in seiner „Technik des Dramas" versucht.

Schmidts Ideal ist die „classische" Kritik, wie er sie nennt; sie ist von Lessing und Kant und, wie man ergänzen darf, von Gervinus vorgebildet und geht im Unterschied zur „romantisch"-subjektiven mit Methode vor. Sie hat Prinzipien und gründet sich auf ein „festes Ideal des Schönen".[5] Die klassische Kritik stellt etwa folgende Fragen: „Was für einen ästhetischen und sittlichen Eindruck hat der Dichter, ... welchen bestimmten Eindruck auf die Zuschauer hat er bezweckt? Ist dieser Zweck zu billigen oder nicht? Inwieweit entspricht das Einzelne und die Architektonik des Ganzen diesem Zweck? ... in welchem Verhältniß (steht) die Erscheinung des Guten, Schönen und Wahren, die es gefunden hat, zu den Idealen, welche das allgemeine Bewußtsein bereits umfaßt?"[6] Insbesondere der letzte Punkt entscheidet über „Werth und Unwerth" einer Dichtung. Die Kritik, sagt der zeitgenössische Literarhistoriker Josef Hillebrand, ist „das Thor, durch welches die literarische Produktion in die Welt der bürgerlichen Gemeinschaft treten will."[7] Sie hat es nicht auf „einzelne Werke", sondern auf „allgemeine Standpunkte" abgesehen. Aus dem Bewußtsein der Notwendigkeit solcher Standpunkte scheut sich Schmidt nicht, einen „Terrorismus" der Kritik zu rechtfertigen,[8] kurz, immer und überall einen „absoluten Maßstab" anzulegen.[9] So unbeliebt sich Schmidt mit seiner kritischen Intransigenz machte, sind doch allenthalben die Spuren eines ästhetischen Dogmatismus festzustellen. Friedrich Hebbel, der unter jenem Terror zu leiden hatte, scheint sich gleichwohl Schmidt anzuschließen, wenn er eine „prinzipielle Kritik" seinerseits für notwendig hält.[10]

[5] Vgl. Grenzboten 1850, II, S. 41 f.
[6] Grenzboten 1850, II, S. 43.
[7] J. Hillebrand, Die deutsche Nationalliteratur seit dem Anfange des 18. Jh.s, 3 Bde, 2. Aufl. Hamburg-Gotha 1850 ff., III, S. 272.
[8] Vgl. Grenzboten 1850, II, S. 42.
[9] Vgl. Grenzboten 1851, IV, S. 8.
[10] Brief an Gurlitt vom 4. 11. 1849.

Was in den genannten Erscheinungen zutagetritt, darf man als den Versuch zum Systemersatz bewerten. Später werden Literaturkritiker wie Otto Brahm dieses feste Wissen um das, was die Kunst ist und soll, als bloße Begriffsspielerei verurteilen.[11] Vergleicht man die Arbeiten Schmidts mit denen von Brahm, so fällt gerade die viel freiere, essayistisch-undogmatische, im Ästhetischen gleichsam liberale Art, mit der Brahm an einen Text herangeht, als erster Unterschied ins Auge. Während Brahm das vor ihm liegende Werk als interpretatorische Aufgabe begreift und sich tastend an ihm versucht, vergleicht es der Programmatiker von 1850 mit der ihm mehr oder minder feststehenden Norm und Regel. In diesem Sachverhalt drückt sich das Erbe der idealistischen Ästhetik aus, das in der realistischen Theorie, fast unlösbar mit dieser verbunden, weiterwirkt.

Die Begriffe des „Allgemeinen" und des „Charakteristischen"
in der realistischen Poetik

„Der Realismus", sagt Freytag, „welchen man rühmend oder zürnend ein Merkmal der Gegenwart nennt, ist in Kunst, Wissenschaft, im Glauben wie im Staate nichts als die erste Bildungsstufe eines aufsteigenden Geschlechtes, welche das gegenwärtige Leben nach allen Richtungen zu vergeistigen sucht, um dem Gemüth neuen Inhalt zu geben." Unter „Realismus" wird nicht nur ein künstlerisches Programm verstanden, sondern ein das ganze Leben umgestaltendes, aber aus ihm selbst hervorgehendes Prinzip. Als charakteristisch für dieses Neue gibt Freytag an: schärferes Auge für das Einzelne, erhöhte „Bethätigung für das Ganze, Bedürfnis des Anschlusses an Gleichgesinnte", praktische Gesichtspunkte;[12] Abkehr von der „Schöngeistigkeit", wie Schmidt hinzufügt.[13] In so gut wie jeder programmatischen Äußerung dieser Jahre taucht als Forderung die Abkehr von der „eitlen, träumerischen Einsamkeit", von der „gegenstandslosen Selbstbetrachtung" auf, an deren Stelle die Zuwendung zum „öffentlichen Markt des Lebens", zum „Gemeingefühl" des Volkes treten soll.[14] Keineswegs ist damit gemeint, der Dichter solle eine „Darstellung des Zeitgeistes" unternehmen; nach Schmidt fällt er in der Regel dann

[11] O. Brahm, Theodor Fontane. In: Meisterwerke deutscher Literaturkritik, a.a.O., II, S. 35.
[12] Vgl. Freytags Vorwort zum Schlußband der „Bilder aus der deutschen Vergangenheit".
[13] Vgl. Schmidt, Geschichte der deutschen Literatur im 19. Jh., 2. verm. Aufl. in 3 Bdn, Leipzig 1855, I, Vorrede zur 2. Aufl.
[14] Schmidt, Grenzboten 1851, II, S. 214.

selbst dem „Unglauben und der Zerfahrenheit des Zeitalters" anheim.[15] Der schlechte Zeitgeist des egoistischen Individualismus ist, wie Schmidt meint, ein Erbe aus der idealistischen Epoche und ihres Persönlichkeitsideals. In dieser Hinsicht versteht sich das realistische Programm als reformatorische Reaktion mit dem Ziel einer vom Individuum unabhängigen oder von diesem anerkannten durchgängigen nationalen Bildung.[16]

Die Unterordnung des Einzelnen in das Ganze, das zumindest innerhalb der „Grenzboten" oft genug fast als genormtes Kollektiv erscheint, geht als Maxime in die Poetik ein. Wie die Gesellschaft das ungebührliche Hervorheben des Individuellen „über alle Regel und über alles Allgemeine" nicht brauchen kann, so auch nicht die Dichtung. Vereinzelte Willkür führt beidemale zum Chaos. Dies ist nicht nur für den Schriftsteller gesagt, sondern gilt in einem gleichen Maße für Stoff und Form eines Kunstwerks. Nach Schmidt braucht wie die „Nation" so auch die Dichtung kollektive, allgemein bindende „Ideen". Fehlen sie, so bedeutet dies „in Beziehung auf die Form das Aufgeben aller Kunst, in Beziehung auf den Inhalt das Aufgeben aller menschlichen Idealität, in Beziehung auf die Tendenz das Aufgeben aller sittlichen Gedanken".[17] Die Vorstellung eines allseitig integrierten Kunstwerks ist der Leitgedanke nicht nur Schmidts, sondern des Realismus überhaupt. Schon in den vormärzlichen „Grenzboten" war „ein vollerer, massenhafterer Guß" etwa für die Erzählung gefordert worden; alle biedermeierlichen „Verbrämungen", wie „Reflexionen", „Räsonnements", das Hervortreten des isolierten Details, sollten ausgeschlossen sein.[18]

Daneben aber war das realistische Programm nun gerade von der Betonung des Details oder, wie man auch sagte, des „Individuellen", des „Charakteristischen" ausgegangen. Gustav Freytag hat 1849 in dem wichtigen programmatischen Aufsatz „Die Dichter des Details und Leopold Kompert"[19] als das Neue gegenüber der Restaurationsliteratur den „Instinct für das Detail" herausgestellt, das „Streben, Eigenthümlichkeiten der Objecte" herauszuarbeiten. „Die klare objective Darstellung,

[15] Grenzboten 1852, III, Vorwort zum neuen Semester.
[16] Ein ähnliches Programm hatte schon W. Menzels „Deutsche Literatur" aufgestellt. Zutreffend heißt es bei Hannalene Kipper, Die Literaturkritik Fr. Th. Vischers, Gießen 1941, S. 11, über Menzel: „Nach seiner Meinung war die Literatur eine nationale Aufgabe, ihre Ideen sollten die Ideen des Volkes und nicht die eines künstlerischen Individuums sein."
[17] Schmidt, Grenzboten 1851, III, S. 483 f.
[18] Vgl. Grenzboten 1845, II, S. 508 f.
[19] Grenzboten 1849, III, S. 181–186.

die liebevolle Charakteristik des Individuellen mit freiem Humor, sind die Entwicklungsstufen, von welchen eine neue Phase unserer poetischen Literatur beginnen mag. Zu dieser neuen Zeit führen einzelne Individualitäten herüber, welche hier Dichter des Details heißen mögen, der Bekannteste unter ihnen ist Berthold Auerbach." Freytag ebenso wie Schmidt und Otto Ludwig loben die charakterisierende Prosa Auerbachs, seine „genauere und objectivere Darstellung" des Details – aber die Erfüllung des realistischen Programms sind diese Dichter des Details noch nicht. Sie werden der Übergangsperiode von der alten zur neuen Dichtung zugeordnet. Das unverrückbare Ziel ist nach Freytag „ein neues Reich der poetischen Schönheit", erreichbar allerdings nur auf dem Weg über die Wahrheit der Detaildarstellung. Diese dient als Propädeutik für das eigentliche, der Zeit angemessene Kunstschaffen, wo ein großer Inhalt mit der großen Form harmoniert. Freytag sollte bald zu dem Glauben kommen, die Lehrjahre seien schon abgeschlossen; zumindest für das Drama propagiert er reinen Klassizismus. Auf dieser eigentlich „neuen" Stufe ordnet sich das Detail, das Charakteristische wieder einem Allgemeinen oder Idealtypischen unter.

Das Verhältnis des Besonderen zum Allgemeinen ist, philosophisch vertieft, eines der wichtigsten Probleme der klassischen Ästhetik. Mit dem Verfall der Inhalte des Idealismus bei gleichzeitiger Bewahrung seiner Fragestellung tauchte zwangsläufig das Problem auf, wie der Begriff des „Allgemeinen" inhaltlich zu definieren sei? Während der unpolitische Otto Ludwig sich eher an Ludwig Feuerbach hält und dessen theoretisch-anthropologische Vermittlung von Individuum und Gattung, materialisieren Freytag und Schmidt das Problem zum Verhältnis von Individuum und bürgerlicher Gesellschaft oder Nation, worauf bereits oben eingegangen wurde. Das volle Gewicht ihrer Bedeutung erhält diese Thematik jedoch erst vor dem Hintergrund der junghegelianischen Diskussion. Moses Heß bezeichnet 1845 die Versuche der jüngsten Philosophie (vor allem Feuerbachs), die Differenz zwischen Individuum und Gattung aufzuheben, in der Art, wie es hier geschehe, als nach wie vor abstrakt-idealistisch und fordert demgegenüber ähnlich wie Ruge und Marx die tatsächlich-praktische Aufhebung dieser Differenz, was seiner Meinung nach nur im Sozialismus geschehen kann.[20] Julius Fröbel, später Mitglied der Nationalversammlung, stimmt ihm zu, wenn er von der „separatistischen Neigung" als dem Symptom einer kranken Gesellschaft spricht.[21] Gerade an diesem Punkt einer scheinbaren Kontinuität vor- und nachmärzlicher

[20] M. Heß, Die letzten Philosophen. In: Der deutsche Vormärz, a.a.O., S. 47 f.
[21] J. Fröbel, Politik und Privatleben (1845), ebd. S. 55.

Fragestellungen wird der tatsächliche Unterschied besonders deutlich. Bei aller Kritik am deutschen („subjektiven") Idealismus setzten etwa die „Hallischen Jahrbücher" dessen wichtigstes Ergebnis voraus, nämlich daß die Freiheit des Subjekts dem Begriffe nach erkämpft wurde; jetzt müsse sich dieses Freiheitsprinzip in die realen Verhältnisse einbilden.[22] Diese Dialektik verfällt nach der Revolution, indem das in ihr enthaltene Moment der Negation, d. h. der Kritik beseitigt wird.

Wie diese Eliminierung ungebrochen in die Poetik übergeht, zeigt die realistische Diskussion des tragischen Helden und des Tragischen überhaupt besonders deutlich; dabei verschiebt sich der Akzent nur scheinbar vom übergeordneten Begriff der bürgerlichen Gesellschaft oder der nationalen Gemeinschaft auf das Individuum. Die „Hauptaufgabe der Kunst ist", schreibt Schmidt, „uns die Leidenschaften, die Charaktere und die Gewohnheiten des Menschen, aus dem sich das, was man Schicksal nennt, mit nothwendiger Konsequenz entwickelt, zu malen. Umgeht man diese Schilderung dadurch, daß man jene Triebfeder personifiziert und neben sie, außer sie stellt, so begeht man eine Sünde gegen den heiligen Geist der Kunst, wie gegen den ‚gesunden Menschenverstand'."[23] Schmidt scheint hier zunächst nur eine stärkere Berücksichtigung der Psychologie zu fordern; die Folgerungen gehen aber noch in eine andere Richtung. Otto Ludwig beklagt beim neueren Drama, daß es die Ursache des tragischen Verderbens nicht mehr allein im Individuum und seiner Psychologie sucht, sondern in den „Verhältnissen". Er macht hierfür die „sogenannte Humanität" verantwortlich, die mit der Sophistik der Weichlichkeit die Schuld von sich weg auf andere schiebe.[24] Worauf diese Argumentation hinaus will, ist klar: der Einzelne ist voll verantwortlich für das, was er tut und erleidet; eben dadurch genießt das gesellschaftliche Ganze Immunität. Schmidt, der hartnäckigste Kritiker jedes Individualismus, wandelt sich in der Frage des tragischen Schicksals zum Individualisten, wobei er den Vorzug hat, dies mit den psychologischen Bedürfnissen des neuen Realismus begründen zu können.

„Realismus" als Streben nach neuer „Einfachheit"

Gustav Freytag schreibt einmal über Auerbach, es sei weniger der „künstlerische Werth" als die „Ursprünglichkeit, Frische" seiner Dichtungen gewesen, die ihn vor anderen Schriftstellern heraushob; er sei der positive

[22] Vgl. E. v. Eck, a.a.O., S. 32.
[23] Grenzboten 1858, III, S. 76.
[24] Vgl. Ludwig, Ges. Schriften, a.a.O., VI, S. 19 f.

Gegensatz zur „Theetisch- und Salonliteratur" der Restaurationszeit.[25] Freytag bezieht sich hier auf die Kategorie der „Simplicität", die tatsächlich mit dem Realismus-Programm auf das engste verknüpft ist. 1851 bringt Julian Schmidt einen für die realistische Theorie sehr aufschlußreichen Aufsatz, der in Ergänzung zu den Freytagschen Definitionen zusammenfaßt, was unter „Realismus" zu verstehen sei.[26] Obgleich erst in kleinen Zügen angedeutet, meint Schmidt, bereite sich in der gegenwärtigen literarischen Entwicklung eine Revolution vor, die vollkommen mit der Periode seit Schiller und Goethe bricht. Während die Poesie dieser Epoche „exclusiv" war, strebe die gegenwärtige nach „Volksthümlichkeit", nach „Natur", die gerade das Gegenteil zur „Natur" Rousseaus oder des „Werther" bilde, indem diese nur „sentimentalisch" sei, nur ein Symbol für irgendein ersehntes Ideal. Die allgemeinen Grundsätze, die Schmidt nun für die Dichtung aufstellt, darf man unter dem Begriff einer neuen Einfachheit zusammenfassen. Schmidt wendet ihn im Fortgang des Artikels vor allem auf die literarischen Gattungen an. Das Drama strebe nach der Wiedervereinigung mit seiner natürlichen Voraussetzung, der Bühne, und „fügt sich darum aufs Neue der Form und dem Gesetz, deren die souveräne Laune der früheren Dichter spottet". Die Lyrik kehrt zur „einfachen Empfindung" zurück: „Man läßt dem Herzen wieder freien Lauf, ohne ihm durch das Gewürz der Ironie einen haut-gout geben zu wollen; man wagt es wieder, gutmüthig und bon enfant zu sein." Wie zur Illustration dieser lyrischen Simplizität druckt Freytag mitten im Revolutionsjahr folgendes Gedicht ab, das er als vorbildlich hinstellt:

> Im Sommer
> Wie drücket mich der Sommer nieder
> Die Hitze ist entsetzlich;
> O, käme bald der Winter wieder
> So freundlich und ergötzlich!
> Sie ist so schön, die stille Zeit,
> Wo in argloser Heiterkeit
> Man sich vereint im trauten Zimmer
> Und bei gedämpftem Lampenschimmer
> Sein Pfeifchen raucht, sein Liedchen singt,
> Und, wenn man liebt, ein Lebhoch bringt
> Und friedlich schwatzt und fröhlich lärmt
> Und sich am Ofen wärmt."[27]

---

[25] Vgl. Grenzboten 1852, I, S. 95. – Es kennzeichnet die reflektierte Art Hebbels, wenn er über Auerbach schreibt: „Lächerlicheres kanns doch nicht geben, als die Auerbachsche Bauernverhimmelung." Vgl. Tagebuch 5253 (1854).
[26] Schmidt, Die Reaction in der deutschen Poesie. Grenzboten 1851, I, S. 17–25.
[27] Grenzboten 1848, III, S. 336.

Der von Freytag gepriesene „stille Frieden" dieses Gedichts und seine angebliche Natürlichkeit haben zunächst weder mit Klassizismus noch mit Realismus etwas zu tun. Diese Art „Einfachheit" ist nur zu verstehen aus der Gegnerschaft zur Restaurationsliteratur, die für zu kompliziert und versponnen galt; schließlich ist sie gedacht als Widerpart zu den vorrevolutionären und revolutionären Emotionen, als Sedativ für das erregte gesellschaftliche und private Leben dieser Zeit. Jedoch setzen sich auch gewisse Tendenzen der Biedermeierzeit fort, etwa die Entheroisierung des Menschenbildes[28] – worauf die „Grenzboten" jedoch nicht hinweisen.

Was die allgemeine geistige Entwicklung angeht, aus der jene neue Einfachheit der Literatur entspringt, greift Schmidt im angezogenen Aufsatz, neben der Abkehr von Philosophie und bodenloser Metaphysik, zwei Komplexe heraus. Man sehne sich jetzt wieder nach Religion, aber nicht zur mystisch-romantischen, sondern zur gesunden Religion als einem solamen miseris, „durch welches man sich der unnützen Fragen und Zweifel entledigt, die doch zu nichts führen". Schließlich nennt Schmidt den Abschied vom deklamatorischen „Dogmatismus unserer politischen Ideale" seit den „letzten drei Jahren", seit 1848 also. Auch hier werde eine „Rückkehr zum Endlichen, Bestimmten, Positiven nothwendig".

Mit diesem Programm der Rückkehr zum Begrenzt-Wirklichen, das zugleich das Einfache ist, verbinden sich ohne weiteres Prädikate wie „Maaß", „Klarheit", „harmonische Form" usw. Der bisherige ästhetische Idealismus sprengt und zerstört nach Schmidt die fest umrissene plastische Form. Ein Faust, der ins falsche Unendliche strebt, muß auch die Grenzen der dramatischen Kunst zerbrechen. So bezieht sich das Streben nach neuer Einfachheit zunächst auf Fragen der dichterischen Stoffe und auf die geistige Haltung, endlich aber auch auf formale Prinzipien. Im Begriff der Simplizität ist also die organische Verbindung zwischen dem neuen stofflich und inhaltlich sehr begrenzten „Realismus" und der Neigung zur klassisch-klassizistischen Form aufgedeckt.

Das Bedürfnis nach Einfachheit oder „wiedererkämpfter Naivität", wie man auch sagte,[29] zwang zunächst zu dem Mittel einer strikten Stoffauswahl. Wenn es nicht um geschichtliche Stoffe, sondern um Sujets aus der Gegenwart ging, konzentrierte man sich auf Darstellungen aus dem kleinen, wenn es hoch kam mittelständischen Leben. Diese Suche nach dem „einfachen Leben", das nach manchen Kritikern sogar in „homeri-

[28] Vgl. Jost Hermand, Die literarische Formenwelt des Biedermeier, Gießen 1958, S. 14.
[29] Schmidt, Grenzboten 1850, I, S. 9.

scher Einfalt" dahingehen soll,[30] belastet den Realismus von Anfang an spürbar. Eine durchaus repräsentative Rezension von Hebbels „Maria Magdalene" bezeichnet schon im Vormärz klar die Linie, über die hinauszugehen man nicht gewillt ist. Wie Hebbel seine Charaktere zeichnet, ihre psychologische Wahrheit und „plastische Individualisierung", damit ist der Rezensent durchaus einverstanden. Der entscheidende Einwand folgt jedoch auf dem Fuße; die Wahrheit allein genüge nicht, zu ihr müsse die Schönheit treten: „mit dieser Kraft zu gestalten, hätten wir dem Dichter ein edleres Material gewünscht."[31]
Auf eine ähnliche Argumentation läuft Schmidts „Maria Magdalene"-Kritik hinaus. Sie lobt als den Vorzug dieses Dramas, „daß es nicht in einer poetischen, d. h. eingebildeten ... Zeit spielt, sondern in der Gegenwart, in der Beschränktheit des kleinbürgerlichen Familienlebens, das der Dichter kennt und darum auch darzustellen vermag."[32] Das beschränkte Lokal, das dem Realismus als eine Art Probierstein für die künftig erhofften größeren Leistungen dienen soll, findet Zustimmung. Aber es ist nicht das „gesunde" kleine Leben der Dorfgeschichte, das Hebbel dramatisiert; er wählt das Kleinbürgertum nicht aus den Motiven, die für Auerbach maßgebend waren, sondern aus gerade entgegengesetzten, weil Hebbel tatsächlich sozialpathologisch interessiert war. Die Vorliebe für das Gesunde und Eingeschränkte mußte, wie schon bei dem oben zitierten Gedicht deutlich wurde, das Triviale streifen. Nur der Kuriosität halber sei zitiert, was Schmidt über einen heute vollständig vergessenen Roman Hackländers äußert:
„Es freut mich, einmal unbedingt loben zu können. Der Kreis, in dem sich dieser kleine Roman bewegt, ist enge, er beschränkt sich auf eine Mühle, eine Schnittwarenhandlung und ein paar umliegende Häuser; aber man wird in diesem Kreise vollständig vertraut, die einzelnen Figuren sind in scharfen Umrissen, naturgetreu und mit lebendigen Farben gezeichnet, wir leben unter wirklichen Menschen, Menschen von Fleisch und Blut, nicht Schemen der Fieberphantasie oder Reminiscenzen aus irgendeinem Kompendium der Metaphysik. Es herrscht in dieser Welt ein klarer Verstand und ein gesundes, tüchtiges Gemüth usw."[33]
Nicht, daß Schmidts Schnittwarenpoesie zu seiner Zeit unangefochten geblieben wäre; Prutz, Marggraff und Gottschall haben energisch protestiert, sie wünschten würdigere Stoffe. Andererseits wußte Schmidt sehr gut, daß es sich beim Verfasser dieses Romans mit dem bezeichnenden

[30] So F. G. Kühne in den Grenzboten 1844, I, S. 67.
[31] Grenzboten 1846, IV, S. 126 f.
[32] Grenzboten 1847, II, S. 507.
[33] Grenzboten 1850, IV, S. 953.

Titel „Handel und Wandel" nur um eine kleine Nummer handelte. Schmidts Lob ist cum grano salis zu verstehen, als pädagogische Maßnahme. Dennoch haben selbst profilierte Geister wie Gottfried Keller keine Scheu vor dem Bekenntnis zum Pausbäckig-Gesunden der kleinen Welt. Hier schien die geforderte Identifikation des Autors mit seiner Gestalt noch möglich. Gerade diese Zustimmung und dieses Einvernehmen mit der Wirklichkeit gilt als eine der ersten und wichtigsten Voraussetzungen für realistische Gestaltung.

Wie bereits bei Freytag zu sehen war, mischen sich, was die Welt der Dorfgeschichte und des übrigen kleinen Lebens betrifft, in die Begeisterung auch Vorbehalte, die endlich im Laufe der fünfziger Jahre immer stärker werden. Sie beziehen sich gerade auf den Punkt, der die programmatische Vereinigung von „Wahrheit" und „Schönheit" erst ermöglichte: auf das Provinzielle dieser Stoffe, das Fehlen einer Totalität. Der Vorliebe für das Gesund-Naive tritt das Ungenügen an der Winzigkeit des Gegenstandes gegenüber. Hier nun wird ein bedeutender Punkt der programmatischen Diskussion erreicht: sie ist in den fünfziger Jahren gekennzeichnet von dem Versuch, Genre und Klassizismus, die bislang Gegensätze waren, zu harmonisieren. Es gibt hierzu eine deutlich ausgeführte Parallele in der Bildenden Kunst. Der Genremaler, der sich an den Niederländern orientiert, gilt sehr viel; andererseits genießt die überdimensionale Historienmalerei Cornelius' mit ihrem verklärten Inhalt und den monumentalen Formen höchstes Ansehen.[34] Das vollkommene Ideal liegt jedoch in der Mitte dieser gegensätzlichen Stile. Goethe schien mit „Hermann und Dorothea", wo sich das Genrehaft-Idyllische und das Großartig-Epische vereinigen, das vorliegende Problem gelöst zu haben.

Unter ähnlichen Perspektiven wie Freytag und Schmidt hat Otto Ludwig die dörflichen und kleinbürgerlichen Sujets gesehen, worin eben nicht allein ein Problem des Stoffs, sondern auch ein stilistisches Problem verborgen lag. Ludwig kritisiert die Enge und Armut der Dorferzählungen. Zwar würden diese Schwächen ausgeglichen durch „große Innigkeit", „Lyrik", „deutsche Idealität". Dennoch gelte es, die Dorferzählung, unter Beibehaltung ihrer genannten Vorzüge, in eine größere Form überzuführen, wofür sich momentan nur der Roman anbietet. Dadurch stelle sich ein Gewinn an Handlung und Figuren ein und es bliebe doch erhalten, was sich in der Dorfgeschichte als „Bedingung der deutschen Nationalität herausgestellt" habe.[35] Ludwig kommt es nicht auf die Form

[34] Vgl. Grenzboten 1850, III, S. 474 ff.
[35] Ludwig, Ges. Schriften, a.a.O., VI, S. 78 ff.

des Romans als solche an, der er nicht vorbehaltlos gegenübersteht, vielmehr auf eine stoffliche und inhaltliche Ausweitung, mit der eine stilistische Sublimierung verbunden sein soll im Sinne eines Gewinns an Großartigkeit. Bei Berthold Auerbach selbst zeigen sich ähnliche Tendenzen; er versuchte seit Anfang der fünfziger Jahre zum Roman zu gelangen, ja arbeitet schließlich, wie er seinem Freund Jacob Auerbach mitteilt, an einem großen Gemälde aus Straßburgs Geschichte, diesem „objectiven, historischen, patriotischen Stoff",[36] der „ähnlich in der Structur werden soll" wie die „Iliade".[37]

Die Maxime einer Rückkehr zum Einfachen und Gesunden, die die klassizistische Kategorie der Monumentalität nicht ausschloß, muß vor dem Hintergrund der realistischen Kulturkritik gesehen werden; sie hat, wie Schmidt zutreffend formuliert, den Charakter einer „Reaction", der sich untrennbar mit der realistischen Theorie der Zeit verbindet. Besonders bei Otto Ludwig ist dieser Zug deutlich ausgeprägt: „Das Raffinement, das entsetzlich Outrierte, Gequälte, dieser nüchterne Rausch, diese Formlosigkeit von Inhalt und Inhaltlosigkeit von Form, all das, was die Poesie unsrer Zeit bezeichnet, treibt mit Gewalt zurück zu Shakespeare, Plautus, Homer, der Bibel, zum Volksliede, zu vielem in Goethe und Lessing. Luther nicht zu vergessen und Schillers Lied von der Glocke. Richters Illustrationen sind eine Erquickung, Haydn, Mozart und das meiste von Beethoven machen uns gesund, so lange wir sie hören. An Freytag fühlt man beständig, daß dieser Drang in ihm ist..."[38]

Ludwigs Glaube an die objektive Möglichkeit einer Rückkehr zum „Gesunden" ist aber nicht ungetrübt. Ehrlicher und selbstkritischer als der von ihm zitierte Freytag bekennt Ludwig, daß ihn dieser Eifer, „zur Gesundheit zurückzukehren, fieberhaft und ungesund" mache: „Da ich den Weg nicht finde".[39] Bei ihm fehlt völlig, seiner politischen Uninteressiertheit entsprechend, die Erwartung einer „neuclassischen" Kultur als Folge der politischen und ökonomischen Entwicklung Deutschlands, wie man sie vor allem bei Gottschall und Hettner antrifft. Andere Realisten, wie Schmidt und Freytag, greifen beide Aspekte auf, sowohl jenes Zurück wie dieses Vorwärts. Und es handelt sich hier nicht um einen Widerspruch. Es geht beidemale um dasselbe Anliegen, daß sich nämlich der im realistischen Programm noch immer vorhandene traditionalistische Poesiebegriff eine historische Legitimation sucht – sei es im Appell einer Rück-

---

[36] Brief an Jac. Auerbach vom 4. 7. 1861.
[37] Brief an Jac. Auerbach vom 27. 8. 1861.
[38] Ludwig, Ges. Schriften, a.a.O., VI, S. 82.
[39] Ludwig, Ges. Schriften, a.a.O., VI, S. 82.

kehr der Kultur zur gesunden Einfachheit, was subjektiv nicht gelingt, aber doch als in etwa möglich hingestellt wird; sei es in der erwarteten Entwicklung der Nation, die eine gewaltige Steigerung der gesamten Lebensverhältnisse mitsichbringen sollte mit dem Ergebnis, daß Realistik der Darstellung und Schönheit des Dargestellten zusammenfallen – ohne irgendeine bisher noch notwendige Limitierung der Stoffe auf das Abgelegen-Provinzielle.

„Kunst" statt „blose Nachahmung"

Schon zu Beginn der fünfziger Jahre hielt man es für wichtig und nötig, vor einer einseitigen Übertreibung des Prinzips der realistischen „Charakteristik" zu warnen. Die einzelnen Zeitschriften klassifizieren sich gegenseitig nach der Frage, wie man es denn mit dem Realismus in dieser Hinsicht halte? Den „Grenzboten" wird dabei meist der Vorwurf gemacht, sie kämen einem schlechten „Naturalismus", einer Übertreibung des Prinzips zu weit entgegen. Insbesondere die „Blätter für literarische Unterhaltung",[40] das „Deutsche Museum" von Prutz und Rudolf Gottschall beklagen einen gegenwärtig weitverbreiteten „naturalistischen Geist", der alle „Idealität" aus der Kunst entferne.[41] Es handelt sich hier um eine gewissermaßen innerparteiliche Opposition, denn auch die „Blätter" begrüßen die Überwindung der „idealistischen" Literatur zugunsten einer genaueren Realistik, wenn auch nicht so prononciert wie die „Grenzboten".

Aus der Ferne gesehen war der Streit gewiß überflüssig. Es ist bezeichnend, daß der sonst gern polemische Schmidt auf die gegen die „Grenzboten" gerichteten Angriffe fast nur mit Richtigstellungen antwortet: man habe ihn mißverstanden; auch er wünsche sich einen Realismus, der das Wahre, Gute und Schöne – ein Kanon, der bei Schmidt oft vorkommt – nicht zugunsten eines krassen „Naturalismus" aus den Augen lasse. Man darf sogar sagen, daß sich Schmidt und Freytag ebenso stark wie auf die Kritik der Romantik auf die Kritik eines dichterischen „Materialismus der Thatsachen" konzentrieren.[42] Schon Gotthelfs und Stifters

---

[40] Die überwiegend pietätvolle Haltung dieser Zs. der Tradition, besonders der Klassik gegenüber wurde schon erwähnt; die „Blätter" unterscheiden sich in dieser Hinsicht von den „Grenzboten". Dennoch würde ein schiefer Eindruck vermittelt, wollte man die Differenzen allein herausheben; man darf auch hier, wie im Verhältnis der „Grenzboten" zu den „Preuß. Jbb.", von einer Konvergenz der Meinungen sprechen, wie sie sich aufgrund der gemeinsamen spätidealistischen Grundlage entwickeln konnte.

[41] Blätter für literarische Unterhaltung 1855, S. 642.

[42] Vgl. Grenzboten 1852, I, S. 336.

beschreibende Breite schien über das Maß des Erlaubten hinauszugehen; vor allem aber ist der englische und französische Roman, insbesondere dieser, Gegenstand der Kritik. Während Dickens dem Programm nur in einigen Punkten zu weit geht, findet Thackerays illusionslose Wirklichkeit nicht einmal im anglophilen Schmidt einen Verteidiger. Über Eugène Sue oder Balzac kann es aber schon keine ernsthafte Diskussion mehr geben. Schmidts Balzac-Kritik ist, bei aller Anerkennung des Balzacschen Genies, rein negativ.[43]

In der schon öfter angezogenen Büchner-Kritik Schmidts steht der programmatische Satz: „Wenn die Dichtung ein Duplicat des Wirklichen gäbe, so wüßte man nicht, wozu sie da wäre. Sie soll erheben, ergötzen; das kann sie nur durch Ideale."[44] Wichtig ist hier der konstruierte Gegensatz von „Duplicat" und „Ideal", der das eigentliche Realismus-Problem im Grunde übergeht. Als „naturalistisch" bezeichnet Schmidt eine Dichtung, die des „Idealen" entbehrt – eben deshalb ist sie kunstlos, ist „Liebe des Häßlichen", „Depravation des Geistes", wie Schmidt mit Chateaubriand sagt.[45] Der oben zitierte Satz aus der Büchner-Kritik impliziert die Voraussetzung, es bestehe noch immer die Wahlfreiheit zwischen einer realistischen oder, wie Schmidt es nennt, „naturalistischen" und einer „idealen" Kunst.

Der Begriffsbereich „naturalistisch" spielt bei allen Programmatikern eine wichtige Rolle. Allzuviele Indizien sprechen dafür, daß er bewußt tendenziös – als der schlechte Gegensatz zum eigentlichen Realismus – nur zu dem Zwecke hochgespielt wird, um auf ihn, als einem von vornherein negativen Begriff, jene Probleme abzuschieben, die bei einer vorbehaltlosen Realismus-Diskussion doch wohl zur Sprache kommen müßten: man versucht mithilfe einer gezielt qualifizierenden Nomenklatur einer ernsthaften Erörterung des Realismus-Begriffs aus dem Wege zu gehen. „Daß zunächst die materielle Nachahmung der Natur, auch wenn sie künstlerischen Gesetzen folgt, auch wenn sie die Poesie der Linien, der Farben, der Composition in hohem Grade erreicht, nur eine untergeordnete Stelle innerhalb der Kunst einnimmt, wird wol jedermann dem Verfasser zugeben..."[46] Zu diesem „reinen Realismus", der schon den Gesetzen der Kunst folgt, müsse vielmehr hinzutreten die „Nothwendig-

[43] Grenzboten 1850, III, S. 420 ff. – „Der Roman hat sich in die allergemeinste Wirklichkeit des Irdischen verloren, das Geld ist der Angelpunkt seiner Ideale, seiner Hoffnungen, seiner Begierden" (S. 429).
[44] Grenzboten 1851, I, S. 123.
[45] Vgl. Grenzboten 1850, I, S. 381.
[46] Grenzboten 1854, IV, S. 45 f.

keit einer symbolischen, poetischen, allgemein menschlichen, idealen Wahrheit". Diese „symbolische Wahrheit" und das gemeinte Symbol soll vermitteln zwischen dem geforderten Ideal oder der „Idee" und der nicht weniger postulierten „realistischen Darstellung" im einzelnen. Deutlich ist hierbei, daß dieser Symbolbegriff noch immer in der Spannung des idealen Allgemeinen und des vereinzelt Wirklichen steht; er hat sich noch nicht vom idealistischen Symbolbegriff emanzipiert: das Symbol ist noch nicht zu einer realistischen Beliebigkeit dessen, was es repräsentiert, gelangt.

Es wurde bereits darauf hingewiesen, daß vor allem der Realismus der englischen und französischen Romanliteratur Anlaß gab, den deutschen Dichter vor dem „naturalistischen Geist" zu warnen. Vor allem sind es die sozialkritischen Einschläge bei Dickens, Thackeray oder George Eliot, die Anstoß erregen. Der ästhetische Vorbehalt verschmilzt mit dem sozialen, wenn Schmidt gelegentlich eines neuen amerikanischen Romans sagt: „Am häßlichsten aber ist die trübe, alles Ideals entbehrende Stimmung, die sich über das ganze Gemälde breitet, eine Stimmung, die wir auch bei den neuesten englischen Novellisten wiederfinden, und die ihren ersten Grund in einer sophistischen Moral hat."[47] Was Schmidt mit dieser „sophistischen Moral" meint, ist dasselbe, was Otto Ludwig die Schuld von sich weg auf die Verhältnisse schieben genannt hatte. Schmidt begreift sehr gut, daß eben jene Passagen bei Dickens und Thackeray die besten und wirksamsten sind, wo sie nicht „Engel", vor allem weibliche, malen, sondern ins niedere soziale Milieu gehen und Gut und Böse im Menschen beisammen lassen. Die Konsequenzen aus dieser Einsicht werden jedoch nicht bis zu jener anderen Einsicht fortgetrieben, daß die im englischen Roman gelobte Darstellungskraft, seine psychologische Spannung, die Lebendigkeit der Gestalten gerade mit diesem Realismus einer Totalität des modernen Lebens zusammenhängt. Es handelt sich hier um eine spätidealistische Prämisse des deutschen theoretischen Realismus: „Wenn der Wahrheit und dem Effect Schönheit und Mäßigung ganz und gar geopfert werden, dann hat die Verkennung des wahren Wesens der Kunst den höchsten Grad erreicht."[48]

Zusammenfassend darf man sagen: unter „Naturalismus" versteht man die Abwesenheit einer qualitativen Aufwertung der Wirklichkeit ins Exemplarische, Vorbildhafte, Gute oder Schöne. „Nachahmung" wird gleichgesetzt mit kunstloser „Kopie", und gerade an diesem Punkt wird deutlich, inwiefern dieser Realismus in erster Linie nicht eine Wieder-

---

[47] Grenzboten 1852, I, S. 336.
[48] Grenzboten 1856, II, S. 337.

aufnahme und Fortentwicklung des Mimesis-Begriffes, vornehmlich jenes der Aufklärung, darstellt, sondern daß er zuerst im Rahmen der nach-idealistischen Ästhetik zu fassen ist; wobei der Begriff einer „nachidealistischen Ästhetik" mehr aussagt als eine chronologische Bestimmung. Die Selbstverständlichkeit, daß „Kunst" nicht Kopie sein dürfe und könne, wird sofort dahingehend polarisiert, sie habe das Ideale darzustellen. Erst der reife Realismus, z. B. Fontane in seiner Rezension von Hauptmanns „Vor Sonnenaufgang",[49] kommt zu der Erkenntnis, daß auch im konsequentesten Realismus „Kunst" möglich sei.

Der wahre „Realismus"

Otto Ludwig wird zu den wichtigsten Wortführern des Realismus gezählt und mit Recht.[50] Aber gerade Ludwig konnte den Satz formulieren, es gelte jetzt nicht „in absichtlicher Opposition gegen allen Realismus zu stehn; es gilt vielmehr realistische Ideale darzustellen, d. h. die Ideale unsrer Zeit".[51] Eher hätte man erwartet, Ludwig warnte vor einer gänzlichen Verneinung des ästhetischen Idealismus als vor einer Negation des Prinzips, das der Richtung nun doch einmal den Namen gab.
Was hier bei Ludwig anklingt, war in der Tat eine der lautesten Parolen des Programms: „Gegenwart und Wirklichkeit" für die Kunst. Ein literarisches Werk mit Stoffen aus der Gegenwart, wozu auch die nähere, noch unmittelbar erfahrbare Geschichte rechnet, heißt oft schon deshalb „realistisch". Es gelte nur, die „große Quantität Poesie auch in dem wirklichen Leben" der eigenen Zeit zu entdecken.[52] Die „Aufgabe wäre also", so heißt es wiederum bei Ludwig, „keine andre, als die Kunstgesetze, die aus dem Wesentlichen und Ewiggleichen der menschlichen Natur entwickelt sind, in ganz neuem Stoffe, auf ganz neue Weise zu realisieren".[53] Diese Art der Argumentation ist durchaus typisch. Der Widerspruch zwischen tradierter und nirgends ernsthaft durchbrochener Form und historisch nicht mehr entsprechendem Inhalt, verändertem

---

[49] In: Meisterwerke deutscher Literaturkritik, a.a.O., II, S. 886 ff.
[50] Hinter Ludwig trat Schmidts Bedeutung bisher ungebührend stark zurück; jedoch hat gerade Ludwig mehrfach auf Schmidts Einfluß hingewiesen. Vgl. etwa Ges. Schriften, a.a.O., VI, S. 18: „Den Mut, endlich nun erst zu sehen, was lange vor meinen Augen lag, hat mir doch erst J. Schmidts Zueignung seines Schillerbuches gegeben; er hat dadurch seine Ansprüche auf meine Dankbarkeit um ein Großes vermehrt."
[51] Ludwig, Ges. Schriften, a.a.O., VI, S. 16.
[52] Ludwig, Ges. Schriften, a.a.O., VI, S. 192.
[53] Ludwig, Ges. Schriften, a.a.O., VI, S. 193.

Bewußtsein wird durch die Zurückführung der historischen Formen auf ein Ewig-Menschliches verdeckt. Auch eine so vorsichtige und die Tradition überwiegend pietätvoll respektierende Zeitschrift wie die „Blätter für literarische Unterhaltung" bringt nun Artikel wie „Das realistische Princip im Roman". Hermann Marggraff schreibt: „Wir sind weit davon entfernt, die Behandlung realistischer Stoffe im Roman in Bausch und Bogen zu verwerfen."[54] Marggraff spricht bewußt nicht von einer realistischen Behandlung von Stoffen aus der Gegenwart, welche Formulierung man erwartet haben mag. Deutlich ist, daß sich dieser Realismus als „Realismus" weniger auf das Wie? als das Was? konzentriert; Form- und Stilfragen werden gerade auch in den „Blättern für literarische Unterhaltung" viel und intensiv diskutiert, aber nur höchst selten in einem ausgesprochenen Zusammenhang mit der Realismus-Forderung. Im Gegenteil: in den „Blättern" wie in den „Grenzboten", vor allem aber auch bei Hermann Hettner,[55] werden die postulierten Form- und Stilmaximen meist als Korrektiv des realistischen Prinzips verstanden.

Die Vermittlung von „Idealität" und „Realität" ist das Generalthema des programmatischen Realismus. Abseits von allen knifflichen ästhetischen Theorien hat Freytag hierfür den Begriff der „poetischen Verklärung" bevorzugt. In einem „Nachruf für Fritz Reuter"[56] meint Freytag, Reuter habe auch den „kleineren Kreisen des Volkslebens" das eigene harte Dasein „verklärt wie kein anderer". Dafür gebühre ihm Dank: „Hunderttausende haben durch ihn das Bewußtsein erhalten, wie tüchtig und brav ihre Existenz ist, wieviel Wärme, Liebe und Poesie auch in ihrem mühevollen Leben zutage kommt." Das ist für Freytag, der ganz ein Wirkungsästhetiker war, der wesentlichste Zweck der Dichtung; sie soll das Bessere vorspiegeln und dadurch trösten. Freytag selbst hat sich immer an diese Maxime gehalten und seine Erfolge bestätigen, daß das Rezept einem tiefen Bedürfnis entgegenkam. Die Poesie wird zum Surrogat des besseren Lebens, wenn der Dichter „die ungeheuere, furchtbare, unverständliche Welt ins Menschliche umgedeutet (hat) nach den Bedürfnissen eines edlen und sehnsuchtsvollen Gemüths".[57] Es ist einer der Vorzüge Freytags, daß er sich nicht lange mit den immer leerer werdenden Abstraktionen von „Idealismus" und „Realismus" und ihrem Verhältnis abgibt, sondern geradewegs auf das zugrundeliegende ideologische Be-

---

54 Blätter für literarische Unterhaltung 1856, II, S. 573.
55 Näheres hierzu s. u. S. 143 ff.
56 Neues Reich 1874, Nr. 30. Wiederabgedruckt in: Freytag, Ges. Werke in 22 Bänden, Leipzig 1886 ff., XVI, S. 211.
57 Grenzboten 1870, Nr. 26. Wiederabgedruckt in: Ges. Werke in 22 Bdn, a.a.O., XVI, S. 248.

dürfnis eingeht.[58] Es ist durchaus ein Bedürfnis des Bildungsliberalismus, der den konkreten Problemen des gesellschaftlichen und ökonomischen Prozesses aus dem Weg gehen will. Hier schlägt sich bei Freytag und Schmidt, der die Arbeit des Volks poetisch verklärt wissen will, die steigende Entfremdung des gebildeten Bürgertums vom Kleinbürgertum und der Arbeiterschaft nieder.

Der Versuch zur künstlerischen Überwindung und deutenden Rationalisierung einer ungenügenden Wirklichkeit kann wohl legitimes Bedürfnis der Literatur sein; er wird zweifelhaft, wenn er sozial fungibel wird. Was Freytag „Umdeuten" des Wirklichen nennt, heißt sonst „Idealisieren": man zielt auf eine fiktive Harmonie, auf das „behagliche Gefühl der Sicherheit", wie Freytag sagt.[59] Eine anschauliche Erläuterung zu diesem Bedürfnis nach poetischer Verklärung sind die Bilder, Graphiken und Illustrationen Ludwig Richters. Richter wurde in den fünfziger Jahren hoch verehrt und gerade von den Realisten. Er stelle Mensch und Natur in „poetischer" Auffassung dar, in einem innigen organischen Zusammenhang; mit dem Sinn für das Individuelle verbinde sich die Liebe zum Volksthümlichen. Beides überwölbt von dichterischer Idealität.[60] Auch W. H. Riehl schätzt Richter sehr, eben im Sinne einer Kunst, die das „Sonntagsgesicht" des Menschen zeigt.[61] Deutlich ist in allen diesen Bekundungen über die „Verklärung", daß die poetische Phantasie nun ein anderes Objekt und eine andere Funktion erhält, als sie in der Romantik besaß. Hier hatte die Phantasie die Aufgabe, das Wirkliche, d. h. den bürgerlichen Alltag zu überwinden. Jetzt dagegen soll sie den Alltag nicht „verdunkeln" durch den Kontrast zum Wunderbaren, wie Otto Ludwig sagt, sondern ihn verklären durch Rechtfertigung.[62]

Die theoretische Begründung dieser Verklärung liefert die Differenz des Wesens vom Zufälligen. Alle Programmatiker, insbesondere aber Otto

---

[58] Zum Problem Dichtung und Lüge hat sich Herwegh in den vierziger Jahren geäußert: „Es wird in der deutschen Poesie viel, erstaunlich viel gelogen", indem der deutsche Dichter „über die schauerlichsten Abgründe" seiner Wirklichkeit „Rosen und Veilchen" legt. Hierbei hat Herwegh vor allem die „sozialen Gebrechen" im Sinn. Vgl. Herwegh, George Sand. In: G. H., Literatur und Politik, a.a.O., S. 41. – Ähnlich hat sich später Raabe geäußert: „Es ist viel Lüge in unserer Literatur..." ‚In alls gedultig'. Briefe Wilh. Raabes, hg. von Willi Fehse, Berlin 1940, S. 52.

[59] Vgl. Freytag, Ges. Werke, neue wohlf. Ausgabe, a.a.O., Serie I, VIII, S. 191. – Über „Verklärung" handelte Freytag oft, vgl. etwa auch Grenzboten 1852, I („Robert Reinick").

[60] Vgl. Grenzboten 1852, II, S. 204 ff.

[61] Vgl. Heinrich Reinhardt, a.a.O., S. 108.

[62] Vgl. Ludwig, Ges. Schriften, a.a.O., VI, S. 191.

Ludwig, berufen sich auf den Unterschied von Zufall und Wesen. Es ist eine Trivialität, daß Kunst ihrem Stoff immer auswählend oder symbolisch-summierend gegenübersteht und Verformung ihre grundlegende Modalität ist. Diese Modalität meint Otto Ludwig jedoch keineswegs, wenn er sagt: „Die Poesie gründet sich auf Nachahmung; aber sie ahmt nur das Wesentliche nach, sie wirft das Zufällige weg."[63] Zwar lehnt Ludwig die idealistische „Musterform" ab und propagiert dafür den „Realtypus".[64] Wäre Ludwigs Wort vom Wesentlichen, das die Dichtung unter Abzug des Zufälligen darzustellen habe, nur im Sinne dieser realistischen Typenbildung zu verstehen, so würde es in der Tat seinen Vordersatz von Kunst als Nachahmung nicht einschränken, sondern nur erklären. Wie indes viele andere Äußerungen Ludwigs und eine aus ihnen resultierende Grundhaltung zeigen, hat Ludwigs „Wesentliches" nicht nur mit der Gestalt zu tun, unter welche der Verstand verschiedene Erscheinungen der Wirklichkeit aufgrund tieferer Gemeinsamkeiten subsumiert. An die Stelle der Verformung als Modalität von Kunst tritt die idealistisch-qualitative Verformung, die Verklärung. Der hier beschriebene Vorgang trifft nicht nur auf Ludwig, sondern auf den programmatischen Realismus überhaupt zu – mit einer Ausnahme allerdings: Theodor Wilh. Danzel.

Auch Danzel hält zwar am Begriff des Zufälligen fest und setzt schon auf diese Weise das „Wesen" mit. Aber er rechtfertigt zugleich den Zufall in der Dichtung mit dem einfachen Hinweis, er komme in der Wirklichkeit oft genug vor und könne deshalb von der Kunst nicht ausgeschlossen werden.[65] Diese Rechtfertigung des Zufälligen in der Poesie führt Danzel zu einer Erkenntnis, die ihn dem vormärzlichen Hebbel nahe stellt: „Wir sind nicht berechtigt, von den Kunstwerken eine sittliche Versöhnung zu fordern"; nur eine „ästhetische" sei unentbehrlich.[66] Die Wirklichkeit sei meist ohne Versöhnung. Keiner der Programmatiker hat sonst auf die Differenz zwischen einer „ethischen" und einer bloß „ästhetischen" Versöhnung hingewiesen, die, wie es scheint, zu einer wirklichen Vertiefung der Realismus-Diskussion hätte beitragen können. Die ästhetische Versöhnung ist nach Danzel definiert durch einen künstlerisch befriedigenden

---

63 Ludwig, Ges. Schriften, a.a.O., VI, S. 38.
64 Vgl. Markwardt, Geschichte der deutschen Poetik, a.a.O., IV, S. 297.
65 Vgl. Danzel, Zur Literatur und Philosophie der Goethezeit, a.a.O., S. 277.
66 Vgl. Danzel, a.a.O., S. 278. – Ganz ähnlich äußerte sich Hebbel im Vorwort zu „Maria Magdalene" (statt „Liebäugelei mit dem reinen Schönen" und der „Versöhnung" nur ein „Resultat"). Vgl. ferner Tagebuch 4150 und Brief an Ruge vom 11. 12. 1847.

„Abschluß". Danzel geht hier auch weit über Vischer hinaus, der sich so intensiv mit dem Problem des „Zufälligen" beschäftigt hat.[67] Über mehr als zehn Jahre hin hat Julian Schmidt nicht aufgehört, „Idealität und Charakteristik"[68] als die doppelte Grundlage der realistischen Dichtung herauszustellen; das Idealismus-Realismus-Problem kehrt leitmotivisch wieder.[69] Eine eigentliche Entwicklung hat Schmidt, was dieses Thema betrifft, nicht durchgemacht. Nur der Akzent verschiebt sich im Laufe der Jahre, und zwar nach der Seite der „Idealität" hin. „Der wahre Realismus der Beobachtung", schreibt Schmidt in dem programmatischen Aufsatz „Schiller und der Idealismus",[70] „liegt darin, daß man bei jeder Individualität in der Natur, der Geschichte und im wirklichen Leben schnell die charakteristischen Züge herausfindet, mit andern Worten, daß man Sinn für Realität hat, für den wahren Inhalt der Dinge. Der falsche Realismus der Beobachtung liegt darin, daß man bei dem schärfsten Auge für die einzelnen Züge des Lebens nicht zu unterscheiden vermag, welche charakteristisch sind und welche nicht." Erläuternd fügt Schmidt hinzu: „Wenn man nun das, was wir als wahren Realismus bezeichnet haben, Idealismus nennen will, so ist auch nichts dagegen einzuwenden, denn die Idee der Dinge ist auch ihre Realität. Wenn der wahre Idealist mit seiner Idee das Wesen der Dinge trifft, so bildet sich der falsche Idealist eine Idee, die der Wirklichkeit nicht entspricht, weil sie überhaut keinen Inhalt hat."

Die Definitionen, wie Schmidt sie hier gibt, gelten mit nur geringen Variationen für das ganze Programm. Man hat oft die unfruchtbare

---

[67] Im übrigen schließt sich Danzel aber eng an den geläufigen Realismus-Begriff an. Er sympathisiert mit dem „Spinozismus", als die immanentistische Realismus-Version aufkommt („Über Goethes Spinozismus", 1843. In: Danzel, a.a.O., S. 24 ff.); er kritisiert den übertriebenen Klassizismus Winckelmanns („Goethe und die Weimarischen Kunstfreunde in ihrem Verhältnis zu Winckelmann", ebd. S. 173 ff.) und lobt Goethes wahren Realismus, der in der „Anerkennung des Charakteristischen und seiner Vermittlung mit der Schönheit" liege (ebd. S. 207). Das Verhältnis von Wirklichkeit und Kunst ist das zentrale Thema des wichtigen Aufsatzes „Shakespeare und noch immer kein Ende" (ebd. S. 247–285), der zuerst in den „Blättern f. lit. Unterhaltung" erschien (1850).
[68] Vgl. Grenzboten 1852, III, S. 438.
[69] Vgl. den Aufsatz „Neue Romane", Grenzboten 1860, IV, S. 481 ff.: „Zweck der Kunst" ist es, „Ideale aufzustellen"; das „Mittel der Kunst hierzu" ist der „Realismus", „so daß wir an die künstlerischen Ideale glauben" (S. 481). – Gottschall überschreibt ein Kapitel seiner „Poetik" „Idealismus und Realismus" (I, S. 117). – Vgl. aber auch Hebbel zur Frage, wie sich „Realismus und Idealismus" im Drama „vereinigen": „Ein Charakter z. B. handle und spreche nie über seine Welt hinaus", finde aber für das in seiner Welt Mögliche „die reinste Form und den edelsten Ausdruck". Tageb. von 1854 (5328).
[70] Grenzboten 1858, III, S. 401–410.

Stereotypie beklagt, in der sich die ästhetische Diskussion der Zeit gerade in diesem Problem einer Synthese des Idealen und Realen erging. Der Vorwurf besteht zurecht, auch was Schmidt angeht. Ein gerüttelt Maß an Langweiligkeit ist ohnehin integraler Bestandteil des Programms, glaubte man doch an die pädagogische Nützlichkeit der Wiederholung. Gegen Ende der fünfziger Jahre begegnet man allenthalben der Ansicht, „Realismus" und „Idealismus" seien austauschbare Begriffe. Robert Prutz gibt die allgemeine Stimmung wieder, wenn er in seiner „Literatur der Gegenwart" meint: „Der ganze Streit zwischen Realismus und Idealismus, der jetzt auf den verschiedenen Gebieten der Kunst soviel von sich reden macht, ist überhaupt, bei Lichte besehen, ein sehr müßiger...".[71] Beide Momente seien der wahren Kunst unentbehrlich.[72]
Eines der wichtigsten Anliegen des realistischen Programms war es, zwischen Heteronomie und Autonomie der Dichtung zu vermitteln. Bestand zumindest die Hochklassik und die Romantik auf der Autonomie des Kunstwerks und geht der Naturalismus des zuendegehenden Jahrhunderts ins Gegenteil einer theoretisch rein heteronomen Kunst, so versucht sich der Realismus von etwa 1840 bis 1860 in einer Vereinigung der beiden Aspekte. Er will die tradierten Kunstgesetze des autonomen Kunstbegriffs und diesen selbst bewahren bei gleichzeitiger gesellschaftlicher Funktionalisierung und gegenwartsnaher Verstofflichung der Dichtung. Am Ende wurde aber nicht der Anspruch der Kunst vermindert, sondern der Anspruch der Wirklichkeit. Absicht und Wesen der Kunst ist nach wie vor „die Produktion des Schönen und ihr Genuß", wie Otto Ludwig sagt. Der Realismus der Darstellung dient der künstlerischen „Illusion",

---

[71] Deutsche Literatur der Gegenwart, a.a.O., I, S. 58. Vgl. auch Treitschke in seinem Otto Ludwig-Aufsatz (Preuß. Jbb. 1859, II, S. 113): zu beklagen sei die „weitverbreitete Unklarheit über die einfachsten ästhetischen Begriffe", wie sie sich zeige an dem „Streit der angeblichen Idealisten und Realisten, welcher die Spalten so vieler Blätter mit gehässigem Zanke füllt". Dieser Streit sei ganz gegenstandslos. Vgl. ferner R. Haym, der in einem programmatischen Vorwort zum Jg. 1859 der „Preuß. Jbb." schreibt: „Der Realismus unserer dermaligen Bildungsphase durfte sich nicht im Gegensatz: er müsse sich, meinten wir, im bewußten Zusammenhange mit dem Idealismus unsrer classischen Literaturzeit kundgeben." (I, S. 6).
[72] Das Problem einer Synthese des „idealen" und des „realen" Kunststils steht auch im Zentrum der „Ästhetik" Vischers, findet sich aber schon in der Literaturgeschichte von Gervinus (Bd. 5, Leipzig 1852, S. 417 ff.): auf die Polarität dieser Stilarten sei die ganze Literaturgeschichte gegründet. Schiller habe in „Über naive und sentimentalische Dichtung" die vorbildliche Lösung gefunden. Später meint Treitschke in seinem Gottfried Keller-Aufsatz, im „Grünen Heinrich" sei der Widerstreit der Idealisten und Realisten endgültig geschlichtet (Preuß. Jbb. 1860, I, S. 78 f.).

ja der Begriff dieser „Illusion" deckt sich bei Schmidt und Ludwig mit dem Realismusbegriff.[73]

Die Parallelen zur Revolution von 1848/49 sind merkwürdig genau. Die Paulskirche bejahte die Revolution als Mittel zur deutschen Einheit; das Ziel aber war nicht die Republik, sondern das alte Kaisertum, wenn auch auf der Basis einer Verfassung. Ein längst verjährtes Altes sollte wiedergewonnen werden durch eine Revolution, die von ganz anderen Entwicklungen, vor allem sozial neuartigen Konstellationen her gespeist wurde. Es handelt sich um eine Instrumentalisierung der Revolution zu ihr oft heterogenen Zwecken.

Rudolf Gottschalls und Hermann Hettners Klassizismus

Gottschall und Hettner haben sich eindeutiger als andere Theoretiker der fünfziger Jahre zu einer Rückkehr zum Klassizismus bekannt. Vom intellektuellen Niveau und ihrer Persönlichkeit her gesehen, haben sie kaum Gemeinsamkeiten. Rudolf Gottschall, zurecht vergessen, ist großsprecherisch, wo Hettner ehrlich begeistert ist; er ist nationalistisch, wo Hettner urban und weltoffen. Bei allem Klassizistischen, das sich bei Hettner findet, war er doch ästhetisch sehr sensibel und aufgeschlossen für alles, was nur Niveau besaß. Gleichwohl hatte Gottschall den offenbar größeren Einfluß, wie das publizistische Echo auf seine Arbeiten und deren Auflagenziffern beweisen.

Gottschalls „Poesie des Geistes"

Gottschall war ein Vielschreiber; die Zahl seiner Romane, Novellen, Dramen und Gedichte ist kaum abzusehen. Seine wichtigste Arbeit ist, neben der „Deutschen Nationalliteratur in der ersten Hälfte des 19. Jahrhunderts",[74] die „Poetik".[75] Wie Gottschall im Vorwort zu deren erster Auflage mitteilt, betrachtet er sie als technisch-poetologische Ergänzung zu Fr. Th. Vischers ästhetischem System, ja er habe sein Buch nicht eher schreiben und vorlegen wollen, bis Vischers Werk vollständig erschienen sei. Vischer hat auf diese einseitig verkündete Kooperation wohl nicht reagiert.

---

[73] Zum Begriff der „Illusion" vgl. Ludwig, Ges. Schriften, a.a.O., VI, S. 188. Ferner Schmidt, Grenzboten 1860, IV, S. 481 ff. und 1852, III, S. 410 f.
[74] Zuerst erschienen Breslau 1855, 2. verm. Aufl. ebd. 1860, 5. Aufl. ebd. 1861, 6. Aufl. ebd. 1891/92, 7. Aufl. ebd. 1901/02.
[75] Zuerst erschienen Breslau 1858, 2. Aufl. ebd. 1870 (nach dieser die Zitate), 5. Aufl. ebd. 1882, 6. Aufl. ebd. 1893.

Es finden sich in Gottschalls „Poetik" tatsächlich viele Übernahmen aus Vischer. Vor allem das stilistische Synthesis-Schema Vischers kehrt wörtlich wieder: „Shakespeares Stil, geläutert durch wahre freie Aneignung des Antiken."[76] Dies ist Vischers und Gottschalls historisch konkretisierte Formel für das programmatische Problem einer Versöhnung von Idealismus und Realismus. Wie diese Versöhnung von Gottschall gedacht wird, darüber gibt die „Poetik" klare Auskunft:

„Der Realismus als durchgreifendes Stilprinzip kann in der Dichtkunst nur zu Verirrungen führen. Dagegen ist er wohl berechtigt, wo er sich in den Dienst der Idee begibt und die von ihm durchleuchtete Welt in ihrer ganzen Wahrheit darstellt. In dieser Weise waren Homer und Shakespeare, Goethe und Jean Paul Realisten!" Und weiter: „Gegenüber der großen Propaganda, welche in Lehre und Beispiel den Realismus in den Vordergrund unserer Literatur zu drängen sucht, ist es an der Zeit, die Rechte des Idealismus und einer Poesie des Geistes zu wahren, gegen deren Verirrungen wir nicht blind sind, die aber doch das künstlerische Prinzip tiefer faßt, als jene Richtung, die nur einer geistverlassenen Wirklichkeit huldigt."[77]

Gottschall tendiert zu einer strikten Trennung des „Prosaischen" vom „Poetischen". Unverkennbar löst sich hier die immanentistische Grundlage des vormärzlichen Realismus wieder auf: die Materie ist geist- und sinnlos. Ihr gegenüber soll der „Geist" wieder in seine Rechte treten. Dieser „Geist" ist, als der einzige Inhalt der Kunst, der „Genius des Jahrhunderts", der „moderne Geist"; näher definiert ist er die Summe der bisherigen historischen Entwicklung, die alles Dagewesene, deutsche Klassik miteingeschlossen, in den Schatten stellen wird. Nur im Sinne dieser Summierung übernimmt Gottschall das Synthese-Schema Vischers: nicht als das mühsam hergestellte Verhältnis des modernen Realismus zur ästhetischen Tradition, sondern als eine Art historischer Teleologie, die in die Großartigkeit des 19. Jahrhunderts ausmündet. Visionen solcher Art geben bei Gottschall die Grundlage ab für einen bedenkenlosen Eklektizismus. Das gesamte antike und abendländische Pantheon, bis herauf zu Gutzkow, trägt bei zur Summe des modernen Ideals und seines Kunstausdrucks. In einem Aufsatz „Über die dramatische Diction" sagt Gottschall über diesen synthetischen Kunststil, er sei „die in die ideale Sphäre der Kunst hinaufgehobene Naturwahrheit, das individuelle Leben, das vom Gedanken getragen und bestimmt wird; das Pathos, welches die Farben des individuellen Lebens nicht verschmäht, der concrete, geist-

[76] Vgl. Poetik, a.a.O., II, S. 242.
[77] Poetik I, S. 121 ff.

volle, lebendige, characteristische Stil, der Stil eines Shakespeare, Schiller und Goethe und vieler neuer Autoren...“[78] Das Ergebnis der Synthese ist ein unscharfer, weitläufiger Stilbegriff; das einigende Band für all das Heterogene, das sich in ihm zusammenfindet, ist fast allein die Kategorie der Monumentalität.

Es ist von hier aus begreiflich, daß Gottschall von Anfang an die beschränkte Welt der Dorferzählung anwiderte. In seiner „Nationalliteratur" schreibt er eine vernichtende Gotthelf-Kritik: „In ästhetischer Beziehung bleiben die Schriften von Gotthelf vollkommen wertlos...“[79] In den ersten fünfziger Jahren galt Gotthelf dem Programm immerhin noch als einer seiner Kronzeugen. Bei Gottschall finden jedoch weder Gotthelfs Stil noch seine Sujets Anklang. Er strebt dagegen eine klassizistische Monumentalkunst an und bekennt dies offen ein; er ist der genaueste Vorläufer zum nationalen Klassizismus des Kaiserreichs. Merkwürdig blind für die Situation des modernen Künstlers, glaubt Gottschall, daß sich alles noch um diesen drehe, der der verklärende Mittelpunkt, der Prophet des neuzeitlich-nationalen Geistes ist, sein „Priester"; sakrale Anklänge sind in Gottschalls Diktion überaus häufig.

Gegen 1860 sieht Gottschall auf den programmatischen Realismus als bereits überwundene Epoche zurück; er rechtfertigt ihn nur mehr als historisch notwendige Reaktion auf die Literatur der Restaurationszeit. Gottschall hatte, dies ist zu berücksichtigen, nie in den „Grenzboten" publiziert, die doch das eigentliche Organ des programmatischen Realismus waren. Wie die Rezensionen von Gottschalls Dichtungen zeigen,[80] monierte Freytag vor allem deren Vorliebe für rhetorisches Pathos und die unbefriedigende „Composition", bringt dem „Talent" des Dichters jedoch meist Wohlwollen entgegen. Vergleicht man die „Poetik" Gottschalls mit Freytags „Technik des Dramas", so bleibt tatsächlich die Frage des „Rhetorischen" der einzige gravierende Differenzpunkt.

Hettners demokratischer Klassizismus

Konsequenter als jemals später ist Hermann Hettner (1821–1882) Realist in dem Aufsatz „Drangsale und Hoffnungen der modernen Plastik" von 1846, wo er unbedingt eintritt für die „individuelle, detailliertere, wenn man will im Verhältnis zu den Griechen mehr porträtartige naturalisti-

---

[78] Deutsches Museum 1853, I, S. 415.
[79] Die deutsche Nationalliteratur, a.a.O., III, S. 655.
[80] Vgl. vor allem Freytag, R. Gottschall und die deutsche Lyrik. In: Grenzboten 1852, IV, S. 121 ff. und Freytag, Das romantische Epos. Carlo Zeno, eine Dichtung von R. Gottschall. In: Grenzboten 1854, I, S. 8 ff.

sche Darstellung".[81] Von dem späteren Dogma der Vereinigung des Antiken und Modernen, die etwa in Thorwaldsen vorbildlich realisiert sei, ist hier noch nicht die Rede. Wenn Hettners Theorie nach der Revolution auch viel von dieser realistischen Konsequenz einbüßt, ja sehr bald sogar jene „erborgten Stelzen" der „idealistischen" Kunst, die sie jetzt zurückweist, nicht mehr verschmäht, so bleibt doch festzuhalten, daß Hettner an das Kunstwerk von Haus aus „materialistischer" herangeht, als die anderen Theoretiker. Jedes Kunstwerk tieferen Gehalts ist nach Hettner „eine monumentale Spiegelung, ein Zeugnis und ein Denkmal der jedesmaligen Zeit- und Weltverhältnisse, aus denen es hervorgegangen ist".[82] Hettners Bemühungen, von der idealistischen Tradition wegzukommen, waren ohne Zweifel ernster gemeint, als es zu seiner Zeit üblich war. Jedoch setzt Hettner seine grundlegenden Einsichten von der historischen Gebundenheit der Kunst nicht um in ein historisches Verständnis der Ästhetik, ebenso wie er seinen weltanschaulichen Materialismus nicht auf die Ästhetik anwendet. Es ist typisch für die zwiespältige Position Hettners, daß er den literarischen Klassizismus Goethes und Schillers, insoweit er die Antike direkt wiederaufzunehmen sucht, strikt ablehnt, aber andererseits die klassizistische Malerei Anselm Feuerbachs hochverehrt und dessen literarischen Nachlaß herausgibt;[83] daß er Winckelmann noch immer – seinen übertriebenen Klassizismus abgerechnet – für maßgebend erklärt, gleichzeitig aber das „Système de la nature" liest und lobt usw.

Es ist nicht übertrieben zu sagen, daß sich Hettner geradezu thematisch in der Polarität von Realismus und Klassizismus, die jedoch nicht eingestanden wird, bewegt. Sie ist grundlegend wichtig für den gesamten Realismus, wird aber in den „Grenzboten" etwa lieber mit dem Begriffspaar Idealismus – Realismus umschrieben. Ein wichtiges Dokument für Hettners ästhetische Theorie ist der Briefwechsel mit Gottfried Keller.[84] Hettner lernte Keller in Heidelberg kennen; der Briefwechsel setzt mit dem Weggang Kellers nach Berlin ein (1850). Die Briefe um 1850 haben vor allem dramaturgische Überlegungen zum Gegenstand, wobei man leicht bemerken kann, daß Hettner der an dieser Diskussion interessier-

---

[81] Zit. bei Adolf Stern, Hermann Hettner. Ein Lebensbild, Leipzig 1885, S. 116 f. – Der Aufsatz Hettners erschien zuerst in Schweglers „Jahrbüchern der Gegenwart", wieder abgedruckt in Hettner, Kleine Schriften, a.a.O., S. 228 ff.
[82] Hettner, Geschichte der deutschen Literatur im 18. Jahrhundert, Bd. 1, hg. von Gotthard Erler, Berlin 1961, S. XXXVIII.
[83] Anselm Feuerbach, Nachgelassene Schriften, 4 Bde, hg. von Hermann Hettner, Braunschweig 1853. – Vgl. hierzu auch Stern, a.a.O., S. 136.
[84] Hettner, Briefwechsel mit G. Keller, hg. von Jürgen Jahn, Berlin-Weimar 1964.

tere Partner ist. Gleichwohl hatte Keller nicht unmaßgeblichen Anteil an der Schrift über „Das moderne Drama", die Hettner damals vorbereitete. Beiden geht es um die Erarbeitung eines gegenüber der Restaurations-literatur neuen dramatischen Kanons und eindeutig überwiegen klassizi-stische Normen. Wie Hettner mitteilt, wollte er das Schlußkapitel seines Büchleins sogar „Shakespeareomanie und Klassizismus" überschreiben, wobei letzterer der positive Gegenschlag zur Shakespeare-Sucht des deutschen Dramas sein sollte. Hettner spricht ganz offen von einer „Rückkehr unseres Dramas zum Klassizismus".[85] Keller antwortet mit einer recht eigenartigen Gedankenfolge, die Klassizismus und „Volks-thümlichkeit" nahe aneinanderbringt. „Volksthümlichkeit" war damals ein Schlagwort, und zwar im Sinne des neuen Realismus, der sich als Literatur für das „Volk" und aus ihm verstand, worin eben auch das „Realistische" liegen sollte. „Es kommt", meint Keller, „im Theater lediglich darauf an, daß man komisch oder tragisch erschüttert werde", und er schließt den Passus: „Damit aber so viele als immer möglich, damit das ganze Volk auf diesen hohen Standpunkt, zu diesem wahren Genusse gebracht werden könne, ist auch von selbst die größtmögliche Einfachheit, Ruhe und Klarheit bedungen, welche zur Klassizität führt und wieder führen wird, wenn die Herrschaften einmal wieder für ein-fache und starke Empfindungen empfänglich sind."[86]

Formale Einfachheit und Klarheit versteht Keller, und sein Korrespon-dent stimmt durchaus zu, als demokratische Nicht-Exklusivität; eine klassizistische Auffüllung des Begriffes der Volkstümlichkeit findet statt, was um so begründeter scheinen mußte, als das griechische Vorbild immer vor Augen stand, daß hier nämlich klassische Werke für das Volk ge-schrieben wurden. Es findet ein eigentümlicher Wandel statt: ehedem entsprang die klassizistische Renaissance-Poetik gerade aus der Trennung von der „Volksliteratur". Jetzt soll diese vielfach beklagte Trennung überwunden werden, jedoch nicht unter Ablehnung oder epigonaler Bei-behaltung klassizistischer Formelemente, sondern gerade mit ihrer Hilfe. Hettner hat diese neue Synthese mehrfach betont, ja sie ist ein Leitmotiv seiner Literaturgeschichte der Aufklärung. So überschreibt er ein Kapitel dieses Werks „Der gesteigerte Kampf zwischen Renaissance und Volks-tümlichkeit in Kunst und Dichtung und die beginnende Versöhnung".[87] Hier ist das Thema der Hettnerschen Ästhetik schlechthin formuliert.

[85] Vgl. die Briefe an Keller vom 21. 6. 1850 und vom 17. 10. 1850.
[86] Brief an Hettner vom 28. 10. 1850.
[87] Geschichte der deutschen Literatur im 18. Jh., 3. Kap. des II. Abschn.s, 1. Buch (S. 235).

Volkstümlichkeit und Klassizität sind mithin für Hettner und Keller nur historische Gegensätze; die Gegenwart soll sie zur Einheit bringen. Der Grund dieser Vermittlung ist bei beiden ihre demokratische Überzeugung. Weder Hettner noch Keller bezeichnen sich als Idealisten, d. h. ihr theoretischer Klassizismus begründet sich nicht mehr von der idealistischen Periode her. Vielmehr kann zumindest die Position Hettners um 1850 mit der Begriffstrias Materialismus - Demokratie - literarischer Klassizismus umschrieben werden. Die Besonderheit der Hettnerschen Poetik liegt in dem Versuch, diese drei Momente zu einer Vereinigung zu führen. Hettner war sich der Eigenart seiner ästhetischen Auffassung durchaus bewußt: er möchte weder mit der klassizistischen „Kleindichterbewahranstalt" in München verwechselt werden, noch auch mit Julian Schmidt, demgegenüber er auf „durchaus verschiedener Auffassungsweise" steht, wie er Keller mitteilt.[88]

Man hat Hettners dramatische Theorie, wie er sie in „Das moderne Drama" niederlegte, als eine im Ansatz „realistische" Dramaturgie bezeichnet, die sich allen zeitgenössischen Dramentheorien turmhoch überlegen zeige.[89] Dies bezieht sich vor allem auf Hettners Ablehnung des historischen Dramas. In der Tat gibt es Sätze, die, blieben sie uneingeschränkt, Hettner in die vorderste Reihe der Realisten stellen würden; so, wenn er das Bürgerliche Trauerspiel stark herausstreicht oder meint, nur politische und soziale Stoffe der Gegenwart kämen für das moderne Drama in Frage. Im unmittelbaren Kontext hierzu steht aber auch die Forderung nach „verklärender Poesie" und einer Dramaturgie, die „in Weise der aristotelischen ‚Poetik'" verfährt.[90] Hettner besteht durchaus auf der formalen Vorbildlichkeit der Antike und der klassischen französischen Tragödie; letzterer hat er einen Aufsatz gewidmet mit dem Zwecke ihrer Rehabilitation.[91] Er empfiehlt nicht die direkte Retrospektive, sondern Rücksicht auf gattungsimmanente Gesetzlichkeiten, die in historisch und vom Talent des Autors her begünstigten Werken idealtypisch verwirklicht seien.

Hettners poetologisches Denken siedelt sich an zwischen der Einsicht in die Irreversibilität historischer Prozesse und dem Festhalten an klassischen Normen. Dieser Zwiespalt spiegelt sich in der Beurteilung der klassizistischen Tendenzen in der deutschen Literaturgeschichte wider. Hettner hat zeitlebens den Antikekult Goethes und Schillers abgelehnt, er nennt ihn

---

[88] Brief an Keller vom 19. 11. 1857.
[89] So Jürgen Jahn im Vorwort zu Hettner, Schriften zur Literatur, a.a.O., S. XLI f.
[90] Vgl. Brief an Keller vom 21. 6. 1850.
[91] Hettner, Schriften zur Literatur, hg. von Jahn, a.a.O., S. 309–319.

einen „idealistischen Anachronismus antikisierender Kunsttheorien".[92] Sonst aber ist Hettner voll Lobes über die „einfach klare Massenhaftigkeit der Gruppierung", die „Ruhe und Stille" der Darstellung usw.[93] Über Klopstock heißt es in der Literaturgeschichte der Aufklärung: „Es war ein kühnes, aber ein glückliches und folgenreiches Unterfangen, als Klopstock es wagte, ... sein Epos in das Versmaß Homers und Vergils zu kleiden..."[94] Hettner verkennt völlig, daß Klopstocks Leistung schon zu seiner Zeit nicht darin lag, ein im Grunde anachronistisches Monumentalepos geschrieben zu haben. Was Hettner zu seiner positiven Bewertung des „Messias" führt, ist das Schema der Vereinigung von Renaissance-Poetik und „Volkstümlichkeit". Aus d i e s e m Grunde nämlich begrüßt es Hettner, daß Klopstock vom Prosa-Entwurf des „Messias" abkam und sich dem Vers zuwandte.

In diesem Zusammenhang ist auch Hettners enthusiastische Winckelmann-Würdigung zu nennen, die aus der Feder eines Cholevius stammen könnte; sie breitet sich über 25 Seiten der Literaturgeschichte des 18. Jahrhunderts. Bis auf den heutigen Tag, meint Hettner, wirke Winckelmanns Tat, die Entdeckung der „urewigen Schönheit der griechischen Kunst" „segensreich" fort.[95] Zwar gibt es auch Kritik; sie bezieht sich zum einen darauf, daß Winckelmann „Schönheit" nur als Schönheit der Form, der Zeichnung verstehe, nicht aber als „Ausdruck und Verkörperung der Idee, des Geistes, der Stimmung und Empfindung", zum andern auf die Vernachlässigung des „individualisierenden" Stils, den Hettner als Realist berücksichtigt sehen möchte. Wenn auch zugegeben werden muß, daß Hettner Winckelmann vor allem als Bahnbrecher jener Bewegung schätzt, die zur Klassik führte, daß er andererseits auch die negativen Einwirkungen Winckelmanns erkennt, indem er zum klassizistischen Formalismus etwa eines Raphael Mengs verleitete, so erhellt doch aus dem Winckelmann-Kapitel nicht minder, daß der realistische Ansatzpunkt dieser Kritik zu unprofiliert, zu sehr mit Begriffen wie „plastisch", „objektiv" und dergleichen belastet war, um einen wirklichen Kontrapost zu Winckelmann und seinen Nachfolgern zu formulieren, deren Poetik ja ähnliche Schlagwörter gebrauchte.

Hettner reduziert das vieldiskutierte Verhältnis von Realismus und Klassizismus auf seinen eigentlichen Kern mit der Frage: „Wenn wir in Zeichnung und Komposition zu den Alten zurückkehren, wie steht es um

---

[92] Vgl. Hettner, Das moderne Drama, a.a.O., S. 5.
[93] Vgl. Hettner, Das moderne Drama, a.a.O., S. 127 ff.
[94] Geschichte der deutschen Literatur im 18. Jh., a.a.O., S. 410.
[95] Vgl. Geschichte der deutschen Literatur im 18. Jh., a.a.O., S. 620 ff.

den Inhalt?"[96] Eine Antwort hierauf vermißte Hettner bei Winckelmann; seine eigene und die des Programms lautete, es sollte ein moderner, zeitgemäßer Inhalt sein. Schon in dem Aufsatz über „Die altfranzösische Tragödie" kommt Hettner zu dem Schluß, es gelte nicht abstrakt zu den „Alten" zurückzukehren, sondern „das Wesen des modernen Geistes in den klassischen Formen der alten Kunst auszusprechen".[97] Aus solchen, eigentlich ungeheuerlichen Sätzen wird ohne weiteres klar, was hinter dem klassizistischen Anspruch steht: die optimistische Sicht der geschichtlichen Entwicklung, die bei Hettner, im Unterschied zu den anderen Realisten, einen utopisch-demokratischen Charakter besitzt.

Was Hettner aus dem zeitgenössischen Bildungsliberalismus heraushebt, ist sein Bekenntnis zur Revolution auch nach 1848. Entsprechend ist auch die Hettnersche Kulturkritik, wie sie sich in dem Aufsatz „Die Kunst und ihre Zukunft" (1850) äußert, konkreter, begründeter als die eines Schmidt oder Ludwig. Sie fußt auf einer Kritik der sozialen Verhältnisse: „Der Sozialismus ist nicht, wie unsere bedrängten Bourgeois so gerne mit raffinierter Sophistik behaupten, der Tod der Bildung, sondern einzig das Fest ihrer Auferstehung; er ist die Erlösung aus diesem unseligen Zustande der Gegenwart, aus der Lüge und Unnatur."[98] Der Begriff von Natur, wie ihn Hettner hier e contrario feststellt, schließt sich an den Naturbegriff der Aufklärung an und hat nichts zu tun mit der üblichen Dorfgeschichtennatur der Realisten; er spielt nicht den Bauern gegen Demokratie und Industrialisierung aus wie bei Riehl. Er ist überhaupt nicht immanent-gesellschaftlich lokalisiert, sondern bezieht sich auf den „unentstellten Menschen" jenseits der gegenwärtigen Verhältnisse. Ein Wort Richard Wagners wiederaufnehmend, schlägt Hettner die Brücke zur Kunst der Zukunft: „Wo das Leben Natur ist, da ist ‚das Bedürfnis der Kunst nicht ein willkürlich hervorgebrachtes, sondern ein dem natürlichen, wirklichen und unentstellten Menschen ureigenes'. Einzig dies ist das Geheimnis der griechischen Kunstvollendung."[99]

Die utopische Perspektive in Hettners ästhetischem Klassizismus wird hier besonders deutlich: dieser will keine abstrakt-akademische Wiedereinführung klassischer Formen, sondern eine Kunst und Kultur auf der Basis der restituierten Natur, die notwendigerweise in einer Analogie zur griechischen Antike stehen werden, weil diese selbst nach Hettners Glauben nichts anderes als in Kultur sublimierte „Natur" war. Die Vereinigung von Renaissance-Poetik und Volkstümlichkeit unter der Voraus-

---

[96] Geschichte der deutschen Literatur im 18. Jh., a.a.O., S. 628 f.
[97] Schriften zur Literatur, a.a.O., S. 313.
[98] Schriften zur Literatur, a.a.O., S. 288.
[99] Schriften zur Literatur, a.a.O., S. 290.

setzung einer demokratisch-sozialistischen Gesellschaftsentwicklung nennt
Hettner „vertieftes und bereichertes Griechentum": „Wer es nicht ein-
sieht, daß die Geschichte hindrängt zu einem neuen, aber durch die Entwicklung vieler Jahrtausende vertieften und bereicherten Griechentum,
mit dem ist über geschichtliche Dinge überhaupt nicht zu reden."[100]
Die Zukunft der Kunst ist gut, meint Hettner, weil die zukünftige Gesellschaft gut ist. Wie aber steht es mit der gegenwärtigen Möglichkeit
von Kunst? Es liegt auf der Hand, daß diese selbstverständliche Frage
in eine wesentliche Problematik des revolutionären Klassizismus Hettners
stößt. Die Antwort kann nur sein, daß auch ihm ein Fluchtmoment
anhängt, eine Flucht aus der Realismus-Diskussion, die um 1850 doch
unumgänglich geworden war.
Hettner hat sehr bald die revolutionär-klassizistische Basis seiner ästhetischen Theorie verlassen. Sein Klassizismus bleibt zwar bestehen, aber
spätestens seit den sechziger Jahren entbehrt er seiner einstigen Bedingung, des sozialkritischen und gesellschaftsutopischen Fundaments.
Hettner wird, wie seine Literaturgeschichte der Goethezeit und kleinere
Aufsätze vor allem zur Kunstgeschichte beweisen, ein Bildungsliberaler
im besten Sinn des Worts. Für die seiner Meinung nach richtige Wiederaufnahme der Antike prägt er nun den Begriff des „Hellenismus" und
hebt diesen ab von einem falschen unvermittelten Klassizismus im Sinne
bloßer Nachahmung der Antike. „Hellenismus" bedeutet ein „freischöpfe-
risches Erfassen der antiken Formenhoheit"[101] oder eine „freischöpferische
Versöhnung und Verschmelzung des Antiken und Modernen",[102] wie sie
in den meisten Werken Goethes und Schillers vorbildlich geleistet sei.
Zwar bleibt Hettner dem aufklärerischen Gehalt der klassischen Bildung
auf der Spur; aufs Ganze gesehen formalisiert sich jedoch auch bei ihm
der einst stark kultur- und gesellschaftskritisch gemeinte Rückbezug auf
die Antike.

---

[100] Die Kunst und ihre Zukunft. In: Schriften zur Literatur, a.a.O., S. 288.
[101] Literaturgeschichte der Goethezeit, a.a.O., S. 455. – Zu diesem Begriff und
seiner negativen Entsprechung (alexandrinischer Klassizismus) vgl. ebd. S. 342 f.,
S. 495 und pass.
[102] Literaturgeschichte der Goethezeit, a.a.O., S. 486.

V.

DAS NEUE FORMIDEAL

> Die Klassiker schufen uns die künstlerische Form nach
> antikem Vorbild und mit humanem Geiste; die Roman-
> tiker zerstörten diese Form wieder, um die Phantasie
> von gegebenen Traditionen zu emanzipieren und die
> Dichtung volksthümlich zu machen, verfielen aber dabei
> in eine chaotische Unpoesie ... Ihr Streben, die Poesie
> mit dem Leben der Gegenwart zu vermitteln, wurde
> von der modernen Richtung wiederaufgenommen, welche
> gleichzeitig im Ringen nach künstlerischer Vollendung
> an unsere Klassiker anknüpfte.
>
> Gottschall, Poetik

Otto Ludwig zeigt sich in der Frage des Verhältnisses von Literatur und
Gegenwart gewiß problembewußter als etwa Freytag, Schmidt oder gar
Gottschall. Er sieht die zeitgenössische Dichtung geprägt durch eine
„Flucht vor dem Trivialen"; Hebbel habe diese Flucht am weitesten ge-
trieben.[1] Tatsächlich war das Triviale von Anfang an die Sackgasse des
programmatischen Realismus, zuerst in der Propaganda für das kleine
„natürliche" Leben, dann in der Forderung nach Aufnahme des bürgerlichen Alltags in die Dichtung, im Bekenntnis zum „Normalen" überhaupt. Die ungehinderte Misere des Lebens forderte eine Überformung.
Als solche darf schon die Auerbachsche Sentimentalisierung dörflicher
Sujets gelten, Freytags und Schmidts Verklärungspoetik, Riehls sonntäg-
liche Bürgerlichkeit. Otto Ludwig tröstet sich im Rückblick, indem er
schon Goethe und Schiller vor ein ähnliches Problem gestellt sieht; Goethe
habe das Modern-Triviale durch die „Form" überwunden, in die er
„unendlichen Gehalt" legte, Schiller durch „Reflexionsgehalt", welch letzteren Weg man nicht mehr gehen wollte und konnte. Es blieb die Hoffnung auf die klassische Form.
Vor allem gegen die jungdeutsche und vormärzliche „Tendenz"-Dichtung
ist es gerichtet, wenn Julian Schmidt 1857 schreibt: „Die Gesinnung an
sich macht weder den Dichter noch den Politiker; an dieser unglückseligen

---

[1] Vgl. Ludwig, Ges. Schriften, a.a.O., VI, S. 37.

Verblendung haben wir lange zu tragen gehabt."[2] Was beim Dichter hinzukommen muß, ist das Ethos der Form. Das „liederliche"[3] Formgefühl und die lose Formpraxis der Restaurationszeit wird nunmehr schärfster Kritik unterzogen, ja diese Kritik prägt in einem entscheidenden Maße die literarische Epoche nach 1848. An Rötschers stark klassizistisch orientierten „Jahrbüchern für dramatische Kunst und Literatur" loben die „Grenzboten" schon 1847 die strengen formalen Maßstäbe, die sie anlegen.[4] Angesichts des Formenpluralismus der Restaurationsliteratur schreibt wiederum Schmidt wenige Jahre später: „Uns thut es noth, aus der unübersehbaren Fülle, deren wir gar nicht mehr Herr werden können, zur Einfachheit und Natur wieder zurückzukehren..."[5] Diese Rückkehr soll zur „strengen Einfachheit der Lessingschen Stücke" zurückführen,[6] zu Schillers „wahrer Simplizität", die allein „Klassizität" verleiht.[7] Würde die zeitgenössische Dichtung, vor allem das Drama, diesen Vorzug Schillers sich aneignen und gleichzeitig Stoffe von „wahrhaft historischer Bedeutung" aufgreifen (was Schmidt bei Schiller großenteils vermißt), dann bedeutete dies die Überwindung und produktive Weiterführung der Klassik.[8]

Das Ideal der formalen Einfachheit wird in den verschiedensten Zusammenhängen konkretisiert, sowohl stilistisch wie gattungspoetisch, es gilt für die Komposition einer Dichtung ebenso wie für Rhythmus und Reim des Verses. Hettner führt das „Grundgesetz zwingender Faßlichkeit und Anschaulichkeit" gegen den Gebrauch von Allegorie und Symbol an,[9] womit er durchaus im Rahmen des realistischen Programms steht. Der Verve entsprechend, mit der diese Forderungen vorgetragen werden, geht man gegen das „Schwülstige" oder was man dafür hält vor, gegen das „Raffinement".[10]

Dabei ergibt sich eine Parallele zur Literaturkritik der „Hallischen Jahrbücher". In einem eigenartigen Gegensatz zum Prinzip der linkshegelia-

[2] Grenzboten 1857, II, S. 5.
[3] Vgl. Freytag, Grenzboten 1849, IV, S. 139.
[4] Vgl. die positive Rezension des 1. Jg.s der „Jahrbücher", Grenzboten 1847, IV, S. 55 ff.
[5] Grenzboten 1851, II, S. 207.
[6] Schmidt, Grenzboten 1851, II, S. 327.
[7] Vgl. Brief Schillers an Körner vom 20.8.1788.
[8] Vgl. Grenzboten 1850, IV, S. 808.
[9] Vgl. Literaturgeschichte der Goethezeit, a.a.O., S. 502.
[10] Sogar der sonst wenig geschätzte Gottsched findet als Streiter gegen den Spätbarock der Lohenstein und Hofmannswaldau die Anerkennung Schmidts (Grenzboten 1847, II, S. 427). Jeder Manierismus ist der ärgste Feind des Programms.

nischen Philosophie, das Ludwig Feuerbach als das „Prinzip der absoluten Negativität" bezeichnet,[11] bleiben die „Hallischen Jahrbücher" ästhetisch im Bereich der Klassik, der nur in einzelnen Punkten: Integration des Häßlichen und der Form des Romans, erweitert werden soll. Und auch hier ist es die klassische Kategorie der „Simplizität", die eine wesentliche Rolle spielt. So bewundert Ruge etwa Cornelius, weil er große Gedanken habe und sich doch dem „Geraden, Einfachen, Ungeschminkten", den „einfachen Formen" ergebe;[12] ein anderes Mal spricht Ruge von der wahren, unkomplizierten Schönheit Thorwaldsens.[13]

Ablehnung des „Rhetorischen"

Es ist auch nicht annähernd möglich, einen zutreffenden Eindruck davon zu vermitteln, mit welcher Häufigkeit und Intensität die nachrevolutionäre Ästhetik auf den Formprinzipien der „Einfachheit" und „Einheit", des „Maßes" und der „Harmonie" besteht. Hier fand zweifellos der tiefgreifendste Wandel im Verhältnis zur Literatur der ersten Jahrhunderthälfte statt. Typisch für diesen Wechsel ist eine Bemerkung Hebbels von 1861: „Moloch einmal wieder hervorgezogen; schon vergilbt. Der Ton ist zu hoch genommen; ich müßte von vorn wieder anfangen."[14] Das Moloch-Fragment stammte aus den vierziger Jahren und ist ein Musterbeispiel für die vorrevolutionäre „Kraftdramatik". Nun plädiert Hebbel für eine Herabstimmung des Tones, die auch Freytag meint, wenn er Auerbachs stilistische Prätensionslosigkeit dem „bunten und grotesken Flitterstaat der Schildereien von Lenau und Freiligrath" gegenüberstellt.[15] Die Dinge „schlicht weg" zu erzählen, ohne „rhetorischen Schmuck" und in „kurzen Sätzen, welche ungezwungen einer aus dem andern fließen", dies schien Freytag allen Lobes würdig. „Wir waren in unserer künstlerischen Prosa so tief herunter gekommen und waren so verstrickt in preciösen Ausdrücken, in Affektation und Manier..."[16]
Schon Theodor Mundt hatte in seiner „Kunst der deutschen Prosa" alles „Rhetorische" als dem Begriff der realistischen Prosa widersprechend abgelehnt. Fontane meint in einem frühen Aufsatz „Unsere lyrische und epische Poesie seit 1848": der „Realismus ist der geschworene Feind aller

[11] Feuerbach, Grundsätze der Philosophie. Notwendigkeit einer Veränderung (1842/43). In: Löwith, Die Hegelsche Linke, a.a.O., S. 227 f.
[12] Vgl. Hall. Jbb. 1838, S. 920.
[13] Vgl. Hall. Jbb. 1838, S. 1925.
[14] Vgl. Tagebuch Nr. 5940.
[15] Vgl. Grenzboten 1849, III, S. 183 f.
[16] Grenzboten 1849, III, S. 185.

Phrase und Überschwenglichkeit", er ist ein „Frontmachen gegen die Unnatur".[17]

Auch in den Rhetorik-Lehrbüchern der Zeit läßt sich, wie man nachgewiesen hat, eine „Abwertung der Rhetorik" feststellen,[18] wobei eine ausgesprochene Begriffsverschlechterung stattfindet. Ohnehin mußten die Ideale der Harmonie und der stilistischen Durchgängigkeit zu einer Verwerfung jener aus der antiken Rhetorik stammenden Trias des hohen, mittleren und niederen Stils führen. Sie war noch in Jean Pauls Romanen wirksam, die je nach Gegenstand und Thematik die Stillage wechseln. Eben diesen Tatbestand hat Gervinus, dem die Programmatiker durchaus folgen, im Auge, wenn er gegen Jean Pauls Stil einwendet: „Mit Kothurn und Sokkus je an einem Fuße wandeln ist ein hinkender Gang."[19]

Im allgemeinen steht jedoch nicht der antike Rhetorikbegriff zur Debatte, sondern das, was man als Schönrednerei und Schwulst, als das „Rhetorische" bezeichnete. In den Jahren um 1850 bevorzugt es Schmidt, statt von Rhetorik von der „Phrase" zu sprechen; zum Rhetorischen gehört die „Declamation", der betäubende „Glanz der Bilder". Am deutlichsten sagt es Otto Ludwig: „Ein Idealist ist eigentlich ein Mensch, dem die Wahrheit zu rein, zu farblos ist; sein charakteristisches Merkmal ist daher der Schmuck; er muß das Große und Schöne erst mit Flitter umhängen, wenn es ihm schön und groß erscheinen soll. Das Poetische ist ihm das Geschmückte; von Schmuck umhängt, nimmt er die bare Prosa für Poesie; ungeschmückt scheint ihm die reinste Poesie Prosa."[20] Das geht vor allem gegen Schiller. In der Tat war die „Schillersche Prachtrhetorik", wie Prutz schreibt, „die dem heutigen Geschmack nicht mehr recht zusagt"[21], einer der stärksten Einwände gegen das so hoch geschätzte Drama Schillers. Noch 1857, als man der Stimmung der Schillerfeste schon sehr nahe war, meint Schmidt, es sei sehr schwer, „zu dem Idealismus des Schillerschen Theaters zurückzukehren, denn die Rhetorik dieses glänzenden Dichters ist durch seine schlechten Nachahmer ... verwässert worden" und sie habe zu dieser auch viel Gelegenheit geboten.[22]

In der zeitgenössischen Literatur ist es vornehmlich Hebbel, dessen Stil unter das Verdikt des Rhetorischen fällt. Schmidt verweigert Hebbel den „Kranz der echten Poesie", weil seine Sprache nicht dem „natürlichen

[17] Fontane, Sämtl. Werke, a.a.O., Bd. XXI, 1, S. 11.
[18] Vgl. Marie Luise Linn, Studien der deutschen Rhetorik und Stilistik im 19. Jh., Marburg 1963.
[19] Geschichte der dt. Nationalliteratur, a.a.O., V, S. 266.
[20] Ludwig, Ges. Schriften, a.a.O., VI, S. 19.
[21] Vgl. Deutsches Museum 1854, II, S. 145; ferner ebd. 1852, II, S. 244.
[22] Grenzboten 1857, I, S. 283.

Lauf des Gefühls" folgt, sondern absonderliche Metaphern zeigt, „antithetisch, zerbröckelt" ist.[23] Auch Freytag hat sich in den „Grenzboten" mehrmals um „Styl und Schriftsprache der Deutschen", wie ein Aufsatz von 1852 heißt, besorgt gezeigt. Der Stil der „gegenwärtigen Generation" sei in „Barbarei und Roheit" abgesunken; Freytag meint eine mittlere, sich angenehm und behaglich ausnehmende Stillage, die allein im Drama einem höheren Ton weichen darf. Dem Sinne nach kehrt in so gut wie allen Rezensionen Freytags diese Forderung wieder.

Fontane hat später den „Umschwung, der dem Realismus zum Siege verhalf", in eins gesetzt mit der Abkehr vom Rhetorischen; er sieht sie zum erstenmal ganz geleistet in Freytags „Soll und Haben".[24] Tatsächlich wird damit das Selbstverständnis der realistischen Theorie erhellt; sie konnte sich in der Negation viel klarer definieren als in dem, was sie positiv wollte. Wenn etwa Robert Prutz vom „heiligen Gesetz des Maßes" spricht, das in den letzten Jahrzehnten so oft verletzt worden sei;[25] wenn Vischer in der „Ästhetik" auf jenes erste „Gesetz der Sparsamkeit" im sprachlichen Ausdruck verweist,[26] so ist es, wie bei den Formprinzipien Freytags und Schmidts, unmöglich, hier zwischen realistischem Neuansatz und Fortführung klassizistischer Traditionen zu unterscheiden. Der formale Rückgriff auf diese galt nicht als epigonal, sondern als Wiederbelebung vergessener Gesetze, die aus dem Kunstbegriff selbst resultieren.

In der Mitte des realistischen Formkanons, der sich in einer Gegenwendung zum „Rhetorischen" entwickelt, steht die Maxime des „harmonisch" gestalteten Kunstwerks; man darf von einem Harmonieideal sprechen. „Die Aufgabe der Kunst ist die Harmonie", schreibt Schmidt, „und nur derjenige Dichter hat das Recht, die Dissonanz zu benutzen, der die Kraft besitzt, sie künstlerisch zu lösen."[27] Schmidt tadelt die Klassiker,

---

[23] Vgl. Grenzboten 1847, II, S. 508.
[24] Zit. bei Clemens Heselhaus, Das Realismusproblem. In: Begriffsbestimmung, a.a.O., S. 357 f. – Zur Stilentwicklung nach 1848 vgl. auch Marie Luise Gansberg, Zur Sprache Hebbels. In: Hebbel in neuer Sicht, Stuttgart 1963, bes. S. 64 ff.
[25] Literatur der Gegenwart, a.a.O., I, S. 34.
[26] Ästhetik, a.a.O., VI, § 850 (S. 72).
[27] Grenzboten 1849, IV, S. 409 f. – Der 1855 erscheinende „Cicerone" Jacob Burckhardts stellt ähnliche Stilideale auf wie die realistische Theorie. Mehrfach weist Burckhardt auf das „Befremdliche", „Übernatürliche" und „Bizarre" bei Michelangelo hin. Vgl. Cicerone, Stuttgart 1964, S. 631 f. und pass. Burckhardt zählt sich zu jenen, die in der Kunst das „sinnlich Schöne" suchen und es, wie Vischer und Hettner, bei Raffael finden. Sein Kunstideal liegt zwischen dem „Niedlichen" und den michelangelesken Übersteigerungen. Das Stichwort für

nicht weil sie zu sehr, sondern in einigen Werken zu wenig „harmonisch" seien.[28] Was die Romantik in diesem Punkt betrifft, ist die Diskussion von vornherein entschieden, geht doch nach Schmidt der Romantiker ganzes Streben dahin, an die Stelle der „classischen Harmonie" die „Praxis des Contrastes als eine neue Convenienz" zu setzen.[29] Der stützende Hinweis auf Leibnizens „Weltharmonie" ist da fast eine Selbstverständlichkeit,[30] ebenso wie die Suche nach Analogien in der Naturwissenschaft. Diese fand man beispielsweise im „Goldenen Schnitt" der Geometrie, den der ganz epigonale Ästhetiker Adolf Zeising, ein häufiger Mitarbeiter der „Blätter für literarische Unterhaltung", als allgemeines Gliederungsprinzip in Natur und Kunst nachzuweisen sucht. Der „Goldene Schnitt" regelt das Verhältnis der Teile zueinander und zum Ganzen unter Berücksichtigung des harmonischen Zusammenklanges; jedes Kunstwerk habe dieses „Gesetz der Proportionalität" zu beachten.[31] Wenn es sich hier auch gleichsam nur um die Blüten handelt, die die zeitgenössische Harmoniesucht trieb, konnten die „Blätter für literarische Unterhaltung" doch der allgemeinen Zustimmung sicher sein.

Wie wichtig den Programmatikern die „reine Form", die formale Vollendung war, zeigt etwa der Umstand, daß die „Grenzboten" dieses Thema des öfteren in den programmatisch grundsätzlichen „Vorworten" zu einem neuen Semester aufgreifen. So heißt es 1852, das vornehmste Ziel der neuen Literatur müsse es sein, nicht mehr willkürlich zu arbeiten, sondern das „Gesetz wieder über die Willkür hinauszustellen". Hier liegt auch die Aufgabe der Literaturkritiker: „Es ist ein Glück für sie, daß sie sich daran erinnern können, wie einmal die Kritik in Deutschland diesen Beruf bereits erfüllt hat unter Verhältnissen, die nicht viel günstiger waren als die gegenwärtigen."[32] Gemeint ist Lessing; auf ihn müsse sich, nicht nur methodisch, sondern auch inhaltlich, die jetzige Literaturkritik besinnen, um die „Verwirrung unserer ästhetischen Begriffe im 19. Jahrhundert" zu überwinden.

Viel weniger als um Inspiration und Genie geht es der realistischen Theorie um das Erlernbare in der Kunst; das spezifisch „Künstlerische"

---

diese maßvolle, harmonische Mitte heißt das „Griechische". – Über Burckhardts Stilideal des Einfachen und des Verzichts auf das Rhetorische vgl. auch Löwith, Burckhardt, a.a.O., S. 62.

[28] Vgl. Grenzboten 1851, II, S. 442.
[29] Vgl. Grenzboten 1851, II, S. 276.
[30] Vgl. Blätter für literarische Unterhaltung 1856, S. 286.
[31] Vgl. Blätter für literarische Unterhaltung 1856, S. 286 ff., Rez. zu Zeising, Ästhetische Forschungen, Frankf. a. M. 1855.
[32] Grenzboten 1852, III, S. 1 ff.

tritt hinter die technische Komponente zurück. Die „älteren Dichter",
wie der hochgeschätzte Bürger,[33] wie Goethe und Schiller, verehrten nach
Schmidt in der Poesie die „Kunst", sie studierten „mit Ausdauer und
Andacht die Gesetze ihres Schaffens".[34] Freytag zieht eine direkte Parallele zur Bildenden Kunst und Musik; Dichtung müsse in einem genau
analogen Sinn handwerklich gesicherte Kunst sein. Die Klassik habe sich
daran gehalten.[35] Gern verweist Freytag in diesem Zusammenhang auf
den Briefwechsel Schillers mit Goethe und Körner, wo jede Metapher
gewissenhaft erwogen würde.[36]
Die „Improvisation" wird so bei den Programmatikern zu einem viel-
gebrauchten negativen Schlagwort. So sehr Freytag und Schmidt gegen
Platens Formspielerei polemisierten, verweisen sie doch mehrmals auf
seine gediegene Arbeit an Vers und Reim. „Eine große Roheit und Un-
geschicklichkeit in der Versification" konstatiert Freytag in der Restaurationsliteratur, wo doch eben noch Platens Formsinn gewirkt hatte.[37]
In der „Formlosigkeit" sieht er einen Fluch der deutschen Dichter seit
Schillers Tod.[38]
Diese Fixierung auf Korrektheit und formale Mustergültigkeit, auf die
„Gesetzmäßigkeit des Producierens", verführte nicht selten dazu, un-
bedeutende Werke, wie etwa Hermann Grimms Novellen, aufgrund
gewisser formaler Eigenschaften hochzuloben. Ebenso geschieht es auch
umgekehrt, wofür Jean Paul, der die Klassiker nicht ungestraft einmal
„griechenzende Formschneider" nannte, das bedeutendste Beispiel ist. Er
verlor viel von der Geltung, die er im Biedermeier und bei den Jungdeutschen innehatte; die Literaturgeschichten der Zeit, von Gervinus über
Vilmar bis Hillebrand, sind sich in der Verurteilung Jean Pauls einig.[39]
Besonders bei Schmidt spielt hier wieder ein pädagogischer Gesichtspunkt
herein: er hält die Zeit für „freie Schöpfungen" noch nicht gekommen.[40]
In dieser Bemerkung Schmidts spiegelt sich der Umstand wider, daß auch
in der Betonung technischer Perfektion jenes Moment eine wichtige Rolle

---

[33] Mehrmals weist Schmidt auf Bürgers „Lenore" hin, die ihm als Musterbeispiel für formale Solidität gilt.
[34] Vgl. Grenzboten 1852, IV, S. 122 f.
[35] Vgl. Grenzboten 1854, I, S. 9.
[36] Vgl. Grenzboten 1854, I, S. 19.
[37] Vgl. Grenzboten 1850, III, S. 25.
[38] Vgl. Grenzboten 1850, III, S. 273.
[39] Vgl. hierzu auch Kurt Schreinert, Fontane und Jean Paul. In: Festg. f. Ed.
Berend, a.a.O., S. 160 ff. – Vgl. ferner das negative Urteil Vischers über
Jean Paul (Krit. Gänge, a.a.O., II, S. 426–47); ähnlich Auerbach, Brief an Jac.
Auerbach vom 15. 3. 63.
[40] Vgl. Grenzboten 1852, III, S. 4.

spielt, auf das nun schon so oft die Rede kommen mußte: die Erwartung einer neuen Klassik. Julian Schmidt hatte die Aufgabe der programmatischen Kritik nach dem Vorbilde Lessings definiert, nämlich die Voraussetzung für eine ähnliche Vollendung zu schaffen, wie sie damals Goethe und Schiller brachten. Aus der Optik der Poetiker um die Jahrhundertmitte bedeutete die Restaurationszeit nur ein Zwischenspiel zweifelhaften Charakters. Eben auch in der Frage der poetischen Form. Der revolutionäre Umbruch, den der Zerfall des Idealismus und die Heraufkunft der industriellen Revolution darstellte, wurde nicht in einen Zusammenhang mit dem Formzerfall gebracht und dieser daher auch nicht so ernst verstanden, wie es wohl angemessen gewesen wäre. Neben politischen und gesellschaftlichen Faktoren, die mitwirkten, schreibt sich auch von daher der Glaube an eine formale restitutio in integrum; es bedurfte anscheinend nur eines neuen gewissenhaften Formbewußtseins, um wieder Klassizität zu gewinnen. „Es ist kein Zweifel", sagt Hettner, die kommende „Kunstblüte wird umso reiner, je strenger wir uns ein für allemal daran gewöhnen, überall rücksichtslos die höchsten Forderungen der Kunst gelten zu lassen."[41] Diese höchsten Forderungen sind identisch mit den „Gesetzen", die aus den „Musterwerken der Kunst" fließen.[42]

„Composition"

Aus dem umfassenden Harmonieideal ergab sich auch das Postulat der „künstlerischen Komposition". Es ist nicht zuviel gesagt, daß wenigstens in den „Grenzboten" die Frage der „Komposition" zu einem der ersten Kriterien fast jeder Rezension avanciert; jedoch stehen Hettner und Gottschall nicht viel nach. Unter Komposition versteht man, um Freytag zu zitieren, eine „einheitliche, abgeschlossene Handlung", die sich einfach, doch kunstmäßig, in „logischer Notwendigkeit übersichtlich und interessant" entwickelt.[43] Es kommt sowohl auf den inneren „vernünftigen" Zusammenhang an, wie auf den äußeren Aufbau; wichtig ist endlich ein überzeugender Abschluß. Fragmente werden strikt abgelehnt.
Fontane hat in seiner Rezension von Freytags „Soll und Haben" den Begriff der Komposition an diesem Roman expliziert. So unübertrefflich Dickens und Thackeray „in daguerrotypisch treuer Abschilderung des Lebens" seien, fehle ihnen auf der anderen Seite „die ideelle Durchdringung oder die vollendete Form". Im ersteren sei ihnen Freytag „nahe-

[41] Schriften zur Literatur, a.a.O., S. 276.
[42] Vgl. Hettner, Schriften zur Literatur und Philosophie, hg. von Dietrich Schäfer, Frankf. a. M. 1967, S. 157.
[43] Vgl. Freytag, Ges. Werke in 22 Bdn, a.a.O., XVI, S. 191 f.

gekommen", im Punkt der „mustergültigen Form" habe er sie übertroffen. „Er hat nicht einen ‚Faden gesponnen', sondern er hat dem Drama und seinen strengen Anforderungen und Gesetzen auch die Vorschriften für Behandlung des Romans entnommen. Das dünkt uns ein Fortschritt..."[44] In ähnlicher Weise hat Schmidt die Gewohnheit englischer und französischer Romanciers getadelt, ihre Romane in „Fortsetzung" – was Fontane den „gesponnenen Faden" nennt – zu schreiben und zu veröffentlichen; darunter leide die Komposition.[45]

Daß mit dem Postulat der Komposition nicht nur die Architektur einer Dichtung gemeint ist, zeigt nicht nur Hebbels bekannte Kritik von Stifters „Nachsommer" („Das Komma im Frack"), sondern auch die weniger bekannte Rezension desselben Werks durch Schmidt. Daß Stifters „Nachsommer" die „Architektur" nicht mangelt, konnte auch Schmidt nicht übersehen. Was Schmidt mit seinem Vorwurf, diesem Roman fehle die „Energie der Composition",[46] meint, ist das Mosaikartige bei Stifter, das Sichverlieren ins Einzelne und das ungebührliche Wichtignehmen des Details, was alles den Totaleindruck einer stetig sich entwickelnden Romanhandlung stört oder aufhebt. Das beschreibend ausgemalte Detail widerspricht dem von Fontane geforderten dramatischen Kompositionsprinzip des Romans; die Beschreibung überhaupt genießt wenig Ansehen.

Diese Betonung einer kompositorischen Ganzheit wurde öfter als spezifisch „realistisches" Element der „zersplitterten Erzählhaltung des Biedermeiers" gegenübergestellt, das Positive dem Negativen.[47] Man sollte nun nicht übersehen, daß der Begriff von Komposition, wie er in der Literaturtheorie nach 1848 verstanden wird, nicht nur mit „Realismus" zu tun hat, sondern auch als spezifisch formalistische Reaktion auf die „stilistische Sorglosigkeit" (Sengle) der Biedermeierzeit bewertet werden muß und also in einem gleichen Maß der Fortführung klassizistischer Traditionen durch den Realismus zuzurechnen ist. Die literarische Theorie der Zeit selbst sah in der Forderung des durchkomponierten, in sich integrierten Kunstwerks nicht nur eine Bedingung für den neuen Realismus, sondern betonte die „Komposition" ebenso stark als Korrektiv des wiederum „realistisch" genannten charakterisierenden Stils. Hettner bemerkte zu diesem Problem: „Gerade je mehr das moderne Drama mit vollem Rechte

---

[44] Fontane, Gustav Freytag. Soll und Haben. In: Th. F., Sämtl. Werke, Bd. XXI, 1, a.a.O., S. 216 ff.
[45] Vgl. Grenzboten 1850, II, S. 83.
[46] Vgl. Grenzboten 1858, I, S. 162.
[47] Neben Fr. Martini vor allem J. Hermand in der „Literarischen Formenwelt des Biedermeier".

in der Charakterzeichnung zur individuellsten Naturwahrheit, ja ich möchte sagen, zur treuesten Natürlichkeit hindrängt, umso gemessener und idealer muß es in der Komposition sein."[48] Sosehr sich die Programmatiker, insbesondere Schmidt und Ludwig bemühten, einen gleichsam homogenen Realismusbegriff zu etablieren, konnte die bezeichnete Ambivalenz des Begriffs nie beseitigt werden.

„Reinhaltung der Gattungen"

Wie im Fall der Komposition hob die Forschung den Fortschritt, den die realistische „Verfestigung der Gattungsformen" gegenüber der Biedermeierzeit bedeute, hervor.[49] Nicht nur aus der dichterischen Praxis, auch aus der realistischen Theorie geht hervor, daß die „Reinhaltung der Gattungen", die Unvermischtheit der Formen ein wichtiges Anliegen der Epoche nach 1848 ist; sie sei, so schreiben die „Grenzboten", ein „unerläßliches Mittel" zum „Fortschritt unsrer Poesie".[50] Dementsprechend findet die romantische Idee der „Universalpoesie" nur Ablehnung.

Daß die Gattungsgesetze feststehend und „ewig" sind, ist eine der Hauptprämissen bei Hettner. Innerhalb seiner Literaturgeschichte der Aufklärung ergab sich dabei das schwierige Problem eines Widerspruchs von historischer und ästhetisch-kritischer Methode, das immer deutlicher ein Problem des Widerspruchs von Historismus und Klassizismus wurde; es ist über Hettner hinaus für die Epoche typisch. Bei Hettner tritt es um so stärker in den Vordergrund, als er der konzilianteste, am meisten „historisch" orientierte Literarhistoriker des Programms war, andererseits sehr klar, insbesondere als Theoretiker des Dramas, für eine Reaktivierung der klassizistischen Tradition eintrat.[51]

Tatsächlich führte die Maxime der Gattungsreinheit leicht zur Sterilität einer normativen Ästhetik. Die aussichtslose Wiederbelebung der klassischen Tragödie war nur einem Denken möglich, das sich den „Gesetzen der Gattung" des Dramas verpflichtet glaubte. Die Harmonisierung des Bewußtseins von der Historizität der Gattungen und der Beibehaltung gattungspoetischer Normen zeigt sich besonders deutlich im Falle des Romans. Der Roman galt bei allen Realisten als Form ohne „Form"; man versuchte daher Formgesetze teils des klassischen Epos, teils des

---

[48] Schriften zur Literatur, a.a.O., S. 318.
[49] Vgl. Martini, Literatur im bürgerlichen Realismus, a.a.O., S. 68, und Hermand, Formenwelt..., a.a.O., S. 145.
[50] Vgl. Grenzboten 1853, III, S. 136.
[51] Vgl. zu dieser Frage auch Joh. Anderegg im Nachwort zu Hettner, Literaturgeschichte der Goethezeit, a.a.O., S. 724.

Dramas auf ihn zu übertragen.[52] So sehr sich Otto Ludwig, der auch das Wort vom „Reinhalten der Gattung" prägte,[53] um den Unterschied des Epischen und Dramatischen bemühte, kommt er doch zu dem Ergebnis, daß der Roman dem Drama naheliege.[54] Keineswegs handelt es sich hier, wie Martini glaubt, um eine Annäherung der Gattungen „mehr", als es „die klassische Ästhetik, als es Hegel oder Vischer zugestanden hätten".[55] Die Versuche Ludwigs und anderer gehen, gleichgültig ob sie den Roman mehr dem Epos oder mehr dem Drama annähern, dahin, ihn in die klassizistische Tradition einzubinden. Dies bestätigt sich auch durch den anderen Umstand, daß das Drama seinerseits von allen Episierungen frei gehalten werden soll. Nur aus diesem Grunde hat sich Hettner gegen das historische Drama, sogar gegen Shakespeares Historienstücke gewandt: „Die Komposition dieser Historien ist nicht dramatisch; sie ist episch, oder wenigstens episierend"; noch immer herrsche „dieselbe dilettantische Verwechslung des Epischen und Dramatischen, derselbe trostlose Ungeschmack".[56]

Vers und Prosa

In den „Grenzboten" von 1845 findet sich ein fingiertes Gespräch unter dem Titel „Die deutsche Bühne. Ein trauriges Lustspiel";[57] seine Hauptpersonen sind ein „Redacteur" und ein „Professor". Dieser pocht auf „Classicität" im Drama und bevorzugt den Vers. Der Redakteur, dem sichtlich die Sympathien des Verfassers gehören, hält es mit der Prosa, „dieser verständigen, flinken und prätensionslosen Hausfrau, die ihre Empfindungen gerade so heraussagt, während der Vers, einer listigen Coquette gleich, jede Silbe hundertmal vor dem Spiegel umdreht, ob sie ihr so besser stehe, oder so..." Tatsächlich hatte sich die jungdeutsche Prosaforderung im literarischen Journalismus der vierziger Jahre weit-

[52] Vgl. Grenzboten 1847, IV, S. 208 (wahrscheinlich Schmidt): „Wenn der Roman seinen Zweck erfüllen soll, so muß er sich denselben Gesetzen fügen wie das Drama, einem Gesetz, das z. B. in den Romanen von W. Scott sich geltend macht, seine schönste Form aber in Goethes Wahlverwandtschaften erreicht." – Vgl. ferner ähnlich Grenzboten 1846, II, S. 66. Gottschall dagegen möchte den Roman mehr dem Epos angeglichen wissen (Der neue deutsche Roman. In: Die Gegenwart, a.a.O., IX, S. 210) ebenso wie später Spielhagen.
[53] Vgl. Ges. Schriften, a.a.O., VI, S. 29 und 65.
[54] Vgl. Ges. Schriften, a.a.O., VI, S. 67.
[55] Martini, Zur Theorie des Romans im deutschen Realismus. In: Festgabe f. Ed. Berend, a.a.O., S. 290. – Im übrigen kann man Vischer keineswegs rein auf die Seite Hegels schieben; er steht den Programmatikern gewiß ebenso nahe.
[56] Hettner, Das moderne Drama, a.a.O., S. 19.
[57] Bd. I, S. 71 ff.

gehend durchgesetzt. Es galt als „Fortschritt", den Vers zu verlassen und in „reiner, natürlicher Prosa" zu schreiben.[58] Ein bedeutendes Zeugnis für die vormärzliche Prosabewegung ist Theodor Mundts „Kunst der deutschen Prosa".[59] Mundt legt zunächst dar, daß die Trennung in einen „poetischen" und einen „prosaischen" „Ideenkreis" keine Berechtigung mehr habe, was eine Kritik an Hegel darstellt, der eine solche Differenz betonte, wie später wieder Vischer und Gottschall. Zwar wird nach Mundt der Vers „gewissermaßen an ursprünglichem Adel der Geburt" der Prosa immer überlegen bleiben.[60] Aber so abstrakt will Mundt die Frage zweifellos gar nicht gestellt wissen; er stellt sie selbst vom historischen Moment aus. Zum einen stehe der Vers gegenwärtig auf der „Stufe des Verfalls" und zum andern, damit zusammenhängend, sei die Prosa jene Form, die „einen künstlich vermittelten Zustand, den Zustand des gebildeten und reflectirten Bewußtseins überhaupt auszuprägen hat". Die Modernität Mundts liegt darin, daß er eine Form, die zu diesem Bewußtsein in einem angemessenen Verhältnis steht und sein Ausdruck ist, gleichsam poetisch legitimiert. Da der Unterschied der gebundenen und ungebundenen Sprache nicht den Unterschied von Kunst und Nichtkunst begründen konnte, andererseits Hegels substantielle Differenzierung eines „Poetischen" und eines „Prosaischen" von Mundt eben aufgehoben wurde, war nach einem neuen Kriterium für das „Poetische" zu suchen. Mundt fand es in der stilistischen Nuance: „Diese Nuance zu treffen, ist die eigentliche Kunst derjenigen Prosa, welche zur Form für das poetische Kunstwerk geworden ist." Diese einzig „übrigbleibende Grenze" zwischen Poesie und (prosaischer) Prosa sei „nicht anders bestimmbar, als nach den Gesetzen der Individualität und des von ihr behandelten Gegenstandes".[61] Damit hatte Mundt in der Tat die Prosa auf einen völlig neuen, d. h. nichtidealistischen Boden gestellt. Nicht nur die Programmatiker, die Mundt als Jungdeutschen nicht beachteten, sondern auch Mundt selbst verließ in der späteren „Ästhetik" (1845) diesen Boden wieder.

---

[58] Vgl. Grenzboten 1844, I, S. 196.
[59] Zuerst erschienen 1837. Zitate nach der 2. Aufl. Berlin 1843. – Hinzuweisen ist auch auf die bedeutenden Äußerungen des vormärzlichen Hebbel über das Verhältnis des jambischen zum Prosadrama. Vgl. Werke, a.a.O., IV, Tagebuch Nr. 1677, 1857, 4276, 4277. Hebbel lehnt Goethes Diktum: „Alles Poetische sollte rhythmisch sein" ab, wünscht aber auch keine „alltägliche Prosa" (Tgb. 4276). Seit dem Rom-Aufenthalt (1845) dringen bei Hebbel jedoch mehr und mehr klassizistische Züge ein, die schließlich zur „Wende" von 1847/48 führen („Herodes und Mariamne"). Vgl. auch den Brief an Ruge vom 15. 9. 1852: „Auch ich datiere seit meinem römischen Aufenthalt eine neue Epoche."
[60] Kunst der Prosa, S. 45 f.
[61] Kunst der Prosa, a.a.O., S. 317 f.

Zwar politisch und gesellschaftlich fortschrittlich, nehmen die „Hallischen Jahrbücher", worauf schon einmal hingewiesen wurde, in ästhetischer Beziehung einen annähernd reaktionären Standpunkt ein. Dies gilt auch für die Vers-Prosa-Frage. Zwar gibt es, dies muß betont werden, keine einheitliche ästhetisch-literaturkritische Linie der „Hallischen Jahrbücher"; eine Vielfalt von Mitarbeitern erzeugte eine Vielfalt von Meinungen. Jedoch sind die ausgesprochenen Junghegelianer, wie Ruge, Echtermeyer, Prutz, durchaus ästhetische Traditionalisten. 1839 erscheint ein Aufsatz über die Prosaauffassung der Goetheschen „Iphigenie", die von Adolf Stahr kürzlich herausgegeben worden war. Das Beispiel eignete sich vortrefflich zur Demonstration des qualitativen Unterschieds zwischen Vers und Prosa. Der Verfasser kommt zu dem Ergebnis, daß die Versfassung mit innerer Notwendigkeit aus Stoff und Gehalt hervorgeht: „So entspricht der hohen Sittlichkeit der ganzen Handlung auch gleichsam eine Sittlichkeit der Form..."[62] Die Prosa der ersten Fassung zeige überall nur „das Anstreben an Form, aber noch nicht das volle Gelingen". Erst der Jambus zeitigt dann die „große That der Erhebung unserer Poesie zur Classicität, die Aneignung des Geistes der antiken Kunstform".[63] Ähnlich heißt es in einer Rezension der Hebbelschen „Judith", Rezensent schätze zwar die „kernige, biblische Prosa", halte aber „im allgemeinen den Jambus für die wahrhafte künstlerische Form der dramatischen Sprache".[64] Hier wird zugleich deutlich, daß die Vers-Prosa-Diskussion eng mit der Gattungspoetik verknüpft ist, was sich auch im späteren realistischen Programm bestätigen wird.

Im wesentlichen darf für den Vormärz gelten, daß es hier tatsächlich eine Konfrontation zwischen ästhetischen Traditionalisten und Progressiven in der Vers-Prosa-Frage gab. Die Situation nach 1848 ist dagegen deutlich von kompromißhaften Zügen gezeichnet. Ein Engagement im eigentlichen Sinne war für die Prosa nicht mehr nötig; sie hatte sich, das war eine Forderung des breiten Bedürfnisses, unwiderruflich etabliert. Gleichwohl ist deutlich, daß der Roman seinem poetischen Wert nach noch immer mißtrauisch betrachtet wird; man mag im Zweifel sein, ob der Roman in den Rezensionen und ästhetischen Aufsätzen der „Grenzboten" den größten Raum einnimmt. Das Drama „hohen" Stils, ja auch das Versepos behaupten sich.

---

[62] Vgl. Hall. Jbb. 1840, S. 405 f.
[63] Vgl. Hall. Jbb. 1840, S. 408.
[64] Vgl. Hall. Jbb. 1840, S. 1552. – Über die Einordnung des ästhetischen Traditionalismus der „Hall. Jbb." in den revolutionären Klassizismus vgl. u. S. 154 ff. Der Hinweis auf die Bibel, d. h. natürlich auf Luthers Übersetzung ist nicht zufällig. Schon Mundt hatte in der „Kunst der Prosa" auf Luther hingewiesen.

Um die Diskussion über Vers und Prosa nach 1848 in den richtigen Proportionen zu sehen, ist es nötig, über die ästhetisch ambitionierten Zeitschriften hinauszugehen. Seit den fünfziger Jahren etablierte sich eine Vielzahl sog. Familienblätter, in denen durchaus die Prosa vorherrschte, vor allem die Novelle.[65] Der Feuilleton-Roman setzt sich durch. Gerade durch die hier stattfindende und weithin sorglose Massenproduktion von Novellen für die „Küche" (Heyse), zu der viele Schriftsteller aus Subsistenzgründen gezwungen waren, kamen die Prosa und ihre Gattungen bei der ästhetisch anspruchsvollen Zeitschrift wieder in Mißkredit. Zwar drang man mahnend auf die künstlerische Prosa; aber immer wieder erhob sich die Frage, ob nicht die Prosagattungen selbst, formlos, wie sie von Haus aus seien, zum stilistischen Unvermögen und Desinteresse verführten. Dieser Einwand wird zu einem der gängigsten Argumente gegen den Roman, der nach Gottschall zum „Grenzgebiet der Poesie" gehört und weithin zum „Lesefutter" geworden ist. „Man könnte Respect haben vor dieser unermüdeten Schaffenslust, vor diesem in die Höhe und Tiefe dringenden Streben, wenn nicht nur so oft alle künstlerische Vermittelung fehlte, wenn nicht die literarische Industrie selbst bei der Tendenz den Ernst, wie bei der Durchführung das Talent vermissen ließe, wenn nicht die Unberufensten, die mehr an die Nerven als an den Geist, mehr an die Langeweile als an ästhetische Stimmungen appelliren, sich in den Vordergrund drängten und mit ihrem Wust das Bessere erstickten. Wer nichts Anderes schreiben kann, weil ihm die Musen ausgeblieben, der schreibt einen Roman; und wer nichts Anderes lesen will, weil sein Geist auf dem Lotterbette liegt, der liest einen Roman."[66] Vor diesem Hintergrund ist es zu verstehen, daß Freytag, selbst Romancier, nicht eine „Technik" des Romans, sondern eine solche des Dramas schreibt.[67] In einem sehr aufschlußreichen „Grenzboten" – Aufsatz über „Gegenwart und Zukunft des deutschen Dramas", der wahrscheinlich von Julian Schmidt stammt, heißt es:
„Unsere Empfindungsweise wie unser Denken ist ein conventionelles geworden, wir geben geprägte Münzen aus, die nicht mehr gewogen werden dürfen. Die Sirenenstimme des Schillerschen Verses hat die nach-

---

[65] 1852 gründet Gutzkow die „Unterhaltungen am häuslichen Herd", 1853 erscheinen die langlebige „Gartenlaube" und die „Illustrierte Welt"; es folgen „Westermanns Monatshefte" (1857), „Daheim" (1864) usw.
[66] Gottschall, Der neue deutsche Roman. In: Die Gegenwart, a.a.O., IX, S. 210.
[67] Freytags Romane wurden zwar von den zeitgenössischen Kritikern geschätzt. Treitschke und Haym zollen jedoch nicht dem Epiker Freytag, sondern dem Dramatiker höchstes Lob, was nicht mit einem etwaigen Niveauunterschied, sondern mit dem verschiedenen Stellenwert der Gattungen zusammenhängt.

theiligsten Wirkungen gehabt. Er hat das Gewöhnliche geadelt, das Gemeine idealisiert; jetzt empfangen wir es in dieser Form aus zweiter Hand, ohne den Reiz und die Berechtigung einer freien Individualität. ... Aus dieser fertigen, unfreien und darum unpoetischen Weise kommen wir nur durch dasselbe Mittel heraus, welches Lessing bereits angewendet hat: unsere Tragiker müssen wieder zur Prosa greifen."

Dann aber schließt Schmidt den Passus so:

„Ich meine nicht, daß die unrhythmische Form die höchste und letzte des Dramas sein dürfe. Aber als Übergangsstufe scheint sie mir nothwendig. Erst müssen wir lernen, auch in der Sprache zu individualisieren, ehe wir an Idealität denken."[68]

Der Aufsatz fällt noch in die Periode der nachrevolutionären Schiller-Kritik. Schmidt erkennt die lähmende Schwäche des dramatischen Traditionalismus und zieht die einzige Konsequenz, die Alternative der Prosa. Wie der erklärende Zusatz zeigt, fehlt jedoch auch bei Schmidt die tiefere Einsicht in die endgültige Unmöglichkeit der klassischen Tragödie im Blankvers. Die Deklaration der Gegenwart zur Übergangsperiode, auf die schon in einem anderen Zusammenhange hingewiesen werden mußte, ist auch im Rahmen der Vers-Prosa-Problematik die reichlich unsichere Auskunft auf die dringende Frage einer Überwindung des ästhetischen Traditionalismus. Schmidt ebenso wie Freytag sehen die Prosa des Dramas nur als pädagogische Maßnahme. Schon 1849 heißt es bei Freytag: „Sollen wir ein neues Reich der poetischen Schönheit schaffen, so kann uns nur eine gute, künstlerisch durchgebildete Prosa dazu helfen, wir müssen wahr werden, bevor wir schön sein können, zur Wahrheit aber kommen wir nur durch die Prosa."[69] Die Prosa ist das Mittel, der Vers als eigentlicher Ausdruck poetischer Schönheit das Ziel.

Anfangs der fünfziger Jahre dominiert dieser pädagogische Aspekt in der Diskussion der künstlerischen Prosa.[70] Schmidt meint, Gedichte in Prosa zum Beispiel hätten den Vorzug, daß man in dieser Form nicht so leicht „reinen Nonsens" sagt, zu dem „künstliche Rhythmen" sonst gern verführten.[71] Die Einschränkung folgt jedoch auf dem Fuße. Der freirhythmische Vers sei eine „Mischgattung", die als solche der Literatur nicht förderlich sein könne. Man solle daher, „was sich einer w i r k l i c h

---

[68] Grenzboten 1850, III, S. 506.
[69] Grenzboten 1849, III, S. 184.
[70] Vgl. auch Prutz, Literatur der Gegenwart, a.a.O., II, S. 82: „...zum wirklichen epischen Gedicht noch nicht reif, nicht in sich befestigt genug, hat unsere Zeit in dieser vorzugsweise modernen Gattung des Romans den glücklichsten und angemessensten Ausdruck gefunden."
[71] Vgl. Grenzboten 1852, III, S. 433.

poetischen Gestalt nicht bequemen will", lieber gleich in Prosa sagen.[72]
Hier drückt sich die zeittypische Unsicherheit sowohl dem Vers wie der
Prosa gegenüber sehr präzise aus: im herkömmlichen Vers kann man fast
nur mehr Abgegriffenes sagen, der Vers ohne feste rhythmische Bindung
widerspricht dem Prinzip der Gattungsreinheit, die Prosa ist poetisch
nicht vollwertig.

Während die Frage, ob Hexameter-Epos oder Roman im allgemeinen als
durch die geschichtliche Entwicklung gelöst galt, schien sich dieselbe Alternative im Falle des Dramas nicht so klar zu stellen. So begrüßte etwa
Gottschall den jungdeutschen Zug zur Prosa, soweit diese Reform dem
Roman gilt; er verurteilt sie, wenn sie sich ins Dramatische, ausgenommen
die Komödie, ausdehnt. Ähnlich sagt W. H. Riehl im Vorwort zu den
„Kulturgeschichtlichen Novellen", der Novellist und Romancier schreibe
in „realistischer Prosa", der Dramatiker aber „bedient" sich des idealeren
Verses.[73] Das Klassizismus-Realismus-Problem soll je nach Gattung ge-
sondert gelöst werden.

Riehl geht nicht auf die Frage des bürgerlichen Trauerspiels oder, wie
Gottschall sagt, der „bürgerlichen Tragödie" ein. Weniger einsichtig als
Vischer, der wußte, daß hier mit dem Stoff auch die Form gegeben war,
meint Gottschall, diese Gattung „bediene" sich der Prosa, „obwohl eine
nicht allzu äußerliche und prosaische Bürgerlichkeit auch den Vers ver-
trüge, dessen Idealität überhaupt dem Adel, der Würde, dem ernsten
Gang und der geistigen Tiefe der Tragödie entspricht".[74] Der kompro-
mißhafte Zug in der realistischen Poetik assimiliert sich auch noch die
revolutionären literarischen Formen und biegt sie in die „Idealität" um.
Zwar wandte sich auch Hebbel nach 1848 dem Vers zu, aber er beging
nicht, wie Gottschall ihm hier nahelegt, die Geschmacklosigkeit, etwa eine
„Maria Magdalene" in Versen zu dichten; der Mythos war geeigneter.

Auch Julian Schmidts Nüchternheit forderte keine bürgerliche Tragödie
in Versen, aber er übergeht die Form fast vollständig. Vor wenigen
Jahren noch hatte Schmidt auf die Unmöglichkeit des Schiller-Verses im
zeitgenössischen Drama hingewiesen; jetzt, 1857, heißt es bereits ganz
anders, ja entgegengesetzt: „...und wenn in einem Verse so glänzend
vorgearbeitet ist, wie bei uns durch Schiller und Goethe im fünffüßigen
Jambus, so sollten die Dichter dabei bleiben, denn nur aus dem Festhalten
der Tradition geht ein bestimmter Stil hervor. ... Wenn die realistischen
Neigungen der neuern Zeit unsere Dichter zu manchen Abwegen verleitet

[72] Sperrung von mir.
[73] Riehl, Ges. Geschichten und Novellen, 2 Bde, Stuttgart 1879, II, S. V f. (das
Vorwort ist datiert vom 18. 3. 1856).
[74] Poetik, II, S. 230.

haben, wenn die Schiller'sche Schule seichten Köpfen den Zugang zur Bühne erleichtert hat, so können wir doch beides, wenn die dramatische Kunst sich naturgemäß entwickeln soll, nicht umgehen, und namentlich sollten Dichter, deren Bildung das produktive Talent überwiegt, streng an der Tradition festhalten, damit die Brücke, die uns zur Vergangenheit führt, nicht abgebrochen werde. Wenn ein wirklicher Genius kommt, so wird er vielleicht auch eine neue Form hervorbringen, der die Kritik sich fügen muß wie die Masse; dem bloßen Talent gegenüber muß man conservativ sein."[75]

Wie stark die Stellung des epischen Verses noch immer ist, zeigt der Umstand, daß das Versepos eine neue Renaissance erlebt. Freytag hat sich in einigen Aufsätzen für das nichthexametrische Versepos eingesetzt, am ausführlichsten in dem wichtigen Aufsatz „Neue epische Dichtungen"[76] und in dem Artikel über „Das romantische Epos".[77] Hier heißt es, „die Vorliebe für das romantische Epos" verbreite sich immer mehr und es gelte deshalb, die „Gesetze der Gattung" festzustellen. Freytag definiert das gemeinte Epos als eine „Erzählung in Versen", die einen „idealen und poetischen Gehalt" besitzt.[78] In dieser Wiederbelebung des Versepos[79] geht es um den Versuch, ein Mittleres zwischen dem, wie auch Freytag betont, unwiederbringlich verlorenen klassischen Epos und dem modernen Roman zu schaffen. Für die Frage, ob Versepos oder Roman, hat Freytag nur den Grundsatz der Option formuliert. So heißt es zum Roman: „Seit diese Gattung epischer Erzählung erfunden, hat die prosaische Darstellung das R e c h t , überall einzutreten, wo eine längere, reichgegliederte Erzählung mit detaillierter Ausführung ... wirksam werden soll, d. h. fast überall, wo ein Stück unsers modernen Lebens ... herausgehoben und für die Kunst verwertet (!) wird."[80] Eine Notwendigkeit, bei bestimmten Stoffen den Vers zu gebrauchen, bestünde nicht. Dem „Epos in Versen" bleiben auch fast „nur kleinere Stoffe", in denen „eine einheitliche Stimmung so mächtig hervortritt, daß sie dem Dichter erlaubt, auch die Motive zu vereinfachen ... und der Sprache gesteigerten Ausdruck, Schwung

---

[75] Grenzboten 1857, I, S. 287 f. – Auch Hettner plädiert für den Vers im Drama. Aus Lessings Hamburgischer Dramaturgie zitiert er gerade jene Stelle, wo der „rhythmische Vers" die eigentliche Form genannt wird. Vgl. Geschichte der dt. Literatur im 18. Jh., a.a.O., S. 712.

[76] Grenzboten 1856, I, S. 281 ff.

[77] Ebd. 1854, I, S. 8 ff.

[78] Ebd. 1854, I, S. 9 f.

[79] Schmidt hat sich zu dieser Form nicht direkt geäußert. Jedoch hebt er wohl nicht zufällig gerade die (komischen) Versdichtungen Immermanns als dessen beste Arbeiten hervor. Vgl. Grenzboten 1852, II, S. 203.

[80] Grenzboten 1856, I, S. 284, wo auch die folgenden Stellen.

und Klang des Verses zu geben." Diese Einschränkung zugegeben, unterstützt dafür der Vers „in großartiger Weise die Wirkung einer richtig empfundenen Charakteristik, weil er das wahr Empfundene viel eindringlicher zu sagen vermag, als der prosaische Satz".

Diese zumindest zwiespältige Haltung der Erzählprosa gegenüber mußte auch Auswirkungen auf die Theorie des Romans haben. Gottschall leitet seinen schon mehrfach zitierten Artikel „Der neue deutsche Roman" in „Die Gegenwart" mit der Feststellung ein, der Roman sei ein „Plebejer von Geburt" und besitze keine „Idealität der Form".[81] Wie immer formuliert Schmidt etwas weniger traditionell, etwas weniger „klassizistisch", meint aber im Kern in etwa dasselbe: „Man mag vom streng ästhetischen Standpunkt darüber unzufrieden sein, daß der Roman überhaupt existiert; denn wenn die neuere Literatur ihm auch manches Vortreffliche verdankt, so ist doch nicht zu leugnen, daß ihm ein großer Theil an der Schuld ihrer Verwilderung zur Last zu legen ist. Denn je laxer die Kunstform, desto üppiger, willkürlicher ergeht sich die Phantasie." Schmidt fügt hinzu: „Aber zu umgehen ist er nicht."[82] Beides, daß es vortreffliche Romane gebe und daß der Roman nicht mehr zu umgehen sei, konnte auch Gottschall unterschreiben; sein großer und teils recht intensiver Roman-Artikel zeigt dies zur Genüge. Die grundsätzlichen ästhetischen Bedenken werden aber davon nicht berührt. Die Situation ist eben sehr zwiespältig: schon in den 50er Jahren dominiert die Erzählprosa und sollte dies immer eindeutiger tun. Freytag plädiert für das Versepos, schreibt aber selbst nur Romane; selbst beim Prosaisten Keller findet sich eine gelegentliche Schwäche für das Versepos. Er schreibt über Gotthelfs „Die Wassernot in Emmental", nachdem er sie ein „wahres Muster- und Lehrbüchlein" genannt hat: „und nichts fehlt als die gereinigte Sprache und das rhythmische Gewand im engern Sinne..., um das kleine Werkchen zum klassischen mustergültigen Gedicht zu machen."[83]

Die zwiespältige Haltung der frührealistischen Theorie zur Erzählprosa übte auch später eine nachhaltige Wirkung aus. Franz Mehring gilt noch 1874 der Roman als die „formloseste" aller literarischen Gattungen, er erwartet sich ein „nationales Drama".[84]

Die große realistische Dichtung ist in ihrem Kern unbestreitbar Prosa-

[81] Die Gegenwart, a.a.O., IX, S. 210.
[82] Grenzboten 1850, IV, S. 881.
[83] Jeremias Gotthelf. In: Meisterwerke deutscher Literaturkritik, a.a.O., II, S. 575.
[84] Die Literatur im deutschen Reich. In: Meisterwerke deutscher Literaturkritik, a.a.O., II, S. 900 u. 902.

dichtung; gerade unter diesem Aspekt gewinnt der Begriff einer früh-realistischen Theorie seine Berechtigung. Denn nicht nur Gottschall und Hettner, sondern auch die „Grenzboten" können sich nicht entschlie-ßen, dem Roman ein vollgültiges Bürgerrecht in der Poetik zuzugestehen. Diese ambivalente Einstellung bindet die „Grenzboten" eher an Fr. Th. Vischer als an Raabe und Fontane. Denn weder bei Raabe noch Fontane gibt es mehr eine theoretische Diskussion über das qualitative Verhältnis von Vers und Prosa. Fontane etwa rezensiert mehrere Versepen (Scheren-berg, Wildenbruch), kommt aber auf diese Frage nicht mehr zu sprechen; die Prosa ist ihm selbstverständlich geworden, und wo er Versdichtungen begegnet, entscheiden andere Aspekte als gattungs- und formtheoretische Überlegungen.

Das Verhältnis zur Antike

Robert Prutz bezeugt 1840 in den „Hallischen Jahrbüchern": „Man hört es wohl alle Tage und es ist wahr genug, daß unsere ganze gegenwärtige Bildung auf den edlen Stamm des classischen Alterthums gepflanzt ist und bis in die kleinste Ader hinein von diesem unversiegbaren Quell der Antike lebendig durchflossen wird; aber noch fehlt es an einer Darstel-lung, die uns aufklärte und unterrichtete über die Art und den Zusam-menhang dieser innerlichsten Verwandtschaft..."[85] Carl Leo Cholevius sollte später mit seinem berühmten Werk einer „Geschichte der deutschen Poesie nach ihren antiken Elementen" (1854/56) diese Forderung erfüllen. So steht der junghegelianische Journalismus, der sich als Vorkämpfer der neuen Zeit fühlte, in nächster Nähe zur äußersten ästhetischen Rechten, wie sie von Cholevius repräsentiert wird.
Der Junghegelianismus, aber auch Herwegh und Fr. Th. Vischer wollen gleichwohl keinen Widerspruch zwischen ästhetischem Traditionalismus und der liberal-demokratischen Frage einer politisch-gesellschaftlichen Erneuerung gelten lassen. Wenn Ruge im „Plan der Deutsch-Französi-schen Jahrbücher" von den „lichten Höhen der griechischen Menschheit" spricht, aus denen man abgestürzt sei „in die düstre Tiefe der christlich-germanischen Gemüthsrohheit",[86] so dient die Antike über den ästheti-schen Aspekt hinaus als heitres Gegenbild im Sinne der linkshegeliani-schen Religionskritik. Das häufige Lob der Antike bei Herwegh ist zu verstehen als Utopie einer nicht entfremdeten Literatur. Der Aufsatz „Literatur und Volk" (1839) hebt das Fehlen jedes Privatismus des

---

[85] Prutz, Zur Geschichte der deutschen Übersetzungsliteratur: Sophokles. In: Hall. Jbb. 1840, S. 450.
[86] Deutsch-Französische Jbb. 1844, S. 11.

Denkens, Fühlens und Handelns in der antiken Polis hervor; der „innere Unterschied antiken und modernen Lebens" besteht speziell für die Literatur darin, daß diese im gegenwärtigen Weltzustand vom öffentlichen Wesen streng ferngehalten wird,[87] während sie in der Antike mit dem Leben des Volkes eins war.

Das Anliegen der gereinigten, idealen Form, das in den „Hallischen Jahrbüchern" und bei Herwegh auffallend häufig vorgetragen wird, hat meist diesen zeitkritischen Hintergrund, in den ein starkes utopisches Moment hineinspielt. Herwegh glaubt, daß zwischen den „Gesetzen der Schönheit", die „ewige" sind, und den „sozialen Stürmen" der Gegenwart kein Gegensatz aufbrechen müsse.[88] Er stößt zwar nicht thematisch zum Begriff eines revolutionären Klassizismus vor,[89] bringt aber die „vis superba formae" und den Demokratismus in einen engen Zusammenhang, wenn er auf das ästhetische und politische Vorbild der „Athenienser" hinweist.[90]

Klarer und daher auch desillusionierender hat Karl Marx in dem Aufsatz „Der achtzehnte Brumaire des Louis Bonaparte" (1851/52) den revolutionären Klassizismus beschrieben; in Hinblick auf die Französische Revolution heißt es: „... unheroisch, wie die bürgerliche Gesellschaft ist, hatte es jedoch des Heroismus bedurft, der Aufopferung, des Schreckens, des Bürgerkriegs und der Völkerschlachten, um sie auf die Welt zu setzen. Und ihre Gladiatoren fanden in den klassischen strengen Überlieferungen der römischen Republik die Ideale und die Kunstformen, die Selbsttäuschungen, deren sie bedurften, um den bürgerlich beschränkten Inhalt ihrer Kämpfe sich selbst zu verbergen und ihre Leidenschaft auf der Höhe der großen geschichtlichen Tragödie zu halten. So hatten auf einer andern Entwicklungsstufe ein Jahrhundert früher Cromwell und das englische Volk dem alten Testament Sprache, Leidenschaften und Illusionen für ihre bürgerliche Revolution entlehnt."[91]

Wie die „Hallischen Jahrbücher" zeigen, bezieht sich der vormärzliche revolutionäre Klassizismus indes kaum auf den französischen Revolutionsklassizismus zurück, sondern viel lieber teils auf Luther und die Reformation, teils auf den Humanismus der klassischen deutschen Litera-

---

[87] Herwegh, Politik und Literatur, a.a.O., S. 38 f.
[88] Politik und Literatur, a.a.O., S. 108.
[89] So meint er einmal, daß über die politischen Gegensätze hinweg alle die „ästhetischen Gesetze" gleich achten müßten. Vgl. Politik und Literatur, a.a.O., S. 55.
[90] Politik und Literatur, a.a.O., S. 55.
[91] Marx/Engels, Ausgewählte Schriften in zwei Bänden, Berlin 1966, I, S. 227.

tur, vor allem auf Schiller. Von hier aus ging der Weg zurück in die griechische, kaum jedoch in die römisch-republikanische Antike. Gewiß wirkte hier auch Hegels „Ästhetik" ein, die der römischen Kunst und Literatur nur wenig Sympathien entgegenbrachte.

Abgesehen von Prutz und Hettner, wirkt die revolutionär-klassizistische Tradition, die hier nur skizziert werden konnte, nicht mehr in die Epoche nach 1848 hinein. Das Verhältnis von Antike und Moderne blieb zwar, und nicht nur in Vischers „Ästhetik", ein bestimmendes Thema der ästhetischen Diskussion, aber der politische Aspekt wird eliminiert. Gleichwohl verbirgt sich hinter dieser scheinbar nur mehr formal-ästhetischen Betrachtung der Antike ein durchaus aktuelles Bedürfnis, ein Bedürfnis nach literarischer Selbstverklärung und -bestätigung in den traditionell legitimierten Formen.

Die Diskussion über die Bedeutung der Antike und anderer „klassischer" Epochen für die Gegenwart ist in den fünfziger Jahren sehr lebhaft. Nicht nur Gottschall meinte, daß sich die Wiedergeburt der deutschen Nationalliteratur allein unter den „Auspicien der großen Genien des Alterthums" vollziehen könne.[92] Auch Julian Schmidt, der den Griechenkult der Klassiker verurteilt hatte, äußerte sich mehrfach in ähnlichem Sinne. „In der großen Seele eines Sophokles...‚ in deren weichen und wohlgestimmten Saiten alle Töne des Zeitalters nachzitterten", seien Gebilde entstanden, „die späteren Jahrtausenden nicht nur die Vergangenheit wieder herstellen, sondern als Ausfluß der ewig gleichen Menschheit die Ideale eines edleren Seins versinnlichen."[93] Bei Schmidt steht dergleichen meist als Marginalie zum eigentlichen Thema. Aber die Emphase ist unverkennbar; es sind keine Randbemerkungen. Hin und wieder wird der Ton sogar hymnisch, was bei Schmidt nur sehr selten geschieht. Dann gibt es in der ganzen „Weltgeschichte" keine vergleichbar „reiche, vollständige und musterhafte Literatur"; Sokrates steht uns näher als das deutsche Mittelalter; „Jahrhunderte unserer Cultur haben aus diesen heiligen Quellen getrunken."[94] So ist es nicht verwunderlich, wenn Julian Schmidt das genannte Werk von Cholevius „noch lange nicht hinreichend gewürdigt" findet und sich günstige Einflüsse auf die Gegenwart von ihm verspricht.[95] Die „Versöhnung des Antiken und Mo-

---

[92] Poetik, a.a.O., S. X. – Über die Antike als das recht verstandene „Muster" der modernen Literatur vgl. auch Poetik, I, S. 2 und S. 125 f.
[93] Grenzboten 1850, IV, S. 732.
[94] Grenzboten 1850, IV, S. 883 f.
[95] Grenzboten 1858, I, S. 473. – Stärker noch als die „Grenzboten" betonen die „Preußischen Jbb." die pädagogische Funktion des Studiums der Antike. In dem

dernen", wie sie Hettner wünscht, bedeutet nicht nur die „Wiedergeburt des Altertums", sondern zugleich die echte Erneuerung der deutschen Literatur. „Wir müssen den Mut haben, ganz und rückhaltlos unser eigenes Wesen künstlerisch darzustellen, und dabei doch nach einer Hoheit und Einfalt der Form trachten, die von derselben ruhigen Harmonie beseelt ist, die uns aus allen antiken Kunstwerken so erquickend entgegenweht."[96] Für die Lyrik stellt Schmidt schließlich fest, daß deren „höchste Leistungen" der „Nachbildung der Antike" entsprangen.[97] Die Diskussion darüber, was die „klassische" Form ist und wie sie neu zu realisieren sei, mußte neben der Antike auch die anderen „klassischen" oder klassizistischen Epochen der europäischen Kulturgeschichte berücksichtigen. Was Klaus Lankheit für die Bildende Kunst festgestellt hat, läßt sich auch auf die Literaturgeschichte übertragen: „Es gibt in der abendländischen Kunst mehrere Klassizismen und zahlreiche klassizistische Züge. Dabei läßt sich ein merkwürdiges Gesetz ablesen: ‚Jeder Klassizismus rechnet den vorausgehenden mit zur Klassik.' Dadurch ist der Begriff Klassik immer mehr erweitert worden, sind die darstellerischen Mittel jedes späteren Klassizismus differenzierter gewesen als die aller früheren."[98] Es war das Problem der geschichtsbewußteren Literaturtheorie um die Mitte des 19. Jahrhunderts, aus dieser vielfältigen klassischen Tradition den richtigen oder, wie man sagte, den „echten" Klassizismus zu destillieren.

Trotz mehrfacher anderslautender Äußerungen entschließt sich Julian Schmidt in seiner Literaturgeschichte doch zu der Auffassung, die Periode von 1794 bis 1805 sei unsere „classische" gewesen. Sie war es, weil die „hervorragenden Geister der Nation" zueinander in einer „innern nothwendigen Beziehung" standen; weil ihre Schriften den „höchsten Ausdruck deutscher Bildung" darstellen und weil hier die „Form diejenige

Aufsatz „Die homerische Frage" (anonym, wie alle Artikel in den Preuß. Jbb.) heißt es: „Als den edelsten Vorzug unserer Erziehung dürfen wir es betrachten, daß sie uns vor Allem in das Verständnis des griechischen Alterthums einführt, und uns mit dem Hauche seines Geistes erfrischt und kräftigt." (Preuß. Jbb. 1858, I, S. 618). Die „frohe Botschaft des Jahrhunderts" nennt Treitschke die „Verjüngung der antiken Sittlichkeit", vgl. Preuß. Jbb. 1860, I, S. 554.
[96] Schriften zur Literatur, a.a.O., S. 312 f.
[97] Grenzboten 1852, III, S. 42. – Über die belebende Einwirkung der Antike vgl. auch Freytag, Grenzboten 1849, I, S. 130 ff.
[98] Klaus Lankheit, Klassizismus und Romantik. In: Klassizismus und Romantik in Deutschland. Gemälde und Zeichnungen aus der Sammlung Georg Schäfer, Schweinfurt 1966, S. 17.

Vollendung" erhielt, die der „deutschen Sprache überhaupt möglich ist".[99] Winckelmann und Lessing gelten als die großen reformatorischen Wegbereiter, und insbesondere Lessing wird das Verdienst zugeschrieben, den „falschen Classicismus" der Franzosen durch „Aufdecken des ächten" überwunden zu haben. Bei Gottschall kommen die Begriffe „classisch" und „Classicität" zu nachgerade begriffsfetischistischen Ehren; er spricht statt von echtem Klassizismus von „moderner Classicität".[100]
Durchaus erkannte man einen farblosen Dekorationsklassizismus als die Gefahr der neuen formalen Attitüde; den verschiedenen Klassizismen der europäischen Geschichte gegenüber ist das Urteil ambivalent; man verhält sich eklektizistisch. Besonders deutlich wird dies in der Kritik des französischen Neoklassizismus, wie er sich in der napoleonischen Ära ausbildete und dann wieder als Reaktion auf die französische Romantik auftrat. Schmidt, der sich mit diesem Thema beschäftigt, meint, die neue klassische Schule habe alle Fehler der alten, aber keinen ihrer Vorzüge. Zu den Fehlern rechnet Schmidt die „unerträglich langweilige Armuth und Einförmigkeit"; sie würden indes ausgeglichen durch die überwiegenden „Vorzüge": den „edlen Stil und die ernste, würdige Haltung".[101]
An anderer Stelle zieht Schmidt noch deutlicher die Grenze zwischen der von ihm vertretenen „Classicität" und einem, wie er sagt, „conventionellen" Klassizismus, wofür ebenfalls wieder die französische Literatur herhalten muß.[102] Daß er selbst in vielen Äußerungen einen neuen Klassizismus begünstigte, erkennt Schmidt durchaus; er hat Verständnis für die in Frankreich einsetzende Kritik an Victor Hugo: „Ich habe selber in meiner Kritik Victor Hugo's nachzuweisen versucht, daß diesem Dichter die beiden ersten Erfordernisse der Kunst abgehen: Wahrheit und Schönheit." Schmidt will sagen, er sei gegen die romantische Poetik, aber mit einer abstrakten Rückkehr zu historisch gewordenen Formen sei ebenfalls wenig getan. Der starr retrospektive Klassizismus, „diese Art von Classicität", wie Schmidt die positive Alternative hereinnehmend sagt, sei nur ein neuer Abweg ins Romantische, ein Abweg in die Sehnsucht nach der Ferne: es ist ein „reflectirter Classicismus", wobei der Ton auf dem Adjektiv liegt. Denn Schmidt will im Einklang mit der zeitgenössischen Poetik eine „naive" oder „plastische" Klassizität,[103] in welcher Formel sich die von Vischer vorgeschlagene Synthese des „Individu-

---

[99] Vgl. Geschichte der deutschen Literatur im 19. Jahrhundert, 3 Bde, 2. verm. und verb. Aufl., Leipzig 1855, I, Vorwort zur 2. Aufl.

[100] Vgl. Blätter für literarische Unterhaltung 1855, S. 889.

[101] Vgl. Grenzboten 1850, II, S. 205 ff.

[102] Vgl. Grenzboten 1850, IV, S. 993 und 996.

[103] Vgl. Grenzboten 1850, II, S. 205.

ellen" und des „Idealen" verbirgt, d. h. eine „Classicität", in der der „charakterisierende" Kunststil ein Korrektiv des „idealisierenden" Stils darstellt und umgekehrt.[104] Ein so vages und für die praktische Kritik nur begrenzt anwendbares Kriterium sie ist, liegt der Unterscheidung eines „falschen" von einem „echten" Klassizismus, wie sie in den fünfziger Jahren üblich wird,[105] doch eine gewisse historische Berechtigung zugrunde, wenn sie einen engeren Neoklassizismus von einem Stilprinzip abhebt, das ein „allgemeines, gleichsam zeitloses" Stilideal darstellt.[106] Der akademische Klassizismus, wie er für die Renaissancepoetik charakteristisch ist, sucht sich möglichst unmittelbar an die Antike anzuschließen, etwa in der für antik gehaltenen Lehre von den dramatischen Einheiten; für ihn ist die „Natur" nicht mehr maßgebend – wie noch für die italienische Hochrenaissance –, wie es in der Tat Klassizisten gegeben hat, die „Natur" und „Klassizität" als sich ausschließende Gegensätze betrachteten.[107] Geht es bei Gottsched um die „Form der Antike", so suchen Winckelmann und die Klassik bereits den „antiken Geist",[108] auch wenn sie teils wieder in einen akademischen Klassizismus zurückfallen. Wenn Goethe an Schiller schreibt: „Soll mir ein Gedicht gelingen, das sich an die Ilias einigermaßen anschließt, so muß ich den Alten auch darin folgen, worin sie

---

[104] Ganz im Sinne des Programms hat Treitschke in seinem Otto Ludwig-Aufsatz diese Korrektivfunktion beschrieben: „Schwerlich wird in einer solchen Welt, wie die heutige, der Künstler auf den Gedanken kommen, typische Formen zu schaffen; es wird ihm natürlicher erscheinen, individuelle Charaktere mit ganz bestimmtem Entwicklungsgange ... zu zeichnen ... Aber je unbefangener wir gestehen, die moderne Welt begünstige die charakteristische Richtung der Kunst, desto entschiedener verlangen wir von dem modernen Dichter, er solle wohl nach dem Leben schaffen, doch nicht blos das Leben abbilden. Wie jedem unter uns, dem ernstlich am Verständnis des Schönen gelegen ist, die Plastik die beste Lehrmeisterin sein wird, weil der Sinn ihrer reinen Formen sich uns am langsamsten erschließt: so wird das Studium der antiken Poesie unsren Dichtern um so nothwendiger, je schärfer sich das realistische Denken und Leben unsrer Zeit ausbildet." (Preuß. Jbb. 1859, II, S. 116) Auch daß Treitschke hier die Korrektivfunktion des idealisierenden Stils gegenüber dem „realistischen" stärker betont als eine solche in umgekehrter Richtung, entspricht der Art des Programms.
[105] Vgl. etwa die Rez. des Kunsthistorikers Anton Heinr. Springer zu: Anselm Feuerbachs Nachlaß, hg. von Hettner. In: Blätter für literarische Unterhaltung 1855, S. 340.
[106] Vgl. hierzu auch Klaus Lankheit, a.a.O., S. 18.
[107] Vgl. Justus Franz Wittkop, Die Welt des Empire, München 1968, S. 291.
[108] Vgl. Alexander Heussler, Klassik und Klassizismus in der deutschen Literatur, Bern 1952, S. 27.

getadelt werden, ja ich muß mir zueigen machen, was mir selbst nicht behagt: dann nur werde ich einigermaßen sicher sein, Sinn und Ton nicht ganz zu verfehlen",[109] – so mußte dies den Widerspruch der Realisten erregen. Zum übertrieben Klassizistischen zählte man auch die Wiedereinführung des Chors in der „Braut von Messina". Die Literaturtheorie des mittleren 19. Jahrhunderts versuchte vielmehr eine Harmonisierung von „Natur", Gegenwart und klassischem Stil, wobei dieser Stilbegriff aus der griechischen Klassik ebenso wie, mit stärkerer Betonung, aus der deutschen Klassik destilliert wird.

Aktuellen Anlaß, auf die Differenz eines unvermittelten von einem echten Klassizismus hinzuweisen, boten die vielen dramatischen und epischen Bearbeitungen antiker Stoffe in den fünfziger Jahren.[110] Robert Prutz bezieht sich nur auf die stoffliche Seite des Problems, wenn er „in der antikisierenden Richtung, die sich vor einigen Jahren auf unserer Bühne einnisten zu wollen schien, keinen Fortschritt erblicken" kann, weil dieser allein auf dem „Weg der vaterländischen Geschichte und der lebendigen politischen Sympathien" zu finden sei.[111] Auch Julian Schmidt beschäftigte sich mit den „Antiken Versuchen auf dem modernen Theater".[112] Was die stoffliche Seite betrifft, stimmt er Prutz zu. Aber abgesehen davon, daß es sehr „wohlthuend" sei, heute im Drama „einen gutklingenden Vers" anzutreffen,[113] besinne man sich allgemein wieder darauf, „daß die vielgeschmähten aristotelischen Regeln doch ihren verständigen Sinn haben"; nur dürfe man sie nicht so „äußerlich" nehmen wie die Franzosen. Es ist die „Einheit der Handlung", die Schmidt bewahrt wissen will, das Ideal „eines einheitlichen edlen Stils". Durch diesen unterscheide sich der wahre Realismus vom bloßen Naturalismus, welche Begriffe durch „blinde Nachahmung Shakespeares" so oft verwechselt worden seien.

Ein letzter Schritt in der Diskussion über das Verhältnis von Antike und Moderne, über die wahre Klassizität, bestand in der Wiederentdeckung der Renaissance als der gleichsam modernen Antike. Der Architekt Gottfried Semper, von Hettner und Keller hochgeschätzt, hatte schon 1834

---

[109] Brief vom 12. 5. 1798.
[110] Meine gewiß nicht vollständige Bibliographierung konnte zwischen 1850 und 1860 an die zwanzig Bearbeitungen antiker Stoffe erfassen, wobei die Tragödien überwiegen.
[111] Literatur der Gegenwart, a.a.O., II, S. 279 f.
[112] Vgl. Grenzboten 1857, I, S. 281–288.
[113] Vgl. auch Schmidt, Grenzboten 1858, I, S. 473: „Bewegt man sich auf griechischem Boden, so ist man wenigstens genöthigt auf seine Haltung zu achten und sich daran zu erinnern, daß man in guter Gesellschaft ist."

den grassierenden Stilpluralismus kritisiert.[114] Sein renaissancistisches Dresdener Hoftheater (1841 vollendet) gab die Antwort, wohin sich der neue Stil zu wenden habe. W. H. Riehl hat später in dem Aufsatz „Der Sieg der Renaissance in der Gegenwart"[115] eine neue kulturgeschichtliche Epoche von da an datiert. 1860 erschien die „Cultur der Renaissance in Italien" von Jacob Burckhardt. Die „Verherrlichung der Renaissance", die Burckhardt nicht beabsichtigt hatte, erhielt einen neuen, wenn nicht den entscheidenden Anstoß.[116] Zwei Momente waren in Burckhardts Renaissance-Interpretation entscheidend: die Entdeckung des Menschen als eines Individuums und die Entdeckung der Welt als eines natürlichen Kosmos; ein drittes kommt hinzu: die Kultur der Renaissance vereinigt Christliches und Antikes.[117] Ähnlich heißt es bei Riehl: „die Renaissance ist nicht bloß eine Wiedergeburt der Antike im modernen Geiste – mit der Tradition brechend, das Individuum befreiend, ist sie zugleich die ‚Rückkehr zur Natur', also Wiedergeburt im doppelten Sinne."[118] Diese interpretatorische Kombination war entscheidend für die Kunsttheorie der Zeit. Semper und seinen Interpreten Hermann Hettner erfüllt die „Überzeugung", „daß das erstrebte Ideal eines neuen Baustils, der auf der Grundlage antiken Schönheitssinnes" ruht und doch die „veränderten und erweiterten Anforderungen der modernen Denkweise und Lebensgewohnheiten" erfüllt, nicht neu zu erfinden sei, sondern „in dem Baustil der italienischen Frührenaissance und Hochrenaissance bereits in höchster Kunstvollendung vorhanden" ist.[119] Hatte Hettner vor 1848 noch geschrieben, eine „Weltanschauung", die einmal ausgelebt hat, könne „nicht wieder künstlich reproduziert" werden,[120] so tritt an die Stelle dieser Einsicht jetzt die These, unsere Bildung sei noch „wesentlich die Bildung der Renaissance".[121] Hier sieht Hettner eine Verwirklichung jenes Stilideals, das mit ihm Schmidt und andere den „echten Klassizismus" nennen.
Die ästhetischen Dogmen des programmatischen Realismus decken sich

---

[114] Vgl. den Aufsatz „Vorläufige Bemerkungen..." In: G. S., Wissenschaft, Industrie und Kunst und andere Schriften über Architektur, Kunsthandwerk und Kunstunterricht, ausgew. und red. von Hans M. Wingler, Mainz-Berlin 1966, S. 15–21.
[115] Freie Vorträge, a.a.O., S. 293 ff.
[116] Vgl. Löwith, Burckhardt, a.a.O., S. 230.
[117] Vgl. Löwith, Burckhardt, a.a.O., S. 224.
[118] Freie Vorträge, a.a.O., S. 320 f.
[119] Hettner, Gottfried Semper. In: Hettner, Kleine Schriften, a.a.O., S. 94.
[120] Drangsale und Hoffnungen der modernen Plastik. In: Kleine Schriften, a.a.O., S. 233.
[121] G. Semper. In: Kleine Schriften, a.a.O., S. 94.

tatsächlich in vielen Zügen frappierend genau mit den Stilprinzipien der Hochrenaissance, wie sie Heinrich Wölfflin in dem Buch „Die klassische Kunst" beschrieben hat.[122]

[122] Wölfflin, Die klassische Kunst. Eine Einführung in die italienische Renaissance, 5. Aufl., München 1912. Vgl. vor allem den Abschn. „Die neue Bildform" (S. 238 ff.), wo an neuen Formprinzipien erwähnt werden u. a.: Vortragsbezeichnung: „legato"; statt krausem Stil: „Vereinfachung und Klärung", „beruhigter Fluß der Linie", „größere Räumlichkeit", „Freude am Mächtigen", „Wirkung des Einfachen im Zusammenhang des Reichen", „Auswahl weniger großer Formen", „Verstärkung der Plastik", „Begriff der Komposition", „Integrierung und Differenzierung"; das „Differenzierte" soll sich „zu einem Ganzen" zusammenfügen. Schließlich: „Es sollen grosse führende Linien herauskommen. Die alte Art der Betrachtung im Detail, das Abtasten des Einzelnen, das Herumgehen im Bilde von Teil zu Teil hört auf, die Komposition soll als Ganzes wirken..." Zur italienischen Renaissance und ihren Wirkungen vgl. auch Werner Weisbach, Die klassische Ideologie. In: DVjs. 11 (1933), S. 560 f., und H. W. Eppelsheimer, Das Renaissance-Problem, ebd., S. 477 f.

VI.

FRIEDRICH THEODOR VISCHERS PRINZIP DER „INDIREKTEN IDEALISIERUNG"

> Wären wir im Realismus so ideal als diese
> Ahnherrn im Idealismus real waren.
>
> Fr. Th. Vischer

Während die Literaturwissenschaft Vischer meist unter recht engen literarhistorischen und teils poetologischen Gesichtspunkten betrachtet hat,[1] brachte die philosophisch ausgerichtete Vischer-Literatur zwar die weitaus bedeutenderen Leistungen hervor, findet ihrerseits aber eine deutliche Grenze darin, daß sie das konkrete poetologische Detail kaum berücksichtigt.[2] Eine kombinierte Betrachtungsweise wäre schon deshalb wünschenswert, weil die philosophiegeschichtliche Wandlung, die sich seit Hegel angebahnt hatte, bei Vischer nicht nur in den allgemeinen philosophisch-ästhetischen Sätzen spürbar ist, sondern in einem gleichen Maße in den konkreten Fragen der Poetik.

Vischers ästhetische Arbeit erstreckt sich über einen Zeitraum von annähernd fünfzig Jahren, von der ersten größeren Schrift „Über das

---

[1] So sind die Arbeiten Erich Heyfelders (Classicismus und Naturalismus bei Fr. Th. Vischer, Berlin 1901) und Hannalene Kippers (Die Literaturkritik Fr. Th. Vischers, Gießen 1941) zu eng angelegt, obwohl ihre Themenstellung eine breite Entwicklung im allgemeinen Zusammenhang der nachidealistischen Ästhetik gefordert hätte. Umgekehrt ist Werner Zimmermanns Diss.: Fr. Th. V.s Bedeutung für die zeitgenössische Dichtung, München 1937, von der Thematik her wenig ergiebig, da bereits Alfred Ibach den in dieser Hinsicht wichtigsten Problemkreis erschöpfend behandelt hatte (Gottfried Keller und Fr. Th. Vischer, Diss. München 1925). Die Diss. Fritz Schlawes: Fr. Th. V. als Literarhistoriker, Tübingen 1953, war mir nicht zugänglich.

[2] Neben Ewald Volhard, Zwischen Hegel und Nietzsche. Der Ästhetiker Fr. Th. V., Frankf. a. M. o. J. (1932) und Georg Lukács, Karl Marx und Fr. Th. V. In: Zs. f. dt. Philosophie, 1. Jg. Berlin 1953, S. 471–513, muß vor allem Willi Oelmüllers hervorragende, wenngleich nicht unproblematische Darstellung und Kritik der V.schen Ästhetik hervorgehoben werden: Fr. Th. Vischer u. das Problem der nachhegelschen Ästhetik, Stuttgart 1959. Die Einleitung Oelmüllers zu: Vischer, Über das Erhabene und Komische, Frankf. a. M. 1967, bringt demgegenüber keine neuen Aspekte. – Als veraltet darf die heroisierende Studie Hermann Glockners: Fr. Th. V. und das 19. Jh., Berlin 1931, bezeichnet werden.

Erhabene und Komische" (1837)³ bis zu den letzten Aufsätzen, etwa über „Das Symbol" (1887); in der Mitte die sechsbändige „Ästhetik",⁴ deren erster Band 1846 erschien und welche 1857 mit der Poetik abgeschlossen wurde. Die Bedeutung Vischers liegt in seiner Mittlerstellung zwischen klassisch-idealistischer Tradition und realistischer Poetik. Dabei ist seine Position oft nicht mehr von jener der programmatischen Realisten zu unterscheiden; was Vischer von Gustav Freytag und Julian Schmidt, von Hermann Hettner, Otto Ludwig und Rudolf Gottschall trennt, ist hauptsächlich sein Wille zum System. Ästhetik ist für Vischer noch eine wissenschaftlich-philosophische Disziplin, was sie für die genannten Realisten nicht mehr sein konnte. So ist auch die Stellung zu Hegel verschieden. Während Vischer den Hegelschen Idealismus noch explizit und kenntnisreich verarbeitet, tritt Hegel bei den theoretischen Realisten stark zurück und gewinnt Präsenz fast nur mehr in rudimentären Trivialisierungen. Die Kenntnis Hegels stützt sich in der nachrevolutionären Epoche kaum mehr auf dessen originales Werk, sondern auf Vischer, der Hegels ästhetischer Vermittler vor allen andern (etwa Springer, Kahlert, Rosenkranz) wurde.⁵ Durch Vischer blieb von Hegels Werken allein die „Ästhetik" latent wirksam.⁶

In diesem Zusammenhang ist auf ein merkwürdiges Faktum der ästhetischen Entwicklung seit Hegels Tod hinzuweisen. Während Hegel mit seinem in sich dialektischen Werk allenthalben, was die Theorie der Religion, des Staates und der Gesellschaft angeht, einen Prozeß der Polarisierung in Gang brachte, der seinen sichtbarsten Ausdruck in der Spaltung der Hegelschule fand, blieb innerhalb der Ästhetik eine revolutionäre Wandlung aus. Es gibt keinen Feuerbach oder David Fr. Strauß, keinen Ruge und Marx der Ästhetik. Die Religionskritik der Linkshegelianer und ihre Kritik der politischen und sozialen Verhältnisse bedeutet keineswegs eine gleichzeitige entscheidende, vielmehr eine nur modifizierende Kritik der klassisch-idealistischen Ästhetik. Wirklich revo-

---

³ Zitate nach: Vischer, Über das Erhabene und Komische, hg. und eingel. von Willi Oelmüller, Frankfurt a. M. 1967.
⁴ Zitate nach: Vischer, Ästhetik oder Wissenschaft des Schönen, 2. Aufl. hg. von Robert Vischer, 6 Bde, München 1922 f.
⁵ Ein Beispiel ist Treitschke. Vgl. Otto Westphal, a.a.O., S. 277, Anm. 2: „In der deutschen Geschichte erkennt er von Hegels Werken die Ästhetik am rückhaltlosesten an. Vermittelt wurde ihm Hegel vor allem durch Fr. Th. Vischers Ästhetik, die er wiederholt in seinen Briefen rühmt."
⁶ Ähnlich Treitschke hebt Rudolf Haym von Hegels Werken neben der Philosophie der Geschichte allein die Ästhetik lobend hervor: „die deutsche Nation besitzt in demselben (Werk) eine Ästhetik wie kein anderes Volk." Vgl. R. Haym, Hegel und seine Zeit, a.a.O., S. 443.

lutionär im Verhältnis zur literarischen Tradition waren dagegen zeitweise die Jungdeutschen, die in einem sehr gespannten Verhältnis zum
Linkshegelianismus standen, und vor allem Außenseiter wie Büchner und
der junge Hebbel. Dagegen führte der Geschichts-Utopismus der Junghegelianer, der auf eine Demokratisierung des Lebens hofft, die, wie
Vischer betont, zugleich eine Poetisierung der Wirklichkeit bedeuten
müsse, nur zu einer neuen Tabuisierung der klassischen Ästhetik.[7] Vischers
Verhältnis zu den Junghegelianern ist gut; Ruge gewinnt ihn zur Mitarbeit an den „Hallischen Jahrbüchern" und nennt ihn gar „genial".[8]
Spätere Diskrepanzen sind nicht ästhetisch, sondern politisch begründet.
In der Einleitung zum sechsten Band der „Ästhetik" klagt Vischer über
die zahlreichen heimlichen Ausbeuter seines Werks. Wie gegründet diese
Behauptung im einzelnen sein mag,[9] sie deutet jedenfalls auf die tatsächliche breite Wirkung der „Ästhetik" hin, die bis in die siebziger Jahre
nachweisbar ist. Noch 1879 zitiert Friedrich Spielhagen das „berühmte
große Werk"[10] und C. F. Meyer spricht für viele, wenn er Vischer lapidar
den „Meister" nennt.[11] Im Zweiten Reich ist Vischer kaum angefochtene
Autorität; schon 1870 wurde er nobilitiert. Von nun an umgibt ihn ein
Hauch ehrwürdiger Patina, wie besonders die reiche Vischer-Literatur in
den ersten Jahrzehnten des 20. Jahrhunderts zeigt.[12] Erst Ewald Volhards
Buch brachte den Durchbruch zur kritischen Analyse.
Das Hauptwerk Vischers setzte sich früh durch. 1858 schreibt Friedrich
Hebbel, im Verteilen guter Zensuren sonst sehr spröde, einen wahren
Huldigungsbrief an Vischer.[13] Der Publizist und Literarhistoriker Rudolf
Gottschall, dessen „Geschichte der deutschen Nationalliteratur im 19.
Jahrhundert" es später zu hohen Auflagen bringt – auch er avanciert
zum ästhetischen Nestor des Kaiserreichs –, attestiert Vischer in der

---

[7] Es ist ein nicht unerhebliches Manko Löwiths, daß er in seinem Buch über
den Linkshegelianismus dessen Ästhetik völlig übergeht; der Begriff eines revolutionären Bruches mit Hegel, wie ihn Löwith gebraucht, müßte von hier aus
eingeschränkt werden (K. Löwith, Von Hegel zu Nietzsche. Der revolutionäre
Bruch im Denken des 19. Jh.s, Stuttgart 1950/64).
[8] Vgl. Hall. Jbb. 1838, S. 1435.
[9] Vgl. hierzu Oelmüller, Vischer und das Problem der nachhegelschen Ästhetik,
a.a.O., S. 107, wo auf eine Bemerkung Treitschkes hingewiesen wird, nach welcher
tatsächlich viele die Ästhetik benützt und nie genannt hätten. Der noch nicht
veröffentlichte Briefwechsel Vischers spricht nach Oelmüller für die Richtigkeit
von Treitschkes Behauptung.
[10] Vgl. Spielhagen, Beiträge zur Theorie und Technik des Romans, Göttingen
1967, S. 107 (Faksimiledruck nach der 1. Aufl. von 1883).
[11] Zit. bei Fritz Schlawe, Fr. Th. Vischer, a.a.O., S. 369.
[12] Vgl. hierzu das Literaturverz. bei Oelmüller, a.a.O., S. 217 ff.
[13] Brief vom 1. 6. 1858.

„Poetik" (1858), daß er in vielem „bahnbrechend" gewesen sei.[14] Hermann Hettner, um nun auch den linken Liberalen zu zitieren, meint in einem Brief an Gottfried Keller: „diese Ästhetik würdig zu besprechen, ist allermindestens eine Sache von sechs Wochen."[15] Schließlich sei noch an Wilhelm Diltheys Kommentar erinnert, der auch über die unmittelbare Aussage hinaus aufschlußreich ist, weil er eine weitere historische und programmatische Perspektive eröffnet. In seiner großen Rezension von Gustav Freytags „Technik des Dramas" sagt er über die Ästhetiken Vischers und Hegels, sie seien „großartige Hypothesen", deren Resultate „unverloren" blieben auch für eine Methode, die sich nicht länger einengen lasse in den „Banden des schematisierenden philosophischen Geistes".[16] Dilthey, der eine teilweise Übertragung der naturwissenschaftlichen induktiven Methode auf die geisteswissenschaftlichen Disziplinen wünscht, nimmt zum Idealismus Hegels eine historisch-distanzierte Stellung ein; gleichwohl erklärt er dessen Resultate, zumindest innerhalb der Ästhetik, im einzelnen für bleibend. Diese Partikularisierung der idealistischen Systematik ist ein charakteristischer Zug der nachidealistischen Kunsttheorie. Sie vermag einen ungefähren Nenner zu bilden für die zeitgenössische Rezeption des Vischerschen Werks.

Die geteilte Reaktion Diltheys, seine Ablehnung der idealistisch-konstruktiven Methode und die Bestätigung ihrer Einzelergebnisse, ist nun aber nichts anderes als ein Reflex des Gegenstandes, den er bewundert und kritisiert. War es Dilthey entgangen, daß die Differenz zwischen Idealismus und unsystematischer, der Empirie verpflichteter Theorie, die er zwischen sich und Vischer hervorhebt, bereits in Vischers Denken selbst angelegt war? Vischer kann, wie die Forschung längst erwiesen hat, nicht rein auf die Seite Hegels geschoben werden;[17] jener Prozeß der Partiku-

---

[14] Gottschall, Poetik, a.a.O., S. 19. – Im Vorwort teilt Gottschall mit, er habe sich schon lange mit der Absicht einer Poetik getragen, jedoch erst den Abschluß der Vischerschen Ästhetik abwarten wollen.

[15] Briefwechsel zwischen Gottfried Keller und Hermann Hettner, a.a.O., Brief Hettners vom 19. 11. 1857. – Keller selbst war mit Vischer seit dessen Züricher Zeit befreundet. Zu Vischers 80. Geburtstag veröffentlicht er eine Hommage an den „großen Repetenten deutscher Nation für alles Schöne und Gute, Rechte und Wahre". Vgl. Keller, Sämtl. Werke in 3 Bdn, 2. Aufl. München 1963, III, S. 994–96.

[16] Vgl. Dilthey, G. Freytags Technik des Dramas. In: G. F., Die Technik des Dramas, unver. reprograf. Nachdruck der Ausgabe von 1863, Darmstadt 1965, S. 337 (die Rez. erschien zuerst 1863). – Weitere Zeugnisse zur zeitgenössischen Beurteilung der Vischerschen Ästhetik s. Oelmüller, a.a.O., S. 14. Kritische Stimmen gibt es nur von seiten der Fachkollegen, wie etwa M. Schasler.

[17] E. Volhards zitierte Arbeit hob dies zuerst mit voller Deutlichkeit hervor; hier liegt sogar der eigentliche Gegenstand des Buches.

larisierung des Systems ist bei ihm bereits in vollem Gange, zwar verdeckt durch eine fast krampfhafte Ambition zur idealistischen Totalität, aber gerade auch in deren Nichtmehrgelingen offenkundig. Der Briefwechsel Vischers mit David Fr. Strauß, seinem Freund von Gnaden des Intellekts mehr als der Zuneigung, belegt vom Biografischen her diesen Sachverhalt. Da kehren von seiten Vischers die Klagen über Unlust an der ästhetischen Arbeit immer wieder, was nicht nur zu tun hat mit Vischers labiler psychischer Verfassung. An mehreren Stellen wird einbekannt, daß es der Zwang zur Totalität, zum großen systematischen Gebäude ist, der ihn anekelt. Was da an den Tag kommt, ist alles andere als das gesicherte Bewußtsein eines festen Fundaments.[18]

Die materialistisch-realistische Auffüllung des idealistischen Systems durch Vischer vor 1848

Vischers vormärzliches Denken ist bestimmt durch eine offene oder versteckte Kritik an Hegels „Ästhetik". Das Ziel dieser Kritik, wie sie sich in der Habilitationsschrift „Über das Erhabene und Komische", im „Plan zu einer neuen Gliederung der Ästhetik" (1843) und in verschiedenen literaturkritischen Aufsätzen niederschlägt, ist jedoch nicht die Aufhebung des idealistischen Systems, sondern dessen empirische Verankerung, was zugleich seine Enttheologisierung und Entchristlichung bedeutet.[19] Diese

---

[18] Vgl. hierzu auch Oelmüller, a.a.O., S. 108 f. – Es muß jedoch schon jetzt darauf hingewiesen werden, daß Oelmüller die Züge des Zweifels und der Destruktion in V.s Denken überinterpretiert. In Konsequenz dieses Ansatzes kommt Oelmüller zu der These, die „Ästhetik" sei nur eine Stufe neben anderen in V.s Entwicklung; durch die ganze Darstellung bemerkt man, daß V.s zentrale Werke, die „Ästhetik" und „Über das Erhabene und Komische", viel zu kurz kommen. Der Grund hierfür liegt darin, daß Oelmüller V. vor allem unter dem Aspekt einer als tragisch erfahrenen Entchristlichung und Entfremdung der modernen Welt interpretiert. Insofern passen jene Werke V.s als eben doch idealistische Positionen schlecht in dieses negative Konzept. Oelmüller sieht V. gleichsam im Lichte Kierkegaards und Nietzsches; so umstellt er die „Ästhetik" mit einer Fülle sie praktisch negierender Äußerungen V.s. Vischer versuchte, wie noch näher gezeigt werden soll, die Hegelsche Verbindung von Theologie und Philosophie („Kreuz" und „Rose") mit Hilfe ästhetischer Operationen rückgängig zu machen, jedoch nicht in dem Sinne, als ob er diese Dekomposition als tragische Notwendigkeit erfahren hätte. V.s vormärzliches Denken ist vielmehr bestimmt durch den Geschichtsoptimismus der linken Hegelschule, seine nachmärzliche Entwicklung aber durch die zeittypische Ideologisierung des Idealismus im Zeichen bürgerlicher Isolierung vom gesellschaftlichen Ganzen.
[19] „Wahr bleibt immer, daß uns die moderne Weltanschauung eine Welt von Kunststoffen, ja, daß sie uns die Welt erst geschenkt hat, indem sie die transzendente Afterwelt zerstörte..." Vgl. Plan zu einer neuen Gliederung der

Bestrebungen sind zeittypisch. Engels schrieb: „... auch die idealistischen Systeme erfüllten sich mehr und mehr mit materialistischem Inhalt und suchten den Gegensatz von Geist und Materie pantheistisch zu versöhnen ...“[20] Schon in den Prämissen weicht Vischer entscheidend von Hegel ab, wenn er das „moderne Ideal“ der Kunst nicht mehr unter das „romantische“ subsumiert, sondern als eigenständigen Kunstausdruck faßt. Hegel hatte die Entwicklung des Kunstideals in eine „symbolische“, „klassische“ und „romantische“ Stufe gegliedert; die Kunst des Mittelalters und der Neuzeit bis zur Gegenwart heißt die „romantische“. Demgegenüber stellt Vischer fest: „... zwischen beiden (der Gegenwartskunst und der „romantischen“ - d. Verf.) steht doch die ungeheure Kluft der Aufklärung, welche die moderne Kunst als ihre negative Voraussetzung niemals verleugnen darf noch kann, die der Autorität entwachsene freie Subjektivität, die sich in einer verständig zusammenhängenden Weltordnung umschaut, die Trennung der Kunst von der Religion, die Verweltlichung der Kunst.“[21]

Schon Hegel hatte indes jene Kluft, die das 19. Jahrhundert von der nachantiken Geschichte insgesamt trennt, indirekt einbekannt, wenn er mehrmals darauf hinweist, daß Kunst nicht mehr die adäquate Selbstdarstellung des Geistes auf seiner letzten Stufe, nämlich jener der gegenwärtigen Philosophie, ist und sein kann. Für die „romantische“ Kunst hatte Hegel immerhin in den Gattungen der Malerei, der Musik und der dramatisch-lyrischen Dichtung eine relative Möglichkeit der Vollendung, d. h. der Angemessenheit von Kunst und Bewußtsein zugestanden. Für die Kunst im bürgerlichen Zeitalter jedoch, für das der Begriff der Entfremdung gilt, kann Hegel eine solche Angemessenheit im vollen Umfang nicht mehr zugeben, wie die Diskussion des Romans in der „Ästhetik“ deutlich zeigt. Hier liegt nun Vischers entscheidender Neuansatz: das Bekenntnis zur Aufklärung schließt ein Bekenntnis zur Möglichkeit moderner Kunst, die der legitime und voll angemessene Ausdruck des modernen Bewußtseins ist, nicht aus – allerdings nur unter gewissen Voraussetzungen.

So bleibt die Frage, ob die „kritische Kraft“, die ihre Fähigkeit zur Zerstörung bewiesen hat, auch ihre Fähigkeit zum Aufbau einer „neuen

Ästhetik. In: Vischer, Kritische Gänge, 2. verm. Aufl., hg. von Robert Vischer, 6 Bde (Bd. 1 u. 2 München o. J., Bd. 3 Berlin-Wien 1920, Bd. 4, 5 u. 6 München 1922) VI, S. 175. – E. Volhard, a.a.O., S. 37 ff., hat zum erstenmal entschieden auf die Verbindung Vischers zur Aufklärung (diese ist gemeint mit „moderner Weltanschauung“) hingewiesen.

[20] Engels, Ludwig Feuerbach und der Ausgang der klassischen deutschen Philosophie. In: Marx-Engels, Ausgewählte Schriften in 2 Bdn, Berlin 1966, II, S. 341.
[21] Plan zu einer neuen Gliederung der Ästhetik, a.a.O., S. 174.

geistigen Welt" wird erweisen können?[22] Hier nun folgt das berühmte
Wort, daß man aus diesen Zweifeln „mit den gleichen Füßen des Glaubens" herausspringen muß: „Die Welt ist entgöttert, die Natur entgeistert,
die Geschichte von Wundern entleert; wir haben, ich wiederhole es, die
Aufklärung hinter uns und können nimmermehr so tun, als hätten wir
sie noch vor uns. Ist aber die Welt entgeistert, so ist sie erst wahrhaft
begeistet, die falschen Wunder sind verschwunden und die wahren erschienen, die Götter gestürzt, aber der wahre Gott geht durch die ganze
Welt und spricht als immanenter Geist aus der verstandenen Ordnung
und Gesetzmäßigkeit der Natur und allen Lebens. Es geht alles mit
natürlichen Dingen zu und doch webt in ewigem Geheimnis alles unsicht-
bar neben dir."[23] Das Faustzitat zeigt, daß man sich in unmittelbarer
Nähe zur pantheistischen Naturphilosophie befindet.

Die Enttheologisierung der idealistischen Ästhetik schreitet aber keineswegs zu deren Destruktion fort, vielmehr zu ihrer Entleerung im Festhalten. Das wird besonders deutlich in der Diskussion des Begriffs der
philosophischen „Idee", die bei Hegel „unmittelbar die höchste Einheit"
meine, den absoluten Begriff oder Gott. Das Kunstideal Hegels drücke
nicht diese oder jene „Idee" aus, vielmehr bilde die „absolute Idee als in
sich konkrete Totalität ... in der Form individueller Wirklichkeit erscheinend, das Ideal."[24] Hegel, der immer die „weltgeschichtliche Einheit
mit der Religion im Auge" habe, müsse auf diese „Seite des Ideals"
notwendig Gewicht legen. Richtiger aber sei es, zunächst zu entwickeln,
wie im Kunstideal nur „diese oder jene Idee" enthalten ist; dann gehe
als Resultat von selbst hervor, daß sich im Kunstideal die „höchste Idee"
ausspreche.

Was Vischer diese „Seite" des Ideals nennt, ist in Wahrheit das theolo-
gische Zentrum der Hegelschen Philosophie. Man bemerkt, worauf es
Vischer ankommt: er versucht eine Synthese aus moderner Religionskritik
und idealistischem System herzustellen, gleichsam eine Vermittlung von
David Fr. Strauß und Hegel. Der Charakter dieser Vermittlung liegt
darin, daß das Kunstideal nun nicht mehr in einem „ausdrücklichen",
sondern in einem nur indirekten Zusammenhang mit der Religion oder
der „absoluten Idee" steht, wie sich denn die Kunst „wirklich seit der
Reformation von diesem Bande emanzipiert hat und weltlich geworden
ist, und zwar gewiß nicht zu ihrem Nachteile. Denn diese säkularisierte
Kunst läßt uns in jedem echten Produkte die höchste Idee ahnen, aber

[22] Ebd., S. 175.
[23] Ebd., S. 179.
[24] Über das Erhabene und Komische, a.a.O., S. 55 ff.

nur dadurch, daß sie uns eine einzelne, bestimmte Idee in adäquater sinnlicher Erscheinung vor Augen führt. Also zunächst stellt das Schöne nur eine einzelne Idee dar, die in einer bestimmten, sinnlichen Gestalt zur Erscheinung kommt." Wenn Vischer, dergestalt der „modernen" Kunst verpflichtet, fortfährt, „mittelbar", also indirekt, komme in der künstlerisch realisierten Einzelidee die „höchste Einheit des Idealen und Realen, also die absolute Idee" zur Anschauung, so ist dies eine leere Rückkoppelung an Hegel. Vischer möchte und muß sich zur „säkularisierten Kunst" des aufgeklärten Bewußtseins bekennen, wünscht aber gleichwohl alle doch nur religiös begründeten Sicherheiten des objektiven Idealismus, ästhetisch gesprochen die Sicherheiten der klassischen Poetik. Der Weg zu diesen führt teils über naturphilosophisch-pantheisierende Anschauungen, teils über den linkshegelianischen Geschichtsoptimismus, der der Kunst eine antizipatorische Funktion zusprach.

So kehrt sich bei Vischer das Verhältnis von absoluter und im Kunstwerk realisierter Einzelidee um: die Kunst, der in den „echten" Produkten die angemessene Repräsentation einer beliebigen „Idee" gelingt, überzeuge uns von der Möglichkeit, daß der Zwiespalt von Idee und Wirklichkeit überhaupt lösbar ist, daß es deren Einheit realiter gibt. „Darum sprengt das Schöne alle Bande der Furcht und des Zweifels in unserer Seele und überrascht uns als eine Erscheinung aus einer höheren Welt, wo die Harmonie wohnt. Wir sehen in der Sixtinischen Madonna die vollendete Weiblichkeit Fleisch geworden, und jetzt glauben wir an die Wahrheit nicht nur des weiblichen, sondern jedes Ideals." Mit anderen Worten: an die Stelle der Hegelschen „Logik" tritt bei Vischer die Ästhetik.

Worauf es in diesen und ähnlichen Äußerungen Vischers ankommt, ist nicht mehr eigentlich die „Idee", sondern die sinnlich-schöne Erscheinung in der Kunst. So kann Vischer zu einer hypothetischen Alternative gelangen, die bei Hegel auch nur als Erwägung ganz undenkbar wäre: das „sinnliche Moment" sei dasjenige, „wodurch das Schöne erst vom Wahren und Guten sich unterscheidet, und wenn je davon die Rede sein könnte, was entbehrlicher sei im Schönen, die Idee oder ihr sinnliches Erscheinen, so wäre es die erstere."[25]

Die Formen der indirekten Präsenz der Idee des Schönen, die als solche „immer harmonisch" ist, sind das „Erhabene" und das „Komische". Das Erhabene ist der Versuch, besonders der Tragödie, „das Unendliche auszudrücken, ohne in dem Bereich der Erscheinung einen adäquaten Gegenstand zu finden."[26] Dementsprechend ist das Komische die künstle-

---

[25] Über das Erhabene und Komische, a.a.O., S. 163.
[26] Ebd., S. 71.

rische Realisierung der unbezweifelbaren Wahrheit, „daß es nichts wahrhaft Erhabenes" in der unmittelbaren Wirklichkeit gebe, bei gleichzeiti-
gem Wissen um den unendlichen Geist.[27] Eben daraus entspringt der
komische Effekt, daß sich dieses Wissen jederzeit konfrontiert sieht mit
dem unangemessen Kleinen und Endlichen. Indem Vischer den „Kontrast" zwischen dem Erhabenen und Komischen in die „Idee" selbst
wirft, versucht er im Rahmen des idealistischen Systems eine Annäherung
an die tagtäglich erfahrene Wirklichkeit. Das Erhabene und Komische
sind immer nur „kämpfende Formen der Schönheit",[28] während das
wahre Schöne als die dialektische Vermittlung beider in sich harmonisch
und beruhigt ist.

Der letzte, sehr kurze Abschnitt von „Über das Erhabene und Komische"
ist überschrieben „Rückkehr des Schönen in sich: das durch seine Gegen-
sätze vermittelte Schöne". Diese Rückkehr vollzieht sich ganz formalistisch im Bereich des leeren Begriffs, dem keine geschichtlich-objektive
Wirklichkeit mehr entspricht. Vischer hat daher allen Grund, diesem
Abschnitt den Satz vorauszuschicken, daß „wir in dem ganzen bisherigen
Wege (der Entwicklung des Erhabenen und Komischen – d. Verf.) nur
scheinbar das Schöne aus dem Auge gelassen" haben:[29] die „Idee" des
Schönen leuchtet bereits in ihren Negationen auf. Besonders was das
Komische angeht, also jener negativen Form, die die bloß endliche Wirk-
lichkeit aufnimmt, muß Vischer wiederholt versichern: „die harmonische
Schönheit ist, wenn auch nicht zur wirklichen Gestalt ausgebildet, die
stille Grundlage, der unsichtbare Geist" derselben.[30]

Hier findet die Humortheorie Vischers ihre passende logische Stelle.[31]
Diese Theorie basiert zunächst auf einem stark empfundenen Mangel des
Hegelschen Systems, das das Einzelne und den Einzelnen, in Vischers
Sprache „das Zufällige", zugunsten der idealistischen Totalität vernach-
lässigt. Sie ist die wesentlichste Konstante in Vischers ästhetischem Den-
ken über die Jahrzehnte hinweg.[32] Vischer hat sein System, dessen Be-

---

[27] Ebd., S. 165.
[28] Ebd., S. 158.
[29] Ebd., S. 209.
[30] Ebd., S. 210. – Ohne direkt auf die Entwicklung von „Über das Erhabene
u. Komische" einzugehen, sagt Volhard, a.a.O., S. 119, zutreffend, daß bei V.
die „Idee" ein „transzendentes Perfektum" wird, das in die Realität kaum mehr
hineinreicht, und daß andererseits die Realität unbegrifflich erfaßt wird.
[31] Zur Humortheorie V.s vgl. den ausgezeichneten Aufsatz Bertold Emrichs:
Fr. Th. V.s Auseinandersetzung mit Jean Paul. In: Festg. f. Eduard Berend,
Weimar 1959, S. 136–159.
[32] In „Über d. Erhabene u. Komische" fällt deutlich auf, daß die Passagen
über den Humor die besten des ganzen Buches sind.

gründung ja bereits „Über das Erhabene und Komische" darstellt, immer wieder umgebaut, seine Humortheorie jedoch kaum verändert;[33] allerdings gewinnt sie nach der Revolution noch stärker an Gewicht. Im Rahmen von „Über das Erhabene und Komische" erhält sie die Funktion einer Relativierung des Moments der Negativität im Komischen der Idee des Schönen gegenüber; sie soll das Auseinanderfallen von Realität und „Idee" verhindern. Vischer behauptet, „daß bei dem echten Humoristen eine spekulative Weltansicht, wenn er sich auch nicht zu ihr bekennt, der unbewußte Geist seines Humors ist".[34] D. h., der Humor, der sich auf das „Endliche, Gemeine, ja das Böse" bezieht, tut dies, indem er diesen „Momenten" nur als „überwundenen und ohnmächtigen" eine Stelle anweist.[35] Nur unter der Perspektive eines so verstandenen Humors bekennt sich Vischer zu einem Realismus der endlichen Erscheinungen in der Kunst. Es ist dies wiederum nur ein indirekter Realismus, wie Vischer andererseits nur einen indirekten ästhetischen Idealismus formuliert. Die Grenze zwischen Vischers Ideal-Realismus und einem Realismus der intendierten vorbehaltlosen Widerspiegelung liegt genau dort, wo zwischen einem „versöhnten" und einem „unversöhnten" Humor unterschieden wird.[36] Aus alledem ergibt sich, daß die Theorie des „versöhnten" Humors jenen Begriff einer indirekten Präsenz der „Idee des Schönen", wie ihn Vischer in Fortführung seines religionskritischen Ansatzes aufgreift, unterstützen und legitimieren soll.[37]

Ebenso wie die Humortheorie in „Über das Erhabene und Komische" dient Vischer der wichtige Begriff des „Naturschönen" einerseits zu einer Eliminierung der theologischen Substanz des idealistischen Systems, an-

[33] Ein nachdrücklicher Beweis dafür, daß Lukács seinen Ideologieverdacht V. gegenüber allzusehr strapaziert, wenn er dessen Humortheorie durchgängig als Überbau einer kapitalistischen Gesellschaftsform denunziert (a.a.O., S. 474). In den dreißiger Jahren kann man nicht gut von einem Kapitalismus in Deutschland sprechen.

[34] Über das Erhabene und Komische, a.a.O., S. 167.

[35] Eine andere Behandlung dieser „Momente", etwa innerhalb der Satire, lehnt V. als unästhetisch ab. Vgl. ebd. S. 173.

[36] Vgl. ebd. S. 202 f.

[37] F. Martini interpretiert V.s Humortheorie nur im Rahmen der modernen „Subjektivität", ohne auf ihre Funktion im System zu achten. Vgl. Martini, Zur Theorie des Romans im dt. Realismus. In: Festg. f. Ed. Berend, a.a.O., S. 283 f. – Zwar sagt Vischer in der Nachfolge Jean Pauls, daß die „unendliche Subjektivität" die Grundlage des Humors ist. Dies bezieht sich jedoch nur auf die Voraussetzung einer „säkularisierten" Welt: gerade innerhalb ihrer Bedingungen soll der ästhetische Idealismus bewahrt bleiben, wozu die Humortheorie beizutragen hat. Dergestalt ist die Theorie des Humors das bewahrte idealistische System im Status der realistischen Kritik.

dererseits aber zu dessen Bewahrung, was im Prinzip auch die Bewahrung der klassischen Formenwelt besagen will. „Über das Erhabene und Komische", schon konzipiert mit dem Blick auf ein System der Ästhetik, stellt nur dessen metaphysischen Teil dar und behandelt das „Naturschöne" dementsprechend nicht. Jedoch zeigt sich in der „Vorrede" bereits eine versteckte Hereinnahme dieses Begriffs an der Stelle, wo Vischer vom „Erhabenen des Volksgeistes" spricht: „Sowohl das Erhabene des Subjekts als auch das Tragische muß die Wurzeln seiner Kraft in einem nationalen, historischen Boden haben."[38] Der latente Zusammenhang wird offenkundig, wenn man berücksichtigt, was Vischer unter dem „Naturschönen" versteht. Es geht nicht nur um das Schöne in der engeren Natur, sondern um die „menschliche" und die „geschichtliche Schönheit" überhaupt, eben um alle vom subjektiven Vermögen der Phantasie unabhängige objektive Schönheit, die als solche empirisch auffindbar ist.[39] Es handelt sich dabei um eines der wichtigsten Probleme der nachidealistischen Ästhetik, das im engsten Zusammenhang mit den politischen und ideologischen Entwickelungen der vor- und nachmärzlichen Epoche steht.

Das Problem des „Naturschönen" bestimmt in einem entscheidenden Maß die Hegel-Kritik der späten dreißiger Jahre, wobei sich die Grenzen zwischen linker und rechter, d. h. zwischen pantheisierender und theistischer Hegelschule gelegentlich verwischen. Die Kritik der Hegelschen „Ästhetik" durch den Rechtshegelianer und bedeutenden Ästhetiker Christian Weiße kann als Beispiel dienen.[40] Zunächst macht Weiße Hegel den Vorwurf, die Kunst zu sehr historisiert zu haben; dem Rezensenten seien „die Kunst und die Schönheit ein für allemal etwas Mehreres als nur ein Durchgang zu höheren Geistesstufen". Dann kommt Weiße zum Thema:

„Die Ästhetik entbehrt bei Hegel ... eines im strengen Wortsinne immanenten Princips, eines ihr eigentümlichen organischen Mittelpunktes; sie hat ihr Princip, ihren Mittelpunkt in dem Begriffe des Geistes oder näher, des absoluten Geistes überhaupt. Dieser Begriff aber kann in seiner Unmittelbarkeit, so wie er sich außerhalb der Ästhetik darstellt, Princip sein nur für solche Erscheinungen, die sich ebenso unmittelbar als Bethätigung dieses Geistes kundgeben. Um eine Naturschönheit im eigentlichen

---

[38] Über das Erhabene und Komische, a.a.O., S. 40.
[39] Vgl. Plan zu einer neuen Gliederung der Ästhetik, a.a.O., S. 161 f. und 169 ff. – Vgl. ferner Oelmüller, a.a.O., S. 153, und Lukács, a.a.O., S. 490.
[40] Chr. Weiße, G. W. Fr. Hegels Vorlesungen über Ästhetik. In: Hall. Jbb. 1838, S. 1673–1720. – Daß Ruge diese Rezension aufnimmt, zeigt schon für sich, wie nahe sich Links- und Rechtshegelianer in dieser Frage zunächst standen.

Wortsinne anzuerkennen, müßte zu dem Begriffe einer Selbstentäußerung des absoluten Geistes fortgegangen worden sein; was wir bei Hegel nicht gethan finden. Der solchergestalt seiner selbst entäußerte Geist erhält nämlich vermöge seines Begriffes recht eigentlich wieder die Bedeutung der Natur, ohne darum aufzuhören Geist zu sein ... Was man gemeinhin Naturschönheit nennt, was von Hegel so geringschätzig behandelt, so tief unter die Kunstschönheit herabgewürdigt wird, die objektive Erscheinung der Schönheit in der äußeren, körperlichen Natur: das ist in Wahrheit die objektive Bethätigung, die Manifestation des Geistes der Schönheit eben als eines seiner selbst entäußerten, als Naturgeistes." Und in der Natur wie in der Phantasie des Genius webe ein und derselbe Geist.

Diese materialistische Auffüllung des Idealismus, dessen unmittelbare Bindung an die Welt der Erscheinungen war auch das Anliegen Vischers, wobei ihn vom Rechtshegelianismus vor allem seine Religionskritik trennt. Die Einführung des „immanenten Princips" bedeutet für Vischer den Punkt, wo sich Idealismus und Realismus treffen;[41] ihn theoretisch zu untermauern und ins System einzufügen, ist die Aufgabe, die sich Vischer im Vormärz stellt. Dabei mußte sich Vischer jedoch sehr bald bewußt geworden sein, daß die theoretischen Operationen der Habilitationsschrift zu diesem Zweck nicht genügten. Das Problem, das sich stellte, war dieses: die klassische Ästhetik sicherzustellen, nun aber nicht mehr mit Hilfe eines theologisch-religiös begründeten Idealismus, sondern auf dem Boden des Naturschönen. Immer wieder betont Vischer die Wichtigkeit des objektiv Schönen für die Ästhetik,[42] die erst auf diesem Grunde, um nicht in die Objektlosigkeit der romantischen Phantasie zu verfallen und um andererseits die klassische Formenwelt erneut zu bestätigen, die Identität von realistischem und idealistischem Kunststil zu erweisen vermag. Die vormärzlichen literaturkritischen und ästhetischen Aufsätze Vischers zeigen jedoch, daß die Frage, ob es das objektiv Schöne realiter gibt, momentan verneint werden muß. So bleibt allein die Hoffnung auf eine reformatorische oder gar revolutionäre Veränderung der Verhältnisse, die zu deren Poetisierung führen soll. Vischer hat diese Hoffnung, die, wie betont werden muß, eine meistenteils ästhetisch motivierte Hoffnung war,[43] in vielen Aufsätzen zum Kernproblem der nachhegelschen

---

[41] Vgl. Über das Erhabene und Komische, a.a.O., S. 46.

[42] Vgl. Ästhetik, a.a.O., I, Vorrede zur 1. Aufl. (1846).

[43] Hier wird einer der neuralgischsten Punkte in Vischers Denken berührt. Vischer war, wie man sagen darf, monomanisch auf die Begründung des Ästhetischen fixiert; er instrumentalisiert zu diesem Zweck die zur Verfügung stehenden Denkmodelle und Ideologien seiner Zeit. Vor allem daher schreibt sich die verwirrende Fülle von Einflüssen, die Vischer verarbeitet: Hegel, Linkshegelianismus, Feuerbach, revolutionäre Opposition, später Kant.

Ästhetik thematisiert. Es ist wesentlich, zu erkennen, daß es sich hierbei nicht um einen Gegenentwurf zu „Über das Erhabene und Komische" handelt; die Kategorien des Erhabenen und Komischen bleiben ebenso erhalten wie die Theorie des „versöhnten" Humors. Die Betonung des „Naturschönen" beabsichtigt vielmehr eine Unterstützung jenes Satzes aus der Habilitationsschrift, daß bereits in den Momenten des Erhabenen und Komischen als der indirekten Präsenz der absoluten Idee des Schönen diese selbst aufleuchtet. Was die vormärzliche Ästhetik Vischers auszeichnet, ist demnach die intendierte Verknüpfung von System, Religionskritik und Geschichtsoptimismus;[44] diese eigenartige und paradoxe Verbindung, in der sich „Vormärz" und ästhetischer Idealismus treffen, gilt es im folgenden zu analysieren.

Wie schon „Über das Erhabene und Komische" basieren auch die literatur- und kunstkritischen Aufsätze Vischers im Vormärz auf einem religionskritischen Ansatz. Das Problem des Zusammenhangs von Kunst und Religion und seiner modernen Auflösung wird breit ausgeführt in dem wichtigen Aufsatz „Overbecks Triumph der Religion" von 1841.[45] Unmittelbarer Gegenstand ist also Overbecks großes Gemälde, das in Analogie zur Raffaelschen „Disputa" den historischen und inneren Einklang von Kunst und Religion allegorisch-mythisch behandelt. Vischer spricht „gerade von diesem Bilde so weitläufig, weil nirgends mit solcher Bestimmtheit die weitverbreitete, in der wissenschaftlichen Ästhetik (d. h. vor allem bei Schelling und Hegel – d. Verf.) noch herkömmlich wiederholte Ansicht von der Einheit der Kunst und Religion aufgestellt ist". Vischer geht, um diese Konvention als unhaltbar nachzuweisen, teils historisch, teils ästhetisch-philosophisch vor. Daß es eine legitime Einheit von Kunst und Religion tatsächlich gab, sei unbestreitbar; die Religion hat, indem sie ihre „Idee" in einem Kreise von Mythen niederlegte, „der Kunst von selbst in die Hände" gearbeitet. Die „Lösbarkeit beider Sphären" sei jedoch schon in ihrer Einheit zu erkennen, indem die Religion notwendig ins Abstrakte hinüberreicht, während die Kunst auf das Sinnliche angewiesen bleibt. Diese Diskrepanz tritt vor allem dann ein, wenn sich die Religion über die Stufe der Naturreligion erhebt; dann ist ihr das „Bild", der Mythos eigentlich entbehrlich. Ergibt sich hier bereits ein Gegensatz von Kunst und Religion, so geht Vischer nun in sehr ein-

---

[44] Oelmüller nimmt dagegen eine Diskrepanz dieser Momente an und ist dadurch gezwungen, zwei verschiedene gleichzeitige Ästhetik-Entwürfe bei Vischer vor 1848 zu konstatieren, was Oelmüller einmal die „Begründung des Ästhetischen im Volk", zum andern die „Begründung des Ästhetischen in der Idee des Schönen" nennt. A.a.O., vgl. bes. S. 104 f.

[45] Kritische Gänge, a.a.O., VI, S. 3–34.

drucksvollen Seiten[46] auf die prinzipielle Dialektik der beiden „Sphären" ein. Die Religion erstrebt hauptsächlich eine Zurückweisung „des natürlichen Willens" und ein „freundliches Entgegenkommen gegen das reine Selbst im Zuschauer"; dies möchte die religiöse Kunst paradoxerweise mit Hilfe jener äußeren Welt leisten, die eben abgetan sein soll. Für Vischer ist dieses Paradox bereits durch die Geschichte gelöst, indem das „Prinzip der Reformation", nämlich die Zerstörung des christlichen Mythos, die Entvölkerung des „Olymps des Mittelalters" zwar nicht von der Kirche, aber von der Wissenschaft und von der „Weltbildung" seither vollständig durchgeführt wurde. Indem der protestantische Geist die Wirklichkeit ergriff, setzte er die „Anfänge einer neuen Kunst, deren Inhalt die Wirklichkeit, nicht mehr das phantastisch bevölkerte Jenseits sein sollte, die Geschichte, nicht der Mythos. Aber es fehlte der Adel der Form, es fehlte die Idealität der ernsten Schönheit. Diese war nur von den Alten zu lernen. Der winterliche, zwiespältige deutsche Charakter, seine stille Tiefe bei roher Form sollte mit dem Geiste der antiken Plastik durchdrungen ein neues Kunstleben erzeugen." Dieser Ansatz war von der jüngsten Romantik wieder aufgegeben worden.

Die aktuelle Bedeutung des Overbeck-Aufsatzes liegt im Kampf gegen Romantik und Pietismus.[47] Wie Vischer aber immer wieder betont, geht es nicht nur um Negation, sondern um die Begründung eines neuen ästhetischen Prinzips, dem der Immanenz oder des richtig verstandenen Pantheismus. Die „Akademische Rede zum Antritte des Ordinariats"[48] von 1844, die Vischer erbitterte Angriffe der württembergischen Theologie einbrachte und zur Aussetzung seiner akademischen Tätigkeit führte, nimmt in ihren wichtigsten Teilen die Begründung dieser positiven Dialektik wieder auf. Den neuen „metaphysischen Standpunkt" benennt Vischer mit dem „eigentlichen jetzt gangbaren terminus" der „Immanenz", setzt statt dessen aber lieber „Pantheismus", weil sich „des Ausdrucks Immanenz auch solche Philosophen, welche daneben zugleich Lehren vortragen, die ich für eine den Begriff eines reinen Geistes trübende, sinnliche Vorstellungsweise ansehe", bedienen. Vischer spielt hier auf die rechte theistische Hegelschule an, die, wie Herbart oder Weiße, an der Existenz eines persönlichen Gottes festhält.

---

[46] Kritische Gänge, a.a.O., VI, S. 19 f.
[47] Gegen den Pietismus geht es auch in „Dr. Strauß und die Württemberger" (1839; zuerst veröffentlicht in den „Hall. Jbb."). In: Kritische Gänge, a.a.O., I, S. 1–106. – Scharfe Kritik an den zeitgenössischen Kirchen übt ferner der bedeutende Aufsatz „Gervinus und die Deutschkatholiken" (1845). In: Kritische Gänge, a.a.O., I, S. 188–216.
[48] In: Kritische Gänge, a.a.O., I, S. 130–181.

Vischer rechnet sich hier deutlich den Linkshegelianern zu, zieht aber gleichzeitig einen scharfen Trennungsstrich zu den „Hallischen Jahrbüchern", wenn er, was „die sogenannte ‚Praxis der Idee', die praktischen, politischen Konsequenzen der Idee betrifft", auf seinen Bruch mit Ruge hinweist: „weil wir die Wirklichkeit nicht nach abstrakten Maßstäben übers Knie abbrechen wollen, weil wir die Demagogie als eine Torheit hassen, weil wir überzeugt sind, daß man in besonnenem Gange die Geister reifen soll, damit seinerzeit die Frucht der Zukunft von selbst vom Baume falle."[49] Trotz dieser Ablehnung junghegelianischer „Demagogie" bleibt Vischer also nicht bei einer naturphilosophischen „Immanenz" stehen, sondern setzt diese evolutionistisch auch in den Gang und Geist der Geschichte.[50]

Eben mit diesem Schritt kommt Vischer zum Hauptproblem seiner vormärzlichen Ästhetik, in die „schwierige Antinomie", wie er selbst sagt,[51] indem die säkularisierte Kunst, die sich vor allem geschichtlichen Stoffen zuzuwenden hat, aus ihrem Begriff heraus das konkrete schöne Objekt darstellt, dieses selbst aber im gegenwärtigen historischen Augenblick noch nicht vorhanden ist, vielmehr sich erst bilden soll in der erhofften Umgestaltung nicht nur der politischen, sondern der gesamten Kulturzustände. Man darf ohne Übertreibung sagen, daß jeder der vormärzlichen Aufsätze Vischers, ausdrücklich oder latent, diese antinomische Struktur der Ästhetik zum Thema hat; sie ist, wie sich zeigen soll, nichts anderes als die Antinomie zwischen dem klassisch-idealistischen Poesiebegriff und der modernen Wirklichkeit.

In scharfer, prinzipieller Reaktion auf die Biedermeierliteratur hebt Vischer hervor, daß die Poesie „eine höhere Aufgabe hat, als die untergeordneten Reize des Privatlebens, Bildungs- und Charakterkämpfe des subjektiven Menschen zu besingen".[52] Vor allem der Aufsatz „Shakespeare in seinem Verhältnis zur deutschen Poesie, insbesondere zur politi-

---

[49] In seinem Vertrauen auf die Entwicklung meint Vischer etwa: „Volksbildung tut uns not; ein guter Schulmeister wirkt mehr für die Freiheit als Bände Herweghscher Gedichte". Vgl.: Georg Herwegh. In: Kritische Gänge II, S. 104.

[50] Wie „Gervinus und die Deutschkatholiken" zeigt, will Vischer nicht mit den Materialisten zusammengeworfen werden, „die das Prinzip des Helvetius erneuern, wie Marx, Stirner und andere" (vgl. Krit. Gänge I, S. 206 f.); er zähle sich zu jenen Philosophen, die eine „allgemeine Substanz erkennen", wie D. F. Strauß und „selbst L. Feuerbach". Mit den „Lumpen" seien aber auch die Materialisten nicht gemein: „es gehört jeder Ansicht, die mit wissenschaftlichen Gründen auftritt, ihre Achtung..."

[51] Vgl. Kritische Gänge II, S. 66.

[52] Kritische Gänge II, S. 63. – Vgl. ferner ebd. S. 137 und pass.

schen" ist hier wichtig.[53] Vischer setzt als „zugegeben" voraus, daß „zu allem Schönen wesentlich gefordert wird ein Körper, welcher einen idealen Gehalt, der ihn harmonisch durchdringt und dadurch zur vollendeten Form erhebt, zur Erscheinung bringe. Der Künstler nimmt nicht etwa zuerst jenen Gehalt in abstrakter Geistigkeit in sich auf, um den Körper dazu erst in der Vorratskammer seiner Phantasie zu suchen, sondern er findet ihn mit und in seinem Körper als einen bereits gegebenen vor und läutert nun diese ganze Erscheinung in einem untrennbaren Akte durch das Feuer der Phantasie zum Ideale." Zu dieser Voraussetzung tritt aber jene andere Forderung, daß „unter den Sphären des Inhalts ein Wertunterschied" berücksichtigt werden muß. Konkret bedeutet dies, daß Vischer dem biedermeierlichen Rückzug ins Idyllische als den Ort und die Kategorie der Möglichkeit schöner Objektivierung die geschichtliche Welt als die notwendige inhaltliche Sphäre der Poesie entgegensetzt. Gemäß dem schon festgestellten mimetischen Grundzug der Dichtung kann dieser aber der Geschichte nicht vorangehen, sondern ihr nur folgen. Auf die gegenwärtige Situation berechnet, sagt Vischer, heißt dies, daß ihrem so definierten Begriffe nach Kunst momentan unmöglich ist. Eine objektive Lösung der Antinomie von Kunst und Gegenwart sei erst dann möglich, wenn die „politische Idee bereits zur Tat geworden ist, wo das Volk und sein Dichter bereits im Genusse des glücklich vollendeten politischen Kampfes leben."[54]
Von den ästhetischen Traditionalisten seiner Zeit unterscheidet sich Vischer durch das Bekenntnis, daß „Zerrissenheit und Politik" seit geraumer Zeit die Stoffe seien, „worin die Poesie allein noch einiges hervorgebracht hat, was Aufsehen macht" und machen darf.[55] Gleichwohl widersprechen Zerrissenheit und Politik dem eigentlichen Begriff der Poesie, „wenn man nämlich unter der Politik versteht die Unzufriedenheit mit der Gegenwart des Staats, den Wunsch, daß er anders werde, die Aufforderung des Volks, daß es die Formen seines Staatslebens ändere: d. h. also paränetisch-politische Dichtung".[56] Weil die Tendenzdichtung eine „Idee" ausspricht, „welche noch keinen Körper hat, sondern ihn erst bekommen soll", deshalb lehnt Vischer sie ab, etwa im Falle Herweghs und Freiligraths; nicht jedoch wie die realistische Theorie nach 1848 schon wegen

---

[53] Kritische Gänge II, S. 50–91. Zuerst erschienen in: Literarhistorisches Taschenbuch, hg. von Robert Prutz, 1844.
[54] Gleichwohl scheint Vischer hin und wieder eine subjektive Lösung des Widerspruchs zu rechtfertigen mit dem Begriff einer „plastischen Antizipation" (vgl. etwa Krit. Gänge II, S. 120 und öfter).
[55] Vgl. Kritische Gänge II, S. 92.
[56] Kritische Gänge II, S. 93.

ihres revolutionären Inhalts als solchem. Vischers Realismusbegriff dringt auf Gegenwart und „Objektivität", sein traditionalistischer Poesiebegriff zusätzlich auf die „schöne" Gegenwart. Zusammenfassend heißt es im Herwegh-Aufsatz: „Wahre Dichtung ist nur, wo Besitz ist, Besitz, der zwar, wie alles Menschliche, der Sehnsucht noch unendlichen Raum läßt, aber doch Besitz und Genüge der Seele."[57] Daher schließen sich „Kunst" und Tendenz aus[58] und deshalb ist auch die Satire nicht eigentlich poetisch, wie alle Zweckformen, die nicht Ausdruck eines Besitzes, sondern eines Strebens sind.[59]

So kommt Vischer zu dem für ihn betrüblichen Ergebnis, daß Stoff und Bewußtsein der Gegenwart nicht mit dem festgestellten Begriff der Poesie harmonieren. Er hat dabei nicht nur die politischen Verhältnisse im Auge, sondern auch die allgemeine kulturelle Situation. Anschließend an die von Ruge und Echtermeyer in den „Hallischen Jahrbüchern" veröffentlichten gegenromantischen Manifeste (seit Oktober 1839) deckt Vischer, selbst ein Kritiker der Romantik, einen seiner Meinung nach wesentlichen Irrtum der antiromantischen Bewegung auf. Man habe mit der Forderung nach modernen Stoffen in der Dichtung vielfach „das Kind mit dem Bade ausgeschüttet, statt der Romantik die Poesie selbst bekämpft". Es sei ja nicht zu leugnen, daß die Aufklärung in „Kollision" trete mit den ästhetischen Prinzipien, „daß zwölf Hengste an einem Fuhrmannswagen schöner sind als eine Lokomotive, freie Handarbeit schöner als Maschinenarbeit, Wald schöner als Ackerfeld, alle Naturbildung schöner als unsere reflektierte. Jenes Manifest nun beging hier einen handgreiflichen logischen Fehler, es beging ihn, weil es das Pathos der Kultur und des ethischen Fortschritts mit dem ästhetischen verwechselte. Statt zu sagen: klagt nicht, wenn alle Formen knapp und geradlinig werden, denn ihr habt zweierlei Trost, den einen für den Augenblick, daß die Freiheit gewinnt, was die Kunst verliert, den andern für die Zukunft, denn die reife Freiheit muß sich auch wieder (in vielen Gebieten wenigstens) vollere Formen schaffen – statt dessen rief man: es ist gar kein Grund zum Klagen, denn die knappen Formen sind um der Größe des sie bedingenden Geistes willen ästhetisch bedeutender als die vollen, frischen, nach denen ihr euch sehnt. Das ist nicht wahr ... Im eigentlichen Sinn

---

[57] Kritische Gänge II, S. 95.
[58] Ebd. II, S. 96 heißt es über Herwegh: „Ich tadle nicht sein Interesse, seine Ungeduld, Unruhe, ich sage nicht, unsre Zeit könne anders sein; ich sage nur, poetisch kann sie, so wie sie einmal ist, nicht sein."
[59] Vgl. Kritische Gänge II, S. 96 f., 101 und sehr oft. – Während sich Gervinus über die Satire wesentlich positiver geäußert hat, folgen die realistischen Theoretiker hierin ganz Vischer.

ist poetisch nur, was mit dem großen Inhalt unmittelbar und auf einen Schlag auch dem ersten Anblick farbenreiche, volle, saftige, naturfrische Formen gibt..."[60]

Diese Sätze wurden 1848 geschrieben. So gewiß es für Vischer, noch im vollen Optimismus der anhebenden Revolution, ist, daß man dem Zeitalter der Restauration gegenüber erhebliche „ethische" und politische Fortschritte errungen habe und vor allem noch erringen werde, ebenso gewiß ist er sich der momentanen Diskrepanz von Aufklärung und Kunst. Zivilisatorischer Fortschritt ist nach Vischer, der hier eine reflektierte Distanz von dem üblichen Pathos der Zeit beweist, nicht identisch mit ästhetischem Fortschritt; der momentane Verzicht auf Kunst scheint ihm daher im Namen der Aufklärung unvermeidlich.[61] Alle jene literarischen Erscheinungen, die Vischer vor 1848 positiv beurteilt, werden doch unter diesen Vorbehalt gestellt. Mörikes Lyrik ist poetisch schön, jedoch nur, weil sie sich ins Subjektiv-Idyllische zurückzieht und den wahren objektiv-historischen Gegenständen der modernen Dichtung entzieht; Eugène Sue's „Mystères de Paris" haben den gewaltigen realistischen Zugriff, den Vischer auch den Deutschen wünscht, sie lösen aber den Mangel der Wirklichkeit nicht ins Ideal auf; Hebbels „Maria Magdalene" schließlich, in vielem vortrefflich, zeigt eine Neigung zur Tendenz, zum „Paränetisch-Politischen".[62]

Es hieße wohl unhistorisch sein und die voraussetzbare Erfahrung einer Generation, die erst am Anfang der Industrialisierung stand, überschätzen, hier von Vischer einen Entwurf von Kunst zu fordern, deren Aufgabe gerade die Darstellung von Entfremdung und Verdinglichung wäre. Schien es doch Vischer und anderen im Vormärz, daß mit der Revolution ein Zeitalter der Humanisierung der Kultur heraufkomme. Hinzuweisen ist allerdings auf das Mißverhältnis, in dem die ästhetisch motivierten Erwartungen Vischers zu der nur politisch und also partiell gemeinten Revolution stehen. Erwartung und politisches Engagement decken sich nicht. Vischers Forderungen sind hoch; die bisherige „Kluft" zwischen

---

[60] Ein literarischer Sonderbündler. Zitiert nach dem Text in: Meisterwerke deutscher Literaturkritik, a.a.O., II, S. 482.

[61] In dem Aufsatz „Noch ein Wort darüber, warum ich von der jetzigen Poesie nichts halte" sagt Vischer, er halte es in diesem Punkte ganz mit Gervinus: „Ich fand in ihm ausgesprochen, was sich mir schon vorher, nur nicht so hell, nicht so begründet, als Überzeugung gebildet hatte. Ich unterschreibe es mit ganzer Seele, daß unsere Dichtung ihre Zeit g e h a b t hat, und setze nur ... hinzu, daß sie wieder ihre Zeit haben wird, aber noch lange nicht haben kann..." Kritische Gänge II, S. 143.

[62] Vgl.: Eduard Mörike, Krit. Gänge II, S. 1–49; Zur Kritik der Mystères de Paris, ebd. S. 148–164; Zum neueren Drama. Hebbel, ebd. VI, S. 39 ff.

Volk und Literatur soll abgebaut werden, die ideal-realistische Dichtung soll nicht auf den „gebildeten Ständen" beruhen, sondern auf dem „Volk" schlechthin.[63] Doch dient dies alles nur der „Begründung des Ästhetischen" und hat kaum konkrete politische Bedeutung. Dies zeigt nicht nur Vischers nationalliberale Wende, sondern auch die unglückliche Figur, die er während der Revolution macht.[64] Vischer war keineswegs „von Herzen" ein „Mann der Linken";[65] man muß vielmehr sagen, er war kein Reaktionär und kein Konservativer; er war eigentlich unpolitisch, weil er das Politische vornehmlich unter ästhetischen Aspekten sah. Nur zwei Dinge war Vischer ganz: Ästhetiker und Kritiker der zeitgenössischen Theologie.

Vischers stilgeschichtliche Synthese in der „Ästhetik"

Nach der Revolution versucht Vischer mehrmals, den Begriff des „Naturschönen" aus dem System zu entfernen, so bereits in der Einleitung zum sechsten Band der „Ästhetik", wie vor allem in der späteren „Kritik meiner Ästhetik" (1866/73). Das Bestehen auf dem objektiv Schönen hat revolutionäre Konsequenzen, welche jetzt nicht mehr opportun sind. Hier setzt bei Vischer ein Formalisierungsprozeß ein, zugleich eine Tendenz zur Subjektivierung des Schönen: das Schöne wird eine Form der subjektiven Anschauung. In der Einleitung zum sechsten Band der „Ästhetik", also zur Poetik, heißt es, die subjektive „Phantasie" schaue „durch die empirisch getrübte Gestalt der Dinge hindurch in die reinen Urtypen, auf welche das Leben angelegt ist"; nur „scheinbar" werden diese „reinen Typen" im „naturschönen Gegenstand" empirisch vorgefunden.

Das Vakuum, das durch die Eliminierung des Naturschönen entsteht, indem nun das empirisch-schöne Objekt als theoretischer Ausgangspunkt fehlt, zeigt sich besonders deutlich darin, daß nach 1848 die Funktion des „Humors" wichtiger wird denn je. Aber das Komische ist nur einseitige Existenz des Schönen; die klassische Tragödie, an der Vischer festzuhalten gewillt ist, zeigt eine andere Art. Vischer war sich darüber im klaren, daß man nicht „Realist" in der Komödie und im Roman sein konnte und

---

[63] Vgl. Krit. Gänge, II, S. 443. – So erklärt sich Vischer auch gegen die Münchner Kunst unter Ludwig I. als einer von oben gemachten Scheinblüte. Vgl. Krit. Gänge V, S. 173–185.
[64] Vgl. hierzu Krit. Gänge III, S. VII f.
[65] So F. Schlawe, Fr. Th. Vischer, a.a.O., S. 223.

in der Tragödie Klassizist.[66] Hier mußte ein vermittelndes Prinzip gefunden werden. So führte Vischer eine neue Theorie in die Poetik ein, die sie vollständig beherrscht, die Theorie der stilgeschichtlichen Synthese aus „Idealismus" und „Realismus".[67] Vischer kehrt in der Poetik, um mit Hermann Hettner zu reden, von der „Metaphysik des Schönen" auf den „festen Boden einer künstlerischen Stillehre" zurück.[68] In Wahrheit verabsolutiert Vischer nur seine Unentschiedenheit zwischen Realismus und Klassizismus[69] in dem Sinne, daß er den „idealisierenden" oder „klassizierenden" und den „charakteristischen" oder „realistischen" Stil zu gleichsam apriorischen, in der Geschichte immer wiederkehrenden Alternativen künstlerischer Gestaltung erhebt. Gemäß dem Hegelschen triadischen Schema ist es die Aufgabe der gegenwärtigen Poetik und Dichtung, eine Synthese aus diesen Gegensätzen zu finden. Dieses Programm erhält seine unmittelbar evidente Aktualität, wenn es um den Roman und das bürgerliche Prosa-Drama geht.

Zumindest in der „Ästhetik" beharrt Vischer noch auf dem Anspruch, daß „unser ganzes System nach Bau und Inhalt vor Allem gegen stofflosen Idealismus der Phantasie gekehrt ist."[70] Der Künstler muß in seinem Schaffen vom „Zufall" ausgehen; denn alle Kunst, die den „Charakter der Zufälligkeit" opfert, bringe nur „Totes" hervor: „Die Idee erscheint nämlich nicht als wirklich, wenn das, was ihre Verwirklichung zu stören scheint, weggelassen wird."[71] Wehrt sich Vischer in solchen und ähnlichen Bemerkungen gegen den „stofflosen Idealismus", wobei er vor allem die Romantik im Auge hat, so kritisiert er andererseits eine Kunst mit zu starkem Anschluß an die Realität; hier bleibe „ein recht schwerer Bodensatz des Stoffartigen" und wir haben keine „zweite, ideale Welt vor

---

[66] So ist der Lösungsversuch W. H. Riehls angelegt, der auf diese Weise sehr einfach das Realismus-Klassizismus-Problem erledigt glaubt. Vgl. Riehl, Vorwort zu „Culturgeschichtl. Novellen". In: Riehl, Ges. Geschichten und Novellen, 2 Bde, Stuttgart 1879, Bd. II.

[67] Gerade durch diesen synthetischen Versuch qualifizierte sich Vischers „Ästhetik" zu einer gern beanspruchten ästhetischen Autorität für die realistischen Theoretiker der fünfziger Jahre. Vgl. etwa Grenzboten, 1853, III, S. 47.

[68] Vgl. Hettner, Literaturgeschichte der Goethezeit, a.a.O., S. 589.

[69] Schon 1838 schreibt Vischer an Strauß: „ich bin ein Amphibium zwischen Idealismus und Realismus". Briefwechsel zwischen D. Fr. Strauß und Fr. Th. Vischer, hg. von Adolf Rapp, 2 Bde, Stuttgart 1952 f., Brief vom 27. 5. 1838. – Vgl. eine Fülle ähnlicher Zitate bei Oelmüller, a.a.O.

[70] Ästhetik VI, § 848 (S. 60).

[71] Ebd. VI, § 34, Zusatz und § 35. – Hier nähert sich V. stark der Illusionstheorie Otto Ludwigs und Julian Schmidts: „Realismus" als Mittel und das „Ideal" als Zweck der Dichtung.

uns".[72] Vischers vormärzliche Forderung eines engeren Anschlusses der Dichtung an das Wirkliche bleibt also im Prinzip bestehen; nun aber nicht mehr unter der Voraussetzung des inhaltsschweren Begriffs des „Naturschönen", des „immanenten Prinzips", sondern unter der Voraussetzung des subjektiven Vermögens, die Dinge unter dem Aspekt der „Idee" zu apperzipieren.[73] Diese Art „Realismus" benennt Vischer mit dem Stichwort der „indirekten Idealisierung", die im Gegensatz zu ihrer vormärzlichen Form auf die Zukunftsperspektive der veränderten Verhältnisse verzichtet und sich als eine im Moment einlösbare Synthese von „Idee" und Wirklichkeit versteht.

Wie schon aus der Formulierung hervorgeht, setzt Vischer ein Prinzip der „direkten Idealisierung" voraus. Er sieht es realisiert in jener Periode der Poesie, „deren Geist der plastische war", in welcher es eine „vollkommen reife, den Bedingungen dieses Kunstgebiets rein entsprechende Poesie gegeben hat, eine Poesie, die auf dem Standpunkt ihres Ideals so ganz und aus Einem musterhaften Gusse war, daß von ihr der Name des Klassischen entnommen ist, wie er nicht nur dem Besten und Vollkommensten, sondern in engerer Bedeutung dem Stile gegeben wird, der auf jenem Prinzip der direkten Idealisierung ruht, nach welchem die einzelne Gestalt schön sein soll."[74] Deutlich ist zu sehen, wie stark normativ-ästhetische Gesichtspunkte bei Vischer einwirken, so daß klassisch nicht einfach vorbildlich und mustergültig heißt, sondern spezifische Stilkriterien der Antike aufnimmt.

Dem dialektischen Schema folgend, wird der Dichtung der direkten Idealisierung eine naturalistische, vornehmlich „germanische" gegenübergestellt. Da Vischer in der Poetik naturgemäß auf eine aktuelle Lehre des Stils und der Gattungen hinauswill, kann es bei einem historisch-philosophischen Aufriß der Kunst, wie ihn die Hegelsche „Ästhetik" gegeben hatte,[75] nicht bleiben. Wie Schiller in „Über naive und sentimentalische Dichtung" zunächst den Gegensatz Antik - Modern im Auge hatte, dann aber zu einer ungeschichtlichen Verabsolutierung dieser Momente fortschritt, so weicht auch Vischer ins Unhistorisch-Normative aus,

[72] Ästhetik VI, § 848 (S. 63).
[73] Vgl. hierzu auch Lukács, Marx und Vischer, a.a.O., S. 496.
[74] Ästhetik VI, § 846 (S. 64 f.).
[75] Die bestechende Geschlossenheit der Ästhetik Hegels liegt darin, daß sie vom Gedanken der Vollendung der Kunst in all ihren Gattungen ausgeht. Demgegenüber will Vischer einen aktuellen und sogar programmatischen, wenngleich nicht weniger geschlossenen Beitrag zur zeitgenössischen Diskussion liefern. Schon in dieser Absicht, die auf den verschiedenen Füßen des geschlossenen Systems und der Aktualität steht, wird die Problematik von Vischers Ästhetik deutlich.

wenn er „nicht nur einen geschichtlich dagewesenen, sondern einen bleibenden Unterschied der Auffassung" unter jenem Gegensatz verstanden wissen will.[76] Erst dadurch kann sich Vischer aus der bedrückenden Situation des Epigonen erlösen: der Widerspruch von Klassizismus und Realismus bestand alle Zeit, nur in verschiedener Stärke.[77]

Den so formulierten Stilgegensatz wendet Vischer auf alle poetischen Gattungen an und stellt sie in die Spannung dieses Gegensatzes mit dem Ziel seiner Lösung. Dabei kommt Vischer in entscheidende Schwierigkeiten, die auf einer anderen Stufe die Schwächen seines Systems reproduzieren. Dies wird besonders deutlich im Falle der Epik. Hier ließ sich der Stilgegensatz offensichtlich nicht als jeweilige eine synthetische Alternative fordernde Unvollkommenheit definieren, da, wie Vischer sagt, das griechische Epos „so in einziger Vollendung" dastehe, „daß es als historische Erscheinung doch ganz mit dem Begriffe der Sache zusammenfällt", mit dem Wesen des Epischen selbst.[78] Zum andern erkennt Vischer an, daß der moderne Roman nicht am Maßstab des Epos gemessen werden darf, da er, als zwar an sich unvollkommene Form, auf seine Weise „bestimmter und selbständiger Ausdruck eines Stils" ist, „rein und echt".[79] So fällt das klassische griechische Epos mit dem Wesen des Epischen zusammen und der Roman zwar nicht mit diesem, wohl aber mit dem Wesen des realistischen Stils. Beide Formen sind nicht transzendierbar im Sinne einer übergreifenden Synthese; die synthetische Konstruktion mußte zerbrechen. Eine scheinbare, von Vischer dankbar ergriffene Lösung schien jedoch die Gattung des „idyllischen Epos", konkret „Hermann und Dorothea", zu bieten: „Wir haben hier einen der reinsten Fälle der Kreuzung der Stile, die uns durch die ganze Kunstlehre begleitet..."[80]

Vischer entwickelte sein Schema einer Stilsynthese offensichtlich nicht an epischen Beispielen, sondern anhand des Dramas: „Der Stilgegensatz, der alles Kunstleben beherrscht, tritt nirgends so durchgreifend zu Tage als in der dramatischen Poesie. Er teilt dieselbe zunächst geschichtlich in zwei große Welten, deren Wertverhältnis jedoch ein anderes ist als in der epischen Dichtung, indem das Drama des modernen, charakteristischen Stils dem Wesen der Dichtungsart vollkommener entspricht als das Drama des antiken, idealen Stils. Doch behält dieses für alle Zeit seinen

---

[76] Ästhetik VI, § 849 (S. 65).
[77] Vischer kommt zu der an sich produktiven Einsicht, daß es auch in der griechischen Antike eine realistische Stilvariante gab. Vgl. Ästhetik VI, § 908 (S. 311).
[78] Ästhetik VI, § 872 (S. 153).
[79] Ästhetik VI, § 872 (S. 153).
[80] Ästhetik VI, § 883 (S. 196).

regulativen Wert."[81] Die maskenhafte, mythisch gebundene Typik der Sophokleischen Tragödie ebenso wie Shakespeares, so fand man, etwas allzu sorglose Kompositionsweise und gelegentlich naturalistische „Roheit" kann Vischer, wenngleich er insbesondere für Shakespeare ein panegyrisches Gefühl hegt, nicht als absolut vorbildlich empfinden. Deshalb heißt der synthetische Satz: „Shakespeares Stil, geläutert durch wahre, freie Aneignung des Antiken."[82] Die Schwierigkeiten jedoch, die Vischer auch in der dramatischen Frage begegnen, beginnen bei der bürgerlichen Prosa-Tragödie, die, wie Vischer fühlte, eine ähnlich wichtige Stellung einnimmt wie auf epischem Gebiet der Roman.

Ästhetischer Formalismus beim späten Vischer

Anders als die realistische Literaturtheorie der fünfziger Jahre, die sich vom Aufschwung der „Nation" auch eine neue Klassik erwartete, verzichtet Vischer auf diese Begründung eines ästhetischen Klassizismus. Vielmehr nimmt er gegen Ende der fünfziger Jahre endgültig Abschied von einer Begründung der Poetik sowohl aus dem geschichtlichen Utopismus wie aus der angenommenen stilgeschichtlichen Entwicklung. An die Stelle dieser Versuche tritt eine vermeintliche Rückkehr zu Kant, wo das Schöne ein „Akt" des Subjekts sei. Zeugnisse für diese Wende sind der Aufsatz „Über das Verhältnis von Inhalt und Form in der Kunst", der 1858, also kurz nach Vollendung der „Ästhetik", zuerst veröffentlicht wurde; die große „Kritik meiner Ästhetik" (1866/73), schließlich die späten Aufsätze „Der Traum" (1875) und „Das Symbol" (1887).[83]
Bereits in „Über das Verhältnis von Inhalt und Form" heißt es: „Daß es im ästhetischen Gebiet überall nur darum sich handelt, wie ein Gegenstand aussieht, erscheint, nicht um seine innern stoffartigen Qualitäten, ... sondern nur um die Gesamtwirkung der Oberfläche, daß im Künstler das direkte Interesse für den Gehalt, sei es Affekt, sei es Eifer des Wahren und Guten, einem reinen Sinne des Bildens gewichen sein muß, wenn er fähig sein will, ein Kunstwerk zu schaffen, daß das ästhetische Wohlgefallen des Zuschauers ein interesseloses sein muß: dies sind Sätze, welche Kant ein für allemal begründet" hat.[84] Das grundlegende Problem der nachhegelschen Ästhetik, ob und unter welchen Voraussetzungen die moderne Wirklichkeit poetisierbar ist, wird kaum mehr berücksichtigt, sondern aufgelöst in die Behauptung, daß die Kunst das Schöne darstelle,

---

[81] Ästhetik VI, § 904 (S. 298).
[82] Ästhetik VI, § 908, Zusatz (S. 311).
[83] Alle in Bd. IV der Kritischen Gänge.
[84] Kritische Gänge, IV, S. 208 f.

das zugleich eine allgemeine Wahrheit in sich enthalte:[85] der ästhetische Idealismus wird ein ethisches Postulat.

Was hier bereits anklingt, nämlich das Bestreben, das Problem des Objektbezugs aus der Poetik zu entfernen, versucht Vischer wenige Jahre später in der „Kritik meiner Ästhetik" im größeren Stile. Diese richtet sich nicht gegen die „Ästhetik" insgesamt, sondern vor allem gegen deren ersten (vormärzlichen) Band; das Hauptanliegen ist: „Die Ästhetik muß den Schein, als gebe es ein Schönes ohne Zutun ... des anschauenden Subjekts, schon auf ihrem ersten Schritte vernichten ..." Das Schöne ist kein Gegenstand, sondern ein „Akt".[86] Der „Damm der Objektivität", sagt Vischer, den er früher errichten zu müssen glaubte, sei allein gegen die Romantik und ihren „falschen Idealismus" gerichtet.[87]

1867 schreibt Vischer an Strauß von seiner „Entdeckung" des Begriffs des „Symbolischen": „Die Ästhetik ist Wissenschaft der Mimik; ihr schweres Geschäft ist namentlich, zu erforschen: welches Innere wird nachgeahmt in den Formen, die nichts nachzuahmen scheinen."[88] Wie der Aufsatz über „Das Symbol" zeigt, der als eine einzige Erläuterung dieser wichtigen Briefstelle bezeichnet werden darf, ist das befragte „Innere" nichts anderes als der sehr allgemeine Begriff einer „innern", „allgemein menschlichen Wahrheit".[89] Die Frage müßte richtiger lauten: wie wird dieses Innere nachgeahmt? in welchem mimetischen Verhältnis steht die Kunst zur unmittelbaren subjektiven Gewißheit solcher Wahrheiten und wie macht sie diese zur sinnlichen Erscheinung?

Vischer konstatiert einen engen Zusammenhang von „Symbol" und „Mythos". Das Symbol wird verstanden als sachlich nicht mehr geglaubter Mythos, mit dessen Hilfe aber der Künstler bzw. das Publikum eine „innere Wahrheit", dargestellt im „mythischen Bilde", aussagt bzw. wahrnimmt. Faktisch kann der Mythos, z. B. der christliche, nicht mehr geglaubt werden, wohl aber „symbolisch" nach seinem allgemein menschlichen Wahrheitsgehalt.[90] Vischer trennt also zwischen faktischem Gehalt und ästhetisch schöner Erscheinung des Mythos: seine Ästhetik wird absolut formalistisch; er nimmt die historisch fixierte mythische Gestaltung für ein jederzeit aussagekräftiges Vorbild des künstlerischen Stils. Der symbolisch verstandene Mythos wird ein bloßes Stilmittel; die vor-

---

85 Vgl. Kritische Gänge IV, S. 211.
86 Kritische Gänge IV, S. 224.
87 Ebd. S. 225.
88 Briefwechsel zwischen D. Fr. Strauß und Fr. Th. Vischer, a.a.O., Brief V.s vom 24. 7. 1867.
89 Kritische Gänge IV, S. 429.
90 Vgl. Kritische Gänge IV, S. 427 ff.

märzliche Ästhetik Vischers war demgegenüber gerade von der entmythologisierten Welt ausgegangen, die sich des Mythos auch nicht als eines bloßen Stilmittels bedienen durfte.

So betrachtet ist die Symboltheorie Vischers der resignierende Abschluß eines Prozesses, der begonnen hatte mit der Suche nach dem schönen Objekt; der dessen Realisierung vor 1848 abhängig machte von einer revolutionären Umgestaltung der Wirklichkeit. Schließlich wird die Idee des Schönen ein ethisches Postulat; sie findet ihre äußeren Formen in den historischen Religionen und ihrer Mythenbildung. Die Kunst hat nun den „Traum von einem vollkommenen Leben" zu vermitteln.[91]

Das Pendant zu dieser Welt des schönen Scheins ist Vischers Humortheorie, die, wie der Roman „Auch Einer" zeigt, erhalten bleibt: die wirkliche Welt ist nur mehr poetisierbar im Lichte des verinnerlichenden Humors. Vischers ursprüngliches Konzept einer Synthese aus Realismus und Idealismus muß hier wohl als gescheitert betrachtet werden. Die humoristisch-realistisch aufgefaßte Wirklichkeit steht einer Scheinwirklichkeit des symbolischen Mythos gegenüber, in welcher jene festgehaltene allgemeine Wahrheit aufbewahrt bleibt, die dort nicht mehr gefunden, aber dafür um so mehr zu einer moralischen Forderung wird.

[91] Zitiert bei Ewald Volhard, a.a.O., S. 154 f.

BIBLIOGRAPHIE

Alewyn, Richard: Vorbarocker Klassizismus und griechische Tragödie. Analyse der Antigone-Übersetzung des Martin Opitz, Sonderausgabe Darmstadt 1962.

Altvater, Richard: Wesen und Form der deutschen Dorfgeschichte im 19. Jh., Diss. Berlin 1930.

Auerbach, Berthold: Goethe und die Erzählungskunst, Stuttgart 1861.

Ders.: Schrift und Volk. Grundzüge der volksthümlichen Literatur, angeschlossen an eine Charakteristik J. P. Hebbels, Leipzig (Brockhaus) 1846.

Ders.: Briefe an seinen Freund Jacob Auerbach, hg. von Jacob Auerbach, mit Vorbemerkungen von Friedrich Spielhagen, 2 Bde, Frankf. a. M. 1884.

Bertsch, Herbert: Die FDP und der deutsche Liberalismus 1789–1963, Berlin (Ost) 1965.

Blätter für literarische Unterhaltung, Leipzig 1826–1896 (= Forts. von Literarisches Konversationsblatt), hg. von Hermann Marggraff (1848–1864) und Rudolf Gottschall (1865–1888).

Böttcher, Rolf: Nationales und staatliches Denken im Werke G. G. Gervinus, Diss. Köln 1935.

Brahm, Otto: Gottfried Keller. In: Meisterwerke deutscher Literaturkritik, hg. von Hans Mayer, II. Bd.: Von Heine bis Mehring, Berlin (Ost) 1956, S. 747–821.

Brinkmann, Richard: Wirklichkeit und Illusion, Tübingen 1957.

Bühler, Johannes: Deutsche Geschichte, Bd. 5, Berlin 1954.

Burckhardt, Jacob: Der Cicerone, Stuttgart 1964.

Cholevius, Carl Leo: Geschichte der deutschen Poesie nach ihren antiken Elementen, 2 Bde, Leipzig 1854/56.

Danzel, Theodor Wilhelm: Zur Literatur und Philosophie der Goethezeit. Ges. Aufsätze zur Literaturwissenschaft, hg. von Hans Mayer, Stuttgart 1962.

Ders.: Über die Ästhetik der Hegelschen Philosophie, Hamburg 1844.

Ders.: Gotthold Ephraim Lessing, 2 Bde, Leipzig 1850/1853.

Dietze, Walter: G. G. Gervinus als Historiker der deutschen Nationalliteratur. In: Sinn und Form Jg. 1959, H. 3, S. 445 ff.

Ders.: Junges Deutschland und deutsche Klassik. Zur Ästhetik und Literaturtheorie des Vormärz, Berlin (Ost) 1957. – Rez. Manfred Windfuhr. In: DVjs. 1958, H. 3, S. 472 ff.

Dilthey, Wilhelm: Gustav Freytags Technik des Dramas. In: G. Freytag, Die Technik des Dramas, unver. reprograf. Nachdruck der Ausg. von 1863, Darmstadt 1965, S. 317–350.

Dithmar, Otto-Reinhard: Deutsche Dramaturgie zwischen Hegel und Hettner und die Wende von 1840, Diss. Heidelberg 1965.

Eck, Else von: Die Literaturkritik in den Hallischen Jahrbüchern 1838–1842, Berlin 1926.

Engels, Friedrich: Ludwig Feuerbach und der Ausgang der klassischen deutschen Philosophie. In: Marx-Engels, Ausgew. Schriften, 2 Bde, Berlin (Ost) 1966, II, S. 328–369.

Eppelsheimer, H. W.: Das Renaissance-Problem. In: DVjs. 1933, S. 477 ff.

Europa. Chronik der gebildeten Welt, gegr. von August Lewald Stuttgart 1835; 1846–1859 hg. von Gustav Kühne, Leipzig, bis 1883 erscheinend.

Fontane, Theodor: G. Freytag, Soll und Haben. In: Th. F., Sämtl. Werke Nymphenburger Ausg., Bd. XXI, 1: Literarische Studien und Essays, München 1963, S. 214–230.

Ders.: Unsere lyrische und epische Poesie seit 1848, ebd. S. 7–33.

Freytag, Gustav: Gesammelte Werke, 22 Bde, Leipzig (Salomon Hirzel) 1886–88 (= erste Gesamtausgabe). Bd. 15: Aufsätze. 1. Politische Aufsätze 1848–1873. Bd. 16: Aufsätze. 2. Aufsätze zur Geschichte, Litteratur und Kunst.

Ders.: Gesammelte Werke, neue wohlfeile Ausg., Leipzig-Berlin o. J. (1920), 2 Serien zu je 8 Bdn. Ser. I, Bd. 7: Politische Aufsätze, Ser. I, Bd. 8: Aufsätze zur Geschichte, Litteratur und Kunst, Ser. II, Bd. 5: Bilder aus der deutschen Vergangenheit.

Ders.: Die Technik des Dramas, unver. reprograf. Nachdruck der Ausgabe von 1863, Darmstadt 1965.

Ders.: An Salomon Hirzel und die Seinen. Mit einer Einltg. hg. von Alfred Dove, o. O. 1903.

Ders.: Briefe an Albrecht von Stosch, Stuttgart-Berlin 1913.

Ders.: Briefwechsel mit Heinrich v. Treitschke, hg. von Alfred Dove, Leipzig 1900.

Frühauf, Otmar: Bürgerlich-liberale Sozialpolitik 1856–1865. Aus dem Frankfurter ,Arbeitgeber' von Max und Franz Wirth, Diss. München 1966.

Gansberg, Marie-Luise: Zur Sprache Hebbels. In: Hebbel in neuer Sicht, hg. von Helmut Kreuzer, Stuttgart 1963, S. 59 ff.

Gebhardt, Jürgen: Politik und Eschatologie. Studien zur Geschichte der Hegelschen Schule in den Jahren 1830–1840, München 1963.

Gervinus, Georg Gottfried: Geschichte der poetischen Nationalliteratur der Deutschen, 3. Aufl. u. d. Titel: Geschichte der deutschen Dichtung, Leipzig 1852.

Ders.: Einleitung in die Geschichte des 19. Jahrhunderts, hg. von Walter Boehlich, Frankfurt a. M. 1967 (= slg insel 24/I).

Ders.: Schriften zur Literatur, hg. und eingel. von Gotthard Erler, Berlin (Ost) 1962.

Ders.: Johann Georg Forster. In: Meisterwerke deutscher Literaturkritik, hg. von Hans Mayer, Bd. II: Von Heine bis Mehring, Berlin (Ost) 1956, S. 283 ff.

Glockner, Hermann: Fr. Th. Vischer und das 19. Jh., Berlin 1931.

Goethe: Nachlese zu Aristoteles' Poetik (1827).

Ders.: Briefwechsel mit Schiller.

Gottschall, Rudolf: Poetik. Die Dichtkunst und ihre Technik, 2 Bde, 2. Aufl. Breslau 1870.

Ders.: Die deutsche Nationalliteratur in der ersten Hälfte des 19. Jh.s; literarhistorisch und kritisch dargestellt, 3 Bde, 2. verm. Aufl. Breslau 1860.

Ders.: Der neue deutsche Roman. In: Die Gegenwart. Eine enzyklopädische Darstellung der neuesten Zeitgeschichte für alle Stände, 12 Bde, Leipzig 1848/56, Bd. 9, S. 517–563.

Ders.: Das neue deutsche Drama, ebd. Bd. 7, S. 1–45.

Ders.: Die neue deutsche Lyrik, ebd. Bd. 8, S. 29 ff.

Ders.: Fest-Rede, gehalten zur Säcularfeier Schillers am 10. Nov. 1859 zu Breslau, Breslau 1860.

Gregorovius, Ferdinand: Wilhelm Meister in seinen socialistischen Elementen, Königsberg 1849.

Grenzboten, Die, Blätter für Deutschland und Belgien, gegr. von Ignaz Kuranda am 1. 10. 1841 in Brüssel; seit 1842 in Leipzig (bei F. W. Grunow) mit dem Untertitel: Eine deutsche Revue. Seit 1848 hg. von Gustav Freytag und Julian Schmidt mit dem Untertitel: Zeitschrift für Literatur und Politik. Bis 1923 erscheinend.

Grupe, Walter: Mundts und Kühnes Verhältnis zu Hegel und seinen Gegnern, Diss. Halle 1928.

Günther, Johannes: Der Theaterkritiker Heinrich Theodor Rötscher, Leipzig 1921.

Hahl, Werner: Reflexion und Erzählung. Ein Problem der Romantheorie von der Spätaufklärung bis zum programmatischen Realismus, Stuttgart 1971.

Hahn, Manfred: Lorenz Stein und Hegel. Von der ‚Erzeugung des Pöbels‘ zur ‚sozialen Revolution‘, Diss. Münster/Wf. 1965.

Halbach, Kurt Herbert: Zu Begriff und Wesen der Klassik. In: Festschr. für Paul Kluckhohn und Hermann Schneider, Tübingen 1948, S. 166–194.

Hamann, Richard/Hermand, Jost: Deutsche Kunst und Kultur von der Gründerzeit bis zum Expressionismus, Bd. 4: Stilkunst um 1900, Berlin (Ost) 1967.

Harnack, Otto: Wandlungen des Urteils über Goethe. Aufsätze und Vorträge, Leipzig 1911.

Haussig, Frieda Elisabeth: Wilhelm Heinrich Riehl. Ursprünge der mittelständischen Soziologie in Deutschland, Diss. Frankf. a. M. 1934.

Haym, Rudolf: Hegel und seine Zeit. Vorlesungen über Entstehung und Entwickelung, Wesen und Wert der Hegelschen Philosophie, 2. um unbekannte Dokumente verm. Aufl., hg. von Hans Rosenberg, Leipzig 1927.

Ders.: Die romantische Schule. Ein Beitrag zur Geschichte des deutschen Geistes, 4. Aufl., hg. von Oskar Walzel, Berlin 1920.

Hebbel, Friedrich: Abfertigung eines ästhetischen Kannegießers. In: Fr. H., Werke, 5 Bde, München 1963 ff., III, S. 651–669.

Ders.: Vorwort zu Maria Magdalene, ebd. I, S. 307–328.

Ders.: Tagebücher, ebd. IV, V.

Hegel: Ästhetik, 2 Bde, hg. von Friedrich Bassenge, Frankf. a. M. o. J.

Ders.: Phänomenologie des Geistes, 6. Aufl., Hamburg 1952.

Heine, Heinrich: Die romantische Schule. In: H. H., Werke in 15 Teilen, hg. von H. Friedemann u. a., Berlin-Leipzig-Wien-Stuttgart, o. J., T. 9, S. 29–157.

Ders.: Vorrede zu Atta Troll, ebd., T. 4, S. 21–24.

Hellmann, Winfried: Objektivität, Subjektivität und Erzählkunst. Zur Romantheorie Friedrich Spielhagens. In: Begriffsbestimmung des literarischen Realismus, hg. von Richard Brinkmann, Darmstadt 1969, S. 86–159.

Hermand, Jost: Die literarische Formenwelt des Biedermeier, Gießen 1958.

Herwegh, Georg: Literatur und Politik, hg. von Katharina Mommsen, Frankfurt a. M. 1969 (= slg insel 37).

Heselhaus, Clemens: Das Realismusproblem. In: Begriffsbestimmung des literarischen Realismus, hg. von Richard Brinkmann, Darmstadt 1969, S. 337–364.

Hettner, Hermann: Geschichte der deutschen Literatur im 18. Jh., hg. von Gotthard Erler, Bd. 1, Berlin (Ost) 1961.

Ders.: Schriften zur Literatur, hg. und eingel. von Jürgen Jahn, Berlin (Ost) 1959.

Ders.: Schriften zur Literatur und Philosophie, hg. von Dietrich Schäfer, Frankfurt a. M. 1967 (= slg insel 31).

Ders.: Kleine Schriften, hg. von Anna Hettner, Braunschweig 1884.

Ders.: Das moderne Drama. Ästhetische Untersuchungen, hg. von Paul Alfred Merbach, Berlin-Leipzig 1924.

Ders.: Briefwechsel mit Gottfried Keller, hg. von Jürgen Jahn, Berlin-Weimar 1964.

Ders.: Literaturgeschichte der Goethezeit, hg. von Johannes Anderegg, München 1970.

Heussler, Alexander: Klassik und Klassizismus in der deutschen Literatur, Bern 1952.

Heyfelder, Erich: Classicismus und Naturalismus bei Fr. Th. Vischer, Berlin 1901.

Hillebrand, Josef: Die deutsche Nationalliteratur seit dem Anfange des 18. Jh.s, 2. Aufl., 3 Bde, Hamburg-Gotha 1850/52.

Hying, Klemens: Das Geschichtsdenken Otto Westphals und Christoph Stedings. Ein Beitrag zur Analyse der nationalsozialistischen Geschichtsschreibung, Diss. Berlin (FU) 1964.

Ian, Annemarie von: Die zeitgenössische Kritik an Paul Heyse 1850–1914, Diss. München 1965.

Ibach, Alfred: Gottfried Keller und Fr. Th. Vischer, Diss. München 1925.

Jahrbücher, Deutsch-Französische, hg. von Arnold Ruge und Karl Marx, 1. u. 2. Lieferung Paris 1844 (mehr nicht ersch.) = Neudrucke marxistischer Seltenheiten, Bd. 1, Leipzig 1925.

Jahrbücher für dramatische Kunst und Literatur, hg. von Heinr. Theodor Rötscher, Berlin 1847–1849.

Hallische Jahrbücher für deutsche Wissenschaft und Kunst, hg. von Arnold Ruge und Theodor Echtermeyer, Leipzig 1838–1842; seit Mitte 1841 unter dem Titel „Deutsche Jahrbücher". Am 3. 1. 1843 verboten.

Jahrbücher, Preußische, gegr. von Max Duncker, hg. von Rudolf Haym, Berlin 1858 ff. (bis 1935 fortgeführt).

Kahlert, August: System der Ästhetik, Leipzig 1846.

Keller, Gottfried: Jeremias Gotthelf. In: Meisterwerke deutscher Literaturkritik, hg. von Hans Mayer, Bd. II: Von Heine bis Mehring, Berlin (Ost) 1956, S. 525 ff.

Ders., Sämtliche Werke in 3 Bdn, 2. Aufl. München 1963.

Kipper, Hannalene: Die Literaturkritik Fr. Th. Vischers, Gießen 1941.

Klotz, Volker (Hg.): Zur Poetik des Romans, Darmstadt 1969.

Knauss, Bernhard: Das Künstlerideal des Klassizismus und der Romantik, Reutlingen 1925.

Köster, Alex: Julian Schmidt als literarischer Kritiker, Bochum 1933.

Kuczynski, Jürgen: Bürgerliche und halbfeudale Literatur aus den Jahren 1840 bis 1847 zur Lage der Arbeiter. Eine Chrestomathie, Berlin 1960.

Laaths, Erwin: Der Nationalliberalismus im Werke Gustav Freytags, Diss. Köln 1934.

Lankheit, Klaus: Klassizismus und Romantik. In: Klassizismus und Romantik in Deutschland. Gemälde und Zeichnungen aus der Sammlung Georg Schäfer, Schweinfurt 1966, S. 17–21.

Leipzig in acht Jahrhunderten, hg. vom Rat der Stadt Leipzig, Leipzig 1965 (= Leipziger stadtgeschichtl. Forschungen 7).

Lassalle, Ferdinand: Herr Julian Schmidt, der Literarhistoriker. In: F. L., Reden und Schriften. Neue Gesammtausgabe, hg. von Eduard Bernstein, Bd. 3, Berlin 1893, S. 599–724.

Lindau, Paul: Deutsche Gründlichkeit und französische Windbeutelei. Offener Brief an den Literarhistoriker Herrn Dr. Julian Schmidt, wohlgeboren. In: P. L., Literarische Rücksichtslosigkeiten, Berlin 1871, S. 145–157.

Linn, Marie Luise: Studien zur deutschen Rhetorik und Stilistik im 19. Jh., Marburg 1963.

Löwith, Karl: Von Hegel zu Nietzsche. Der revolutionäre Bruch im Denken des 19. Jh., Stuttgart 1950/64.

Ders.: Jacob Burckhardt. Der Mensch inmitten der Geschichte, Stuttgart 1966.

Ders. (Hg.): Die Hegelsche Linke, Stuttgart 1962.

Ludwig, Irmgard: Treitschke und Frankreich, München-Berlin 1934 (= Beiheft 32 der Hist. Zs.).

Ludwig, Otto: Gesammelte Schriften, hg. von Adolf Stern, 6 Bde, Leipzig 1891.

Lukács, Georg: Die Grablegung des alten Deutschland. Essays zur deutschen Literatur des 19. Jh.s. Ausgew. Schriften 1, rde 276.

Ders.: Karl Marx und Friedrich Th. Vischer. In: Zs. f. dt. Philosophie 1. Jg. (1953), S. 471–513.

Lutze, Klaus: G. G. Gervinus. Seine politische Ideenwelt, Diss. Berlin 1956.

Mann, Thomas: Rede über Lessing. In: Th. M., Adel des Geistes, Stockholm 1967, S. 9 ff.

Marggraff, Hermann: J. W. v. Goethe. In: Ersch-Grubersche Enzyklopädie, I. Sekt. 72. Bd., Leipzig 1861, S. 223–367.

Markwardt, Bruno: Geschichte der deutschen Poetik, Bd. 4: Das 19. Jh., Berlin 1959.

Martini, Fritz: Forschungsbericht zur deutschen Literatur in der Zeit des Realismus, Stuttgart 1962 (Sonderdruck aus DVjs. 1960).

Ders.: Deutsche Literatur im bürgerlichen Zeitalter, 2. Aufl., Stuttgart 1964.

Ders.: Zur Theorie des Romans im deutschen Realismus. In: Festgabe für Eduard Berend, Weimar 1959, S. 272–296.

Marx, Karl: Der 18. Brumaire des Louis Bonaparte. In: Marx-Engels, Ausgew. Schriften in 2 Bdn, Berlin 1966, I, S. 226–316.

Mayer, Hans: Georg Büchners ästhetische Anschauungen. In: H. M., Studien zur Geschichte der deutschen Literatur, Berlin 1954, S. 143–170.

Mehring, Franz: Die Literatur im deutschen Reiche. In: Meisterwerke deutscher Literaturkritik, hg. von Hans Mayer, Bd. II: Von Heine bis Mehring. Berlin 1956, S. 899–909.

Mundt, Theodor: Die Kunst der deutschen Prosa. Ästhetisch, literargeschichtlich, gesellschaftlich, 2. Aufl., Berlin 1843.

Ders.: Ästhetik. Die Idee der Schönheit und des Kunstwerks im Lichte unserer Zeit. Faksimiledruck nach der 1. Aufl. von 1845, mit einem Nachwort von Hans Düvel, Göttingen 1966.

Museum, Deutsches, Zeitschrift für Literatur, Kunst und öffentliches Leben, hg. von Robert Prutz (und zeitweise Wilh. Wolfsohn), Leipzig 1851–1867.

Oelmüller, Willi: Fr. Th. Vischer und das Problem der nachhegelschen Ästhetik, Stuttgart 1959.

Ohl, Hubert: Bild und Wirklichkeit, Studien zur Romankunst Raabes und Fontanes, Heidelberg 1968. – Hierzu die Rez. Gerhard Kaisers: Realismusforschung ohne Realismusbegriff. In: DVjs. 1969, I, S. 147 ff.

Plessner, Helmuth: Die verspätete Nation. Über die politische Verführbarkeit bürgerlichen Geistes, 4. Aufl. Stuttgart 1966.

Prutz, Robert Eduard: Die deutsche Literatur der Gegenwart, 1848–1858, 2 Bde, Leipzig 1859.

Reinhardt, Heinrich: Die Dichtungstheorie der sogenannten Poetischen Realisten, Würzburg 1939.

Riehl, Wilhelm Heinrich: Freie Vorträge. Zweite Sammlung, Stuttgart 1885.

Ders.: Vorwort zu „Culturgeschichtliche Novellen". In: W. H. R., Gesammelte Geschichten und Novellen, 2 Bde, Stuttgart 1879, II.

Ders.: Die Naturgeschichte des Volks als Grundlage einer deutschen Sozialpolitik. Bd. 2: Die bürgerliche Gesellschaft, 11. Aufl., Stuttgart-Berlin 1930.

Rochau, August Ludwig von: Grundsätze der Realpolitik, 2 Teile, Stuttgart 1853/69.

Rosenberg, Hans: Rudolf Haym und die Anfänge des klassischen Liberalismus, München und Berlin 1933.

Ders.: Arnold Ruge und die Hallischen Jahrbücher. In: Archiv f. Kulturgeschichte 20 (1930), S. 281–308.

Ders.: Zur Geschichte der Hegelauffassung. In: Rudolf Haym, Hegel und seine Zeit, Leipzig 1927, S. 510–550.

Rosenkranz, Karl: Ästhetik des Häßlichen, Königsberg 1853.

Ruge, Arnold: Gesammelte Schriften in zehn Bdn, Mannheim 1846/48.

Rychner, Max: G. G. Gervinus. Ein Kapitel über Literaturgeschichte, Bern 1922.

Salomon, Ludwig: Geschichte des deutschen Zeitungswesens von den ersten Anfängen bis zur Wiederaufrichtung des deutschen Reiches, 3 Bde, Leipzig 1900, 1902, 1906.

Scherer, Wilhelm: Geschichte der deutschen Literatur, 6. Aufl. Berlin 1891.

Schiller: Briefe, hg. von Gerhard Fricke, München (Hanser) o. J.

Ders.: Über den Gebrauch des Chors in der Tragödie (Vorrede zur Braut von Messina).

Ders.: Über Bürgers Gedichte.

Schiller/Goethe: Über epische und dramatische Dichtung (1797).

Schlawe, Fritz: Literarische Zeitschriften. Teil 1: 1885–1910, 2. Aufl. Stuttgart 1965 (= Slg Metzler 6).

Ders., Fr. Th. Vischer, Stuttgart 1959.

Schmidt, Julian: Geschichte der Romantik in dem Zeitalter der Reformation und der Revolution. Studien zur Philosophie der Geschichte, 2 Bde, Leipzig 1848.

Ders.: Geschichte der deutschen Nationalliteratur im 19. Jh., 2 Bde, Leipzig 1853. – 2. verm. und verb. Aufl. u. d. Titel: Geschichte der deutschen Literatur im 19. Jh., 3 Bde, Leipzig 1855. – 3. Aufl. ebd. 1856.

Ders.: Schiller und seine Zeitgenossen. Eine Gabe für den 10. Nov. 1859, Leipzig 1859.

Ders.: Geschichte des geistigen Lebens in Deutschland von Leibniz bis auf Lessings Tod 1681–1781, 2 Bde, Leipzig 1862.

Ders.: Bilder aus dem geistigen Leben unserer Zeit, 1. Bd. Leipzig 1870, 2. Bd. ebd. 1871, 3. Bd. ebd. 1873 u. d. Titel: Neue Bilder aus dem geistigen Leben unserer Zeit, 4. Bd. ebd. 1875 u. d. Titel: Charakterbilder aus der zeitgenössischen Literatur.

Ders.: Gotthold Ephraim Lessing, Leipzig 1885.

Ders.: Geschichte der deutschen Literatur von Leibniz bis auf unsere Zeit, 5 Bde, Leipzig 1886.

Schnyder, Walter: Hebbel und Rötscher. Unter besonderer Berücksichtigung der beiderseitigen Beziehungen zu Hegel, Berlin und Leipzig 1923.

Schreinert, Kurt: Fontane und Jean Paul. In: Festgabe für Eduard Berend, Weimar 1959, S. 160 ff.

Sell, Friedrich C.: Die Tragödie des deutschen Liberalismus, Stuttgart 1953.

Semper, Gottfried: Wissenschaft, Industrie und Kunst und andere Schriften über Architektur, Kunsthandwerk und Kunstunterricht, ausgew. und red. von Hans M. Wingler, Mainz-Berlin 1966.

Sengle, Friedrich: Das historische Drama in Deutschland. Geschichte eines literarischen Mythos, 2. Aufl. Stuttgart 1969.

Ders.: Arbeiten zur deutschen Literatur 1750–1850, Stuttgart 1965.

Ders.: Biedermeierzeit. Deutsche Literatur im Spannungsfeld zwischen Restauration und Revolution 1815–1848, Bd. I: Allgemeine Voraussetzungen, Richtungen, Darstellungsmittel, Stuttgart 1971.

Sommerfeld, Martin: Hebbel und Goethe. Studien zur Geschichte des deutschen Klassizismus im 19. Jh., Bonn 1923.

Der Sozialismus in Deutschland. In: Die Gegenwart. Eine enzyklopädische Darstellung der neuesten Zeitgeschichte für alle Stände, 12 Bde, Leipzig 1848/56, VII, S. 517–563.

Spielhagen, Friedrich: Beiträge zur Theorie und Technik des Romans, Faksimiledruck nach der 1. Aufl. von 1883, Göttingen 1967.

Stadelmann, Rudolf: Soziale und politische Geschichte der Revolution von 1848, München 1948.

Stein, Lorenz: Geschichte des Socialismus und Communismus in Frankreich, Leipzig (Wigand) 1842.

Ders.: Geschichte der socialen Bewegungen in Frankreich von 1789 bis auf unsere Tage, Leipzig (Wigand) 1850.

Stern, Adolf: Hermann Hettner. Ein Lebensbild, Leipzig 1885.

Treitschke, Heinrich von: Deutsche Geschichte im 19. Jh., 5 Bde, Leipzig 1899 ff. (Bd. 1 7. Aufl. 1904, Bd. 2 6. Aufl. 1906, Bd. 3 5. Aufl. 1903, Bd. 4 5. Aufl. 1907, Bd. 5 4. Aufl. 1899).

Ders.: Die Gesellschaftswissenschaft. Ein kritischer Versuch, 2. Aufl. Halle 1927.

Unger, Rudolf: Gesammelte Studien, 3 Bde. Bd. 1, 2: Berlin 1929, Bd. 3: Zur Dichtungs- und Geistesgeschichte der Goethezeit, Berlin 1944.

Valentin, Veit: Geschichte der deutschen Revolution von 1848/49, 2 Bde, Berlin 1930/31.

Vilmar, C. F.: Geschichte der deutschen Nationalliteratur, 2 Bde, 5. Aufl. Marburg-Leipzig 1852.

Vischer, Friedrich Theodor: Ästhetik oder Wissenschaft des Schönen, 2. Aufl. hg. von Robert Vischer, 6 Bde, München 1922/23.

Ders.: Kritische Gänge, 2. verm. Aufl. hg. von Robert Vischer, 6 Bde, Bd. 1, 2 München o. J., Bd. 3 Berlin-Wien 1920, Bd. 4, 5, 6 München 1922.

Ders.: Briefwechsel mit Eduard Mörike, hg. von Robert Vischer, München 1926.

Ders.: Briefwechsel mit David Friedrich Strauß, hg. von Adolf Rapp, 2 Bde, Stuttgart 1952/53.

Ders.: Eleven unpublished letters. In: Philological Quarterly, Vol. III, Iowa 1924, S. 32–47.

Volhard, Ewald: Zwischen Hegel und Nietzsche. Der Ästhetiker Fr. Th. Vischer, Frankf. a. M. o. J. (1932).
Vormärz, Der deutsche, Texte und Dokumente, hg. von Jost Hermand, Stuttgart 1967 (= Reclam UB 8794–98).
Wackernagel, Wilhelm: Poetik, Rhetorik, Stilistik. Akademische Vorlesungen, hg. von Ludwig Sieber, Halle 1873. 3. Aufl. ebd. 1906.
Ders.: Deutsches Lesebuch, 4 Bde, 2. Aufl. Basel 1840/43 (5. Aufl. ebd. 1873).
Wagner, Reinhard: Wesen und Geltung der erzählenden Prosa im Urteil der Biedermeierzeit, Diss. Tübingen 1952.
Weisbach, Werner: Die klassische Ideologie. Ihre Entstehung und ihre Ausbreitung in der künstlerischen Vorstellung der Neuzeit. In: DVjs. 11 (1933), S. 559 ff.
Westphal, Otto: Welt- und Staatsauffassung des deutschen Liberalismus, München-Berlin 1919.
Winckelmann, Johann Joachim: Kunsttheoretische Schriften I: Gedanken über die Nachahmung der griechischen Werke in der Malerei und Bildhauerkunst. Mit Sendschreiben und Erläuterung, Faksimileneudruck der 2. verm. Aufl. (Dresden 1756), Baden-Baden, Strasbourg 1962.
Windfuhr, Manfred: Der Epigone. Begriff, Phänomen und Bewußtsein. In: Archiv für Begriffsgeschichte 4 (1959), S. 207 ff.
Winkler, Heinrich August: Preußischer Liberalismus und deutscher Nationalstaat. Studien zur Geschichte der deutschen Fortschrittspartei 1861–1866, Tübingen 1964.
Wittkopp, Justus Franz: Die Welt des Empire, München 1968.
Wölfflin, Heinrich: Die klassische Kunst. Eine Einführung in die italienische Renaissance, 5. Aufl. München 1912.
Zechlin, Egmont: Die deutsche Einheitsbewegung, Frankf. a. M. 1967 (= Ullstein-Buch, Deutsche Geschichte 3/1).
Zeising, Adolf: Ästhetische Forschungen, Frankf. a. M. 1855.
Zimmermann, Werner: Fr. Th. Vischers Bedeutung für die zeitgenössische Dichtung, Diss. München 1937.

Verzeichnis der wichtigsten „Grenzboten"- Aufsätze aus den Jahrgg. 1847–1860
(Sämtliche Aufsätze Freytags sind unsigniert, diejenigen Schmidts zum Teil. Wo der Verfasser unsicher schien, fehlt eine Angabe)

Zu Politik und Gesellschaft:

Robert Blum, 1848, III, S. 366 ff.
Die Ermordung Lichnowsky's und Auerswalds, 1848, III, S. 501 ff.
Schmidt: Das Princip der Legitimität und die Constitutionellen, 1850, III, S. 321 ff.
Frédéric Bastiat (Nachruf. Zustimmend hervorgehoben die „Harmonies économiques") 1851, I, S. 240.
Die Constitutionellen in der gegenwärtigen Krisis, 1851, III, S. 24 ff.
Schmidt: Was ist die Revolution? Sendschreiben an Stahl, 1852, II, S. 121 ff.
Rez. zu: V. A. Huber, Reisebriefe aus Belgien, Frankreich und England im Sommer 1854 (zur Frage der Arbeiter-Assoziationen), 1855, IV, S. 124 ff.
Rez. zu: W. H. Riehl, Die bürgerliche Gesellschaft, 1856, III, S. 186 ff.
S. D.: Die Bestrebungen zur Hebung der arbeitenden Classen, 5 Aufsätze, 1857,

III, S. 210 ff., 255 ff., 401 ff., 441 ff., 488 ff. – als Verf. kann mit hoher Wahrscheinlichkeit Schulze-Delitzsch angenommen werden.
Die Geldkrisis (zur Wirtschaftskrise von 1857), 1857, IV, S. 201 ff.

Zu philosophischen Fragen:

H. E. Richter: Der Geist in der Natur, 1850, III, S. 336 ff.
Schmidt: Die Aufklärung und das Christenthum, 1850, III, S. 463 ff.
Schmidt: Die Stellung der deutschen Philosophie zur Wissenschaft und zum Leben, 1851, II, S. 361 ff.
Schmidt: Rez. zu: Rudolf Haym, Hegel und seine Zeit, 1857, IV, S. 361 ff.

Zum Programm der „Grenzboten" (allgemein):

Schmidt/Freytag: Den Lesern der Grenzboten (bei Übernahme der Redaktion durch Schmidt u. Freytag), 1848, III, S. 1 ff.
Schmidt: Die Reaction in der deutschen Poesie, 1851, I, S. 17 ff.
Schmidt: Die souveraine Kritik und die Revolution, 1851, II, S. 241 ff.
Zum neuen Jahre, 1853, I, S. 1 ff.
Schmidt: Rez. zu: Karl Rosenkranz, Ästhetik des Häßlichen, 1853, III, S. 1 ff.
Schmidt: Ästhetische Streifzüge, 1860, I, S. 468 ff.

Zur französischen „Romantik"

Schmidt: Studien zur Geschichte der französischen Romantik: Die Poesie des Contrastes (1850, I, S. 281 ff.) – Lamartine I und II (1850, I, S. 441 ff. u. 481 ff.) – Edgar Quinet und die romantische Kritik (1850, II, S. 41 ff.) – Eugen Sue (1850), II, S. 81 ff.) – Theater der Clara Gazul (zu Prosper Mérimée. 1850, II, S. 201 ff.) – Michelet (1850, II, S. 291 ff.) – Delavigne (1850, II, S. 372 ff.) – Honoré de Balzac (1850, III, S. 420 ff.) – Ein Voltairianer des 19. Jh.s (über Stendhal. 1857, III, S. 100 ff.)

Zur deutschen Romantik und Restaurationsliteratur:

Schmidt: Die Metamorphosen der Romantik, 1847, I, S. 460 ff.
Schmidt: Erinnerungen an Achim von Arnim, 1847, II, S. 325 ff.
Schmidt: Charaktere der deutschen Restauration I und II (Friedrich Schlegel), 1848, I, S. 347 ff., 489 ff.
Schmidt: Zur antiromantischen Literatur, 1850, I, 127 ff.
Schmidt: Nikolaus Lenau (Nachruf), 1850, III, S. 381 ff.
Schmidt: Nikolaus Lenau, 1851, II, S. 161 ff.
Schmidt: Charakterbilder aus der deutschen Literatur der Restaurationszeit. Platen (1851, II, S. 201 ff.) – Heinr. v. Kleist (1851, II, S. 321 ff.) Zacharias Werner (1851, II, S. 441 ff. u. 496 ff.) – E. T. A. Hoffmann (1852, I, S. 441 ff.) – Clemens Brentano (1852, I, S. 197 ff.) – Immermann (1852, II, S. 201 ff.).
Schmidt: Eichendorff (1852, III, S. 161 ff.).
Schmidt: Ludwig Achim v. Arnim, 1852, III, S. 241 ff. u. 292 ff.
August v. Platens Ges. Werke, 1852, III, S. 433.
Schmidt: Ludwig Tieck (Nachruf), 1853, II, S. 262 f.
Schmidt: L. Tiecks Ges. Novellen 1853, II, S. 417 ff. – 1854, III, S. 88 ff. – 1854, IV, S. 100 ff.

Freytag: Eduard Mörike (Idylle vom Bodensee, Hutzelmännlein), 1853, III, S. 267 f.
Schmidt: Nachträgliches über Achim v. Arnim, 1853, IV, S. 171 ff.
Schmidt: Calderon in Deutschland, 1854, I, S. 41 ff.
Schmidt: Novalis, 1855, III, S. 121 ff.
Schmidt: Ludwig Tieck in seinen Jugendwerken, 1855, III, S. 321 ff.
Schmidt: Ludwig Tieck, 1856, I, S. 421 ff.

Zum Jungen Deutschland und zur Vormärz-Dichtung:

Heines Atta Troll, 1847, I, S. 426 ff.
Schmidt: Die Märzpoeten, 1850, I, S. 5 ff.
Schmidt: Karl Gutzkow, Vor- und Nachmärzliches, 1850, II, S. 406 ff.
Schmidt: Börne, Heine und das Judenthum unserer neuen Literatur, 1850, IV, S. 841 ff.
Schmidt: Georg Büchner, 1851, I, S. 121 ff.
Freytag: F. Freiligrath, 1851, III, S. 54 ff.
Schmidt: Arnold Ruge, 1851, III, S. 161 ff.
Schmidt: Heine und George Sand, 1854, IV, S. 161 ff.
Schmidt: Heinrich Heine, 1856, I, S. 390 f.
Schmidt: Neue Dichtungen, 1857, II, S. 1 ff.

Zur deutschen Klassik:

Schmidt: Zu Goethes Jubelfeier, 1849, III, S. 201 ff.
Freytag: Eine Bemerkung über Goethe zum 28. Aug., 1849, III, S. 396 ff.
Schmidt: Zum Schillerfest, 11. Nov., 1850, IV, S. 801 ff.
Schmidt: Wilhelm Meister im Verhältnis zu unsrer Zeit, 1855, II, S. 441 ff.
Schmidt: Karl August im Verhältnis zur Dichtkunst und Philosophie seiner Zeit, 1857, IV, S. 81 ff.
Schmidt: Schiller und der Idealismus, 1858, IV, S. 401 ff.

Zum Klassizismus-Problem:

Schmidt: Die Wiederaufnahme des Classicismus im französischen Theater, 1850, IV, S. 992 ff.
Alceste von Gluck, 1853, III, S. 31 ff.
Schmidt: Rez. zu Carl Leo Cholevius, Geschichte der deutschen Poesie nach ihren antiken Elementen. Zu Teil 1: 1854, III, S. 495 ff., zu T. 2: 1856, S. 205 ff.
Schmidt: Antike Versuche auf dem modernen Theater, 1857, I, S. 281 ff.

Zu Stilfragen:

Freytag: Die Dichter des Details und Leopold Kompert, 1849, III, S. 181 ff.
Freytag: Pfaff vom Kahlenberg. Ein ländliches Gedicht von Anastasius Grün, 1850, III, S. 24 ff.
Freytag: Styl und Schriftsprache der Deutschen, 1852, I, S. 4 ff.
Schmidt: Der philosophische Stil (zu: Vischer, Ästhetik, 3. Teil, Malerei), 1854, III, S. 41 ff.
Schmidt: Adalbert Stifter (zum „Nachsommer"), 1858, I, S. 161 ff.

Zum Drama:

Schmidt: Friedrich Hebbel, 1847, II, S. 501 ff.
Freytag: Die Technik des Dramas, 1849, III, S. 11 ff.

Freytag: Vergangenheit und Zukunft unsrer dramatischen Kunst, 1849, I, S. 128 ff.
Freytag: Neue Dramatiker. Der Erbförster, eine Tragödie von Otto Ludwig, 1850, I, S. 195 ff.
Schmidt: Friedrich Hebbel. Der Rubin, Trauerspiel in Sizilien, 1850, IV, S. 721 ff.
Schmidt: Die dramatische Behandlung des Mährchens (zu Hebbels Rubin), 1850, IV, S. 769 ff.
Schmidt: Julia, ein Trauerspiel von Hebbel, 1851, I, S. 493 ff.
Schmidt: Eugen Scribe, 1851, II, S. 1 ff.
Freytag: Die Makkabäer von O. Ludwig, 1853, I, S. 4 ff.
Freytag: Neue Dramen, 1853, III, S. 410 ff.
Schmidt: Das Dämonische in der Tragödie, 1853, IV, S. 12 ff.
Schmidt: Hebbel: Agnes Bernauer. Ludwig: Dramatische Werke, 1855, I, S. 128 ff.

Zu Epos und Roman (die Novelle als literarische Form tritt fast ganz zurück):
Freytag: Das romantische Epos. Carlo Zeno von R. Gottschall, 1854, I, S. 8 ff.
Freytag: Neue epische Poesie, 1856, I, S. 281 ff. (vor allem zum Versepos).
Schmidt: Jeremias Gotthelf, 1850, II, S. 489 ff.
Schmidt: Neue Romane (zu Gutzkow, Ritter vom Geist und Gotthelf, Käserei in der Vehfreude), 1850, IV, S. 601.
Schmidt: Neue Romane, 1850, IV, S. 881 ff.
Schmidt: Englische Novellisten: Dickens (1851, I, S. 161 ff.) – Walter Scott 1851, II, S. 41 ff.) – Fennimore Cooper (1851, III, S. 41 ff.).
Freytag: Wilibald Alexis, 1851, I, S. 401 ff.
Schmidt: Neue deutsche Romane, 1851, II, S. 114 ff.
Schmidt: Adelbert Stifter, 1853, I, S. 41 ff.
Schmidt: Thackeray, 1853, I, S. 43 ff.
Deutsche Romane, 1853, I, S. 77 ff.
Bleakhouse von Dickens, 1854, I, S. 178 ff.
Freytag: Isegrimm. Roman von Willibald Alexis, 1854, I, S. 321 ff.
Schmidt: Neue Romane (u. a. zu Keller, Der grüne Heinrich), 1854, I, S. 401 ff.
Schmidt: Neue Romane (vor allem zu Goethes „Wahlverwandtschaften"!), 1854, III, S. 328 ff.
Schmidt: Jean Paul im Verhältnis zur gegenwärtigen Romanliteratur, 1855, III, S. 81 ff.
Schmidt: Neue Romane (u. a. zu Keller, Leute von Seldwyla), 1856, II, S. 100 ff.
Zwischen Himmel und Erde von O. Ludwig, 1856, IV, S. 121 ff.
Schmidt: Der neueste englische Roman und das Princip des Realismus, 1856, IV, S. 466 ff.
Barfüßele von Berthold Auerbach und andere neue Romane, 1857, I, S. 127 ff.
Schmidt: Otto Ludwig, 1857, IV, S. 401 ff.
Schmidt: Neue Romane (vor allem zur Theorie des Realismus), 1860, IV, S. 481 ff.

Zur Lyrik (kaum programmatisch behandelt):
Ludwig Uhland und das deutsche Lied, 1852, III, S. 41 ff.
Freytag: Rudolf Gottschall und die deutsche Lyrik, 1852, IV, S. 121 ff.
Schmidt: Schillers und Goethes lyrische Gedichte, 1855, II, S. 481 ff.